www.tredition.de

AF196021

Dorothee Amelung

Das Prinzip des Einen

Bewusstsein einer neuen
Menschlichkeit

www.tredition.de

Verlag und Druck:
tredition GmbH
Halenreie 40-4422359 Hamburg

ISBN
Paperback: 978-3-347-28212-4
Hardcover: 978-3-347-28213-1
e-Book: 978-3-347-28214-8

Inhaltsverzeichnis

Bewusstsein einer neuen Menschlichkeit 1

Ein paar Grundbegriffe zu Beginn 9

Wie sieht ein „Erwachen" praktisch aus? 13

Ist Spiritualität naiv? 29

Warum ein spiritueller Weg oft nicht viel mit organisierter Religion zu tun hat 35

Warum Spiritualität sehr viel mit Wissenschaft zu tun hat, und uns die Logik hier trotzdem nicht weiterhilft 43

Vom Umgang mit Emotionen 59

Yin und Yang - Von den männlichen und weiblichen Prinzipien im Einklang 71

Warum wir noch viel zu lernen haben – das Einheitsbewusstsein 82

Verurteilung oder Beurteilung 88

Ego oder kreative Individualität 95

Verantwortung oder Schuld 100

Ermächtigung oder Machtausübung 104

Abschottung oder Grenzziehung   111

Schwäche oder Verletzlichkeit   117

Parallele Realitäten in einem kreativen Universum   122

Licht und Dunkel aus Sicht der Einheit - gibt es „das Böse" und wenn
ja, welche Seite ist „mächtiger"? Eine Frage der Perspektive   130

Das Gesetz der Anziehung, die positive Psychologie und was das in
einer Welt der Dualität praktisch bedeutet   137

Wer hat denn nun Recht? Die „Wahrheit" aus spiritueller Sicht   145

Warum Liebe eben nicht nur eine schöne Nebensache ist   153

Vom Karma, dem Einssein, und dem göttlichen Willen - gibt es den
freien Willen?   162

Von der Heilung – Befreiung von Leiden oder „Blockaden"   169

Die Rolle des physischen Körpers im Erwachensprozess   176

Spirituelle Fähigkeiten, Intuition und warum sich das sogenannte
dritte Auge nicht einfach schlagartig öffnet   185

Über die Fantasie, die „Imagination" und das innere Kind   196

Vom Unterschied zwischen Mitgefühl, Mitleid und Empathie und
warum das wichtig ist   201

Akzeptanz und Verzeihen als konkrete Schritte auf dem Weg des
Mitgefühls   210

Transhumanismus oder das Wirken von Spirit durch Grace   219

Quellenverzeichnis   229

Über die Autorin   238

Bewusstsein einer neuen Menschlichkeit

Wir leben in einer Zeit der massiven Umbrüche, die sowohl Risiken als auch Chancen für uns bereithält. Dabei denken viele Menschen vielleicht an technologische Fortschritte. So wird ja auch viel Hoffnung geschürt, dass diese die vielen Probleme der Welt lösen mögen - die Agrarrevolution, die mittels Genmanipulation den Welthunger besiegen, der medizinische Fortschritt, der Krankheiten auslöschen möge, bis hin zur künstlichen Intelligenz, die die Unzulänglichkeiten der Menschheit vergessen machen soll. Doch diese einseitigen Hoffnungen vernebeln den Blick auf einen ganz wesentlichen, viel naheliegenderen Aspekt, den es nicht einmal zu entwickeln, sondern vielmehr wiederzuentdecken gilt - die Natur unseres Selbst.

Der im Vergleich mit technologischem Fortschritt viel umwälzendere Wandel ist der unseres Bewusstseins. Es muss einen eigentlich wundern, dass er so verborgen, im öffentlichen Bewusstsein noch nicht angekommen zu sein scheint. Vermutlich liegt das an der Radikalität, mit der dieser Wandel unsere Vorstellungskraft übersteigt, da wir keinen Bezugspunkt zu einer veränderten Realität herstellen können, die wir in dieser Form noch nie erlebt haben.

Dieser Wandel betrifft nicht einfach nur einen kleinen Ausschnitt unserer physischen Realität - das Finanzsystem etwa, das Bildungssystem, oder politische Systeme auf der Weltbühne. Veränderungen in all diesen Bereichen zeigen sich letztlich nur als Auswirkungen

1

eines viel tiefer liegenden Wandels, der nichts weniger als die Natur unserer Wahrnehmung der Realität selbst betrifft. Und damit betrifft dieser Wandel unsere Realität als Ganzes, denn unsere Wahrnehmung, unser Bewusstsein existiert nicht losgelöst von dieser Realität.

Wenn sich das kollektive Bewusstsein so rasant entwickelt wie in unserer Zeit, folgen die äußeren Veränderungen auf dem Fuße, denn unser Bewusstsein interagiert mit unserer Realität - unsere Realität und unser Bewusstsein sind eng und untrennbar miteinander verwoben. Wenn wir also echten, nachhaltigen und organischen Wandel bewirken wollen, müssen wir nach innen schauen und aktive Gestalter unserer Bewusstseinsentwicklung werden, oder dieser Entwicklung zumindest nicht im Wege stehen, anstelle im Außen Möglichkeiten der Kontrolle, schnellen Lösungen, oder unserer „Rettung" nachzujagen.

Dies wird umso deutlicher, je mehr wir uns vor Augen führen, dass jede Technologie im Außen nur so konstruktiv, nützlich und fortschrittlich ist, wie es das Bewusstsein der Personen zulässt, die sie einsetzen. Jede Technologie kann zum Wohle aller eingesetzt werden – oder zum Vorteil einiger weniger, was immer immense Kosten für das Gemeinwohl mit sich bringt, wofür unsere Welt zahlreiche Beispiele bietet. Darum ist es so wichtig, nicht nach einseitigem technologischem Fortschritt zu rufen - sondern unsere Bewusstseinsentwicklung endlich ernst zu nehmen - nur so ist ein ethisch verantwortungsvoller Umgang mit technologischem Fortschritt überhaupt möglich, der dem Gemeinwohl dient.

Letztlich entspringt der Wunsch, in Technologien im Außen einen Ausgleich für die eigenen inneren wahrgenommenen Unzulänglichkeiten zu finden auch einem zutiefst zerrissenen Selbstbild, das den eigenen Wert nicht erkennt und von tiefem Misstrauen den eigenen Fähigkeiten, den eigenen innersten Beweggründen gegenüber geprägt ist. Möglicherweise haben wir sogar eine solche Angst vor der eigenen Ermächtigung und Freiheit, die in unserer Bewusstwerdung liegt, möglicherweise haben wir so viel Dunkelheit erlebt, dass wir unserem eigenen

Licht nicht mehr vertrauen, ja, dieses nicht einmal mehr erkennen können. Ein spiritueller Erwachensprozess ist ein Weg zurück in dieses Vertrauen.

Der Wandel unseres Bewusstseins gleicht einem Evolutions-
sprung, der jeden einzelnen von uns vor die Wahl stellt, ob wir mit dem
Wandel oder in den Widerstand gehen wollen - sei es aus einer weit
verbreiteten Angst vor dem Unbekannten oder aus einem Zustand der
Verwirrung darüber, was denn nun eigentlich das Richtige, Wahre, wo
Halt zu finden sei.

Der Schlüssel zur Beantwortung der Frage nach dem „Richtigen" liegt in jedem einzelnen von uns, denn das absolut „Richtige" gibt
es eigentlich nicht in einem kreativen Universum, das uns in dieser
neuen Ära vor die gewaltige und erschreckende Aufgabe stellt, unsere
kulturell vorgegebenen Konditionierungen loszulassen, die die Welt in
einfach zu überblickende, für alle gültige Einheiten aufteilt, - gut,
schlecht, richtig, falsch, schön, hässlich -, um endgültig zu lernen, unserem eigenen inneren Kompass zu folgen.

Gleichzeitig bewirkt die Entwicklung unseres Bewusstseins die
Befreiung von unserer Sucht danach, zu beurteilen. Sie befreit uns davon, uns selbst einteilen, uns in irgendeine Schublade oder Rolle einordnen zu müssen. Denn das wird unserem Wesen nicht gerecht. Dieser
Prozess führt uns zu dem viel umfassenderen „echten" inneren Wesen
zurück, einschließlich dem, was alte mystische Schulen schon immer die
„Einheit" oder „Ganzheit" nannten, oder auch das Einheitsbewusstsein.

Dies kann jedoch nur geschehen, wenn wir die Wege wählen,
die dazu geeignet sind, die tiefen Spaltungen in unserer Gesellschaft zu
überwinden, und Brücken zueinander zu bauen über alle Differenzen
hinweg - die trotz aller kreativer Unterschiede letztendlich nicht so groß
sind wie sie vielleicht scheinen.

Das klingt in der Theorie schön und gut, die kollektive Praxis
sieht derzeit jedoch noch nach dem genauen Gegenteil aus - ist sie doch

von Meinungspolarisierung und erbitterten Kämpfen um die „Wahrheit" geprägt. Der Prozess, in dem wir uns befinden, ist mit teils schmerzhaften Umbrüchen und Veränderungen verbunden, denn er bedeutet für uns, lieb gewonnene Gewohnheiten aufzugeben, uns mit Verletzungen und Wunden aus der Vergangenheit zu konfrontieren, Bedürfnisse nach Kontrolle, Ablenkungen und Süchte hinter uns zu lassen, und uns ehrlich all unseren Anteilen zu stellen - auf individueller und kollektiver Ebene.

Doch wir befinden uns in einem Lern- und Erwachensprozess, den wir alle mitgestalten, und der dazu dient, dass wir die Erinnerung an uns selbst wiederfinden. Dazu ist jeder von uns ein aktiv mitgestaltender Teil - wir sind keine passiven Beobachter, die am Rande stehen, und allen Ereignissen hilflos ausgeliefert sind. Dieses Buch soll eine Art Erinnerungshilfe sein für jeden, der im tiefsten Innern fühlt, dass es hier mehr zu entdecken gilt als das tägliche Einerlei, dass da etwas im Innern ist, was sich erinnern möchte - eine zaghafte Stimme vielleicht nur, die leicht übertönt wird von den vielen Ablenkungen unserer Welt, vielleicht nur ein kleiner Zweifel, ein Unwohlsein, aber zweifellos vorhanden.

Ein besonderes Augenmerk soll dabei auf dem Einheitsprinzip (*Oneness*) liegen. Nicht nur handelt es sich dabei um eine in mystischen Traditionen grundlegend formulierte Wahrheit über unseren Ursprung, sie beinhaltet auch eine Perspektive der Non-Dualität, mit der wir hier in unserer physischen Existenz besonders zu kämpfen haben. Zudem legt uns die Rückbesinnung auf und Anwendung dieses Gesetzes einen zentralen Schlüssel in unsere Herzen und unsere Hände, den Schlüssel zu mehr Verständnis für uns selbst und unsere Mitmenschen.

Und damit bekommen wir auch wieder den Zugang zu dem, was Mystiker und spirituelle Lehrer manchmal das Einheitsbewusstsein nennen, den Schlüssel zu mehr innerem Frieden und Frieden in der Welt, was letztlich ein und dasselbe ist. Das ist keine hehre Idee oder abgehobene Philosophie, sondern tatsächlich der einzige Weg aus dem Leid der

Dualität, und somit aus den auf Macht und Ausbeutung basierenden Systemen dieser Welt.

Gleichzeitig soll dieses Buch auch denjenigen ein Wegweiser sein, die sich - meist weder gewollt noch geplant - auf diese Reise des Bewusstseins, die Reise zum eigenen Ursprung, gemacht haben: ihr seid nicht allein und es gibt viele von euch! Gerade in Deutschland wird über Spiritualität nicht viel geredet - und wenn, dann werden spirituelle Themen wahlweise nur mit religiösem Dogma oder unglaubwürdiger New-Age-Esoterik gleichgesetzt, die wissenschaftliche Erkenntnis ablehnt oder mit dieser nicht vereinbar ist.

Das ist sehr schade, denn leider hat unsere technokratische Effizienzgesellschaft nur wenige bis keine Antworten auf die Fragen, die den Erwachenden umtreiben, oder Erklärungen für die Erfahrungen, die wir in einem solchen Prozess machen können. Und jeder, der die eine oder andere bewusstseinserweiternde Erfahrung macht, oder merkt, dass sich die eigenen Glaubenssysteme langsam verändern, und dass sie sich von dem unterscheiden, was alle anderen um einen herum glauben - oder nicht glauben - der schweigt auch erst einmal.

Ein weiteres zentrales Anliegen dieses Buches ist es, immer wieder aufzuzeigen, dass es bei gelebter Spiritualität eigentlich um sehr grundlegende Dinge geht, die nichts Abgehobenes haben - ein gesunder Körper, emotionale, mentale, psychologische Stabilität sind zentrale Bausteine eines organischen Erwachensprozesses, ohne die ein solcher wirklich unangenehm werden kann - und schmerzhafter als nötig.

Die abgehobeneren spirituellen Themen, für die New-Age-Communities oft verspottet werden - spirituelle Fähigkeiten oder Erlebnisse wie Astralprojektion, Bilokation, Hellsichtigkeit, Kundalini-Erlebnisse - haben meiner Erfahrung nach zwar einen realen Hintergrund, sind aber lediglich Beiwerk einer veränderten Wahrnehmung unserer Realität - ohne eine entsprechende Bewusstseinsentwicklung ist alles Wissen darüber nutzlos - im besten Falle Ablenkung vom Wesentlichen, im Schlechtesten leider auch nicht ganz ungefährlich.

Demgegenüber soll hier das Augenmerk auf dem Potenzial liegen, das in einer echten gelebten und geerdeten Spiritualität liegt - denn dieses besteht darin, unser authentisches Selbst so in die Welt zu tragen, dass es perfekt ineinandergreift in die Potenziale und Talente unserer Mitmenschen, so dass all diese individuellen Talente sich zu einem großen Ganzen potenzieren, das dem Wohle aller dient und einen für den Einzelnen schwer vorstellbaren physischen, also sichtbaren, Wandel bewirkt.

So wird auch deutlich, dass kein Einzelner den Schlüssel zur „Rettung der Welt" in der Hand hält,- ein Mythos, der in unserer Kultur, in Filmen und Büchern immer wieder aufgegriffen und vermittelt wird, letztlich jedoch sehr entmächtigend ist - sondern dass jeder einzelne von uns ein wichtiges Puzzleteil in der Hand hält und wir deswegen zusammenarbeiten müssen, um einen positiven Wandel zu vollbringen.

Demgegenüber findet man in vielen spirituellen Gruppen leider immer wieder die zwei Phänomene, die ein falsches Bild von dem vermitteln, was Spiritualität eigentlich ist: „spiritual elitism" („spirituelles Elitendenken") - der Drang, sich selbst zu erhöhen durch eine als überlegen wahrgenommene „spirituelle" Lebensweise und daraus Bestätigung zu ziehen, und „spiritual escapism" („spirituelles Flüchten") - die Tendenz, durch die Beschäftigung mit abgehobenen spirituellen Themen von der eigenen inneren Arbeit oder dem eigenen als negativ empfundenen Leben abzulenken - beides ist für einen organischen Erwachensprozess jedoch mehr als kontraproduktiv.

Zu guter Letzt soll es also in diesem Buch auch um das eine oder andere Missverständnis zum Thema „Spiritualität" gehen, Missverständnisse, die viele Menschen lange abschrecken, bevor sie in diesem großen, weiten Feld, in dem wir uns natürlich auch verirren können, doch vielleicht etwas finden, das auf Resonanz trifft und hilfreich ist. Dieses Buch soll also in allererster Linie nicht eine bestimmte Sichtweise oder Philosophie „verkaufen", es soll hilfreich sein.

Dies ist ohnehin eine der wichtigsten Fragen, die wir uns im Verlauf eines Erwachensprozesses stellen können und sollten, bei dem es ja gerade darum geht, dass wir in unsere Kraft und unser volles Potenzial mit unseren ganz eigenen Bedürfnissen, Erfahrungen und Themen finden: Ist die Information, über die wir gerade stolpern, für uns hilfreich oder nicht? Auch in einem Buch wie diesem wird selten alles für jeden gleichermaßen relevant oder hilfreich sein: Nehmen Sie sich das heraus, was hilfreich ist, das andere lassen Sie einfach bei mir.

Ein paar Grundbegriffe zu Beginn

Man kann über das Thema Spiritualität nicht sprechen oder schreiben, ohne unweigerlich einige Begriffe nutzen zu müssen, die nur Annäherungen sein können an schwer Beschreibbares. Gleichzeitig sind viele Begriffe in diesem Kontext bereits vorbelastet und lösen entweder Assoziationen zu religiösen Vorstellungen aus oder erinnern an verklärte New-Age-Romantik, wie beispielsweise die Begriffe „Gott", das „Göttliche", „Geist", aber auch schon Begriffe wie „Liebe", „Gnade" oder „Mitgefühl".

Ich habe versucht, insbesondere religiös vorbelastete Begriffe zu vermeiden, doch ganz ohne entsprechende Wörter wird es schwierig, spirituelle Konzepte und Erfahrungen zu beschreiben. Zudem ist die Abwehr, die wir möglicherweise bei religiös überfrachteten Begrifflichkeiten empfinden eine unnötige Hürde auf einem spirituellen Weg, die uns als Suchende lange davon abhalten kann, vermehrt in die Tiefe zu gehen und in die eigene innere Wahrheit hineinzuhorchen. Ich nutze also Begriffe wie „Spirit" oder „Gnade" weitgehend losgelöst von bestimmten religiösen oder philosophischen Lehren.

Dabei sehe ich diese Begriffe und Vorstellungen letztendlich nur als Hilfskonstruktionen an, die einen Austausch zu schwer fassbaren Themen erleichtern sollen. Einem solchen leichteren und verständlichen Austausch zuliebe möchte ich hier kurz einige der in diesem Buch immer wieder verwendeten Grundbegriffe und -konzepte nennen, sowie die Bedeutung erläutern, die ich persönlich ihnen zuschreibe. Diese Konzepte sollen selbst nicht wieder zu einem festen Dogma oder Regelwerk werden, und andere Menschen werden wieder andere Begrifflichkeiten dafür finden oder andere Vorstellungen von ihnen entwickeln.

Die Grundvorstellung von Realität, die diesem Buch zugrunde liegt und das Ergebnis meiner persönlichen Lernerfahrungen auf einem spirituellen Weg sind, ist die eines Einheitsbewusstseins oder Einheitsprinzips, aus dem alles bewusste Leben stammt. Wichtig ist dabei, dass Bewusstsein in dieser Vorstellung nicht das Ergebnis neuronaler Aktivität im Gehirn ist, sondern unabhängig vom Körper und damit auch über den Tod hinaus existiert. Dabei ist dieses Einheitsbewusstsein wie ein weiter Ozean, der alles einschließt, umfasst und transzendiert, was wir kennen. Nun ist es möglich, dass sich aus diesem Ozean ein Teilbewusstsein wie ein extrem konzentrierter Laser oder Lichtstrahl abspalten und in einen physischen Körper fokussieren kann. Das könnte man dann Inkarnation nennen.

Dieses abgespaltene und temporär in einen physischen Körper gebündelte Teilbewusstsein nenne ich auch Alltagsbewusstsein, individuelles Bewusstsein oder Ego Mind - im Gegensatz zu einem erweiterten Bewusstseinszustand, in dem weitere Teile der Realität als die uns bekannte physische Realität wieder wahrnehmbar werden. Das bedeutet, dass wir auch einen nicht-physischen Aspekt haben, der uns ausmacht und der allem Materiellen vorgeschaltet ist - also zuerst da war. Diesen Aspekt nenne ich das höhere Selbst oder – wenn wir alle höheren Selbste aller Menschen zusammennehmen, die ja ohnehin auf einer übergeordneten Ebene alle zum Einheitsbewusstsein zusammenfließen, Spirit.

Spirit steht dabei im Gegensatz zu unserer physisch wahrnehmbaren dreidimensionalen Realität. Dabei befinden sich Spirit und die physische Materie jedoch in sich gegenseitig beeinflussender Interaktion miteinander. Wichtig ist jedoch noch einmal, dass Spirit dem Physischen immer vorgeordnet ist und dieses hervorgebracht hat - nicht umgekehrt.

Somit ist unser physischer Körper mitsamt seinem Ego Mind letztlich wie ein Avatar, den wir mittels unseres Spirit-Aspekts durch unsere temporär erschaffene physische Realität steuern. Diese Realität wird also durch unser gemeinsames Bewusstsein erschaffen, wie eine Art Simulation oder Traum. Ein Erwachensprozess ist letztlich nur die

Bewusstwerdung über diesen Sachverhalt - ein Erinnern an unseren Spirit-Aspekt. Manche nennen das auch die Reaktivierung des Gottesfunken in uns allen (engl.: „God Spark"). Ein solches Konzept von „Gott" ist, wie unschwer erkennbar, weit entfernt von religiösen Alltagsvorstellungen von einem oder mehreren von uns abgetrennten und mit Persönlichkeit ausgestatteten Göttern im Außen (vgl. Kapitel *Warum ein spiritueller Weg oft nicht viel mit organisierter Religion zu tun hat*).

Menschen, die von sich sagen, sie seien auf einem spirituellen Weg, unterscheiden sich dabei nicht wesentlich von Menschen, die dies nicht von sich sagen würden. Wir alle befinden uns an irgendeinem Punkt auf diesem Weg des Lernens und der Selbsterkenntnis, selbst wenn dieser von spirituellen Prinzipien der Einheit eher wegzuführen scheint. Der einzige Unterschied besteht darin, dass ein Mensch, der sich zu den „Erwachenden" zählen würde, damit beginnt, den Prozess aktiv mitzugestalten.

Ein paar Grundbegriffe zu Beginn

Wie sieht ein „Erwachen" praktisch aus?

Viele Menschen, die den Prozess des „Erwachens" noch nicht begonnen haben oder sich noch nicht bewusst sind, dass es sich bei den eigenen Erlebnissen und Prozessen eben genau darum handelt, gehen im besten Fall davon aus, dass es sich dabei einfach um eine Art Philosophie handelt, die Betroffene wohl irgendwie überzeugt haben muss, Suchenden vielleicht eine Art beruhigendes Gefühl gibt, dass es „da draußen" mehr geben, oder dass es mit dem Tod nicht zu Ende sein muss.

Vielleicht handelt es sich bei denen, die von sich behaupten, sich in einem spirituellen Erwachensprozess zu befinden, einfach um Menschen, die mit ihrer irdischen Existenz unzufrieden sind, oder die einfach schwere Schicksalsschläge verkraften mussten, die nur mit einer Idee vom Transzendentalen erträglich werden. Ein Erwachen scheint in der Vorstellung vieler also so etwas wie ein Trost für Verlierer zu sein.

Auch der Asket in weißer Kleidung, der sich in die Einsamkeit der Natur zurückzieht, um zu meditieren oder Gott näherzukommen, gehört zu den zahlreichen Vorstellungen, ebenso wie der Veganer, der wütend andere Menschen vom fleischlosen Leben predigt, Yoga praktiziert und seine Chakren regelmäßig reinigt.

Im schlimmsten Fall werden Erwachende einfach für fantasierende Spinner gehalten, die sich etwas gesucht haben, um sich überlegen fühlen zu können. Spirituelle Lehrer mit narzisstischen Grundzügen gibt es durchaus - wie in jedem anderen Lebensbereich auch -, und das erleichtert den Durchblick natürlich kaum. Doch was hat es jenseits all dieser Vorstellungen mit diesem Erwachen tatsächlich auf sich - existiert so etwas wirklich und wie sieht es konkret aus?

Es gibt meiner Beobachtung nach zwei fundamentale Missverständnisse darüber, was ein spirituelles Erwachen ist - zum einen das

Missverständnis, ein spirituelles Erwachen sei lediglich eine reine Geistesübung, bei der sich der Suchende aktiv eine Philosophie aussucht, die ihn überzeugt, um ihr fortan zu folgen. Zum anderen das Missverständnis, ein Erwachen sei lediglich ein verzweifelter Versuch, der harschen Realität des eigenen Lebens zu entgehen.

Diese Missverständnisse helfen denen, die am Beginn des Prozesses stehen, leider wenig – es mag sie sogar unnötig lang in die Irre führen, insbesondere, wenn sie selbst diese Vorstellungen von Spiritualität zuvor teilten. Zum anderen führen derartige Fehlvorstellungen leider dazu, dass der Erwachende oder das unbedarfte Umfeld von den Veränderungen dieses Prozesses so irritiert sind, oder diese so verurteilen, dass die Möglichkeit für offene Gespräche über das Thema - so überhaupt darüber gesprochen wird - im Keim erstickt wird.

Die meisten „Erwachenden" fühlen sich ohnehin bereits häufig isoliert mit ihren Erfahrungen sowie zu Beginn auch oft verwirrt. Auch wenn es noch schwerer ist, von außen nachzuvollziehen, was Erwachende schon aus der Innenperspektive nicht wirklich einordnen können, sind Mitgefühl und Akzeptanz für die Veränderungen, die ein solcher Mensch durchmacht, am Hilfreichsten - auch wenn diese Veränderungen Außenstehenden Angst einjagen oder sie verunsichern können.

Das, was gemeinhin als „spirituelles Erwachen" bezeichnet wird, ist ein real existierender, umfassender Prozess, der Menschen in der Regel grundsätzlich verändert und viel Kraft fordert - denn er geht oft auch mit ganz praktischen Veränderungen im Lebensumfeld einher - und kann dazu führen, dass andere Dinge, die einen „normalen" gefestigten Lebensweg in der entsprechenden Kultur ausmachen, erst einmal auf der Strecke bleiben oder sogar uninteressant werden - wie beispielsweise die berufliche Karriere oder Familiengründung.

Wichtig ist jedoch auch, zu erwähnen, dass nicht jeder Mensch, der durch ein tatsächliches Erwachen geht, dies auch so einordnen würde oder sich ganz bewusst auf einen spirituellen Weg macht - manche Erwachende verändern sich und oft auch ihr Leben langsam und schrittweise von innen heraus, verspüren hier und da mal körperliche

Symptome oder verändern ihr Weltbild - ohne sich jemals als „spirituell" zu bezeichnen.

Häufig kann ein Erwachender auch erst in der Rückschau nachvollziehen, was ihm oder ihr widerfahren ist, und wie die Erlebnisse und Veränderungen einzuordnen sind - auch hier wird wieder deutlich, dass ein Erwachen weder ein kopfgesteuerter Prozess ist, noch dass er von unserem alltäglichen Ego Mind - also unserem individuellen Egobewusstsein - angestoßen oder vorangetrieben würde - unser Verstand hat im Gegenteil oft Mühe, Schritt zu halten. Darüber hinaus kann er dem Prozess auch massiv im Weg stehen, da unser Ego gern Prozesse blockiert, die mit dem Erleben eines Kontrollverlusts einhergehen (vgl. Kapitel *Ego oder kreative Individualität*).

Trotz einiger eher untrüglicher Anzeichen gibt es das eindeutige Muster, nachdem ein spirituelles Erwachen abzulaufen hat, also nicht, denn es ist ein sehr persönlicher, an die individuellen Bedürfnisse angepasster Prozess. Zudem kann er je nach spiritueller, emotionaler, mentaler und physischer Ausgangslage sehr unterschiedlich erlebt werden.

Mit einer reinen kopfgesteuerten Philosophie hat ein spirituelles Erwachen also nichts zu tun. Es mag spirituelle Lehrer geben, die reine Kopfpredigten halten, doch nicht aus Erfahrung sprechen - hier mag es dann mehr um das bereits erwähnte Phänomen des spirituellen Elitendenkens gehen, das sich bis hin zu einem Kult um einen bestimmten Lehrer oder einen Guru ausweiten kann. Führt ein solcher Personenkult nur wieder dazu, dass wir unsere eigene Kraft an etwas im Außen abgeben, um eine scheinbare Sicherheit aufzubauen, hat dieser mit einem echten spirituellen Weg nicht viel zu tun (vgl. Kapitel *Ermächtigung oder Machtausübung*).

Ein spirituelles Erwachen findet auf allen Ebenen statt - natürlich auch der mentalen, der Ebene des Kopfes, des analytischen Verstandes. Aber immer auch auf der emotionalen, der spirituellen, und der physischen Ebene. Ein echtes Erwachen ist also niemals ein rein hochgeistiger, abgehobener Prozess, der mit dem Körper oder dem Alltag eines Menschen nichts zu tun hat, sondern vielmehr ein, wenn man so will, evolutionsbiologischer Vorgang, der sich auch physiologisch, in körperlichen Symptomen und Veränderungen, niederschlagen kann (vgl. Kapitel *Die Rolle des physischen Körpers im Erwachensprozess*).

Wir stehen im wahrsten Sinne des Wortes vor dem nächsten Evolutionsschritt der Menschheit, der eine Evolution des Bewusstseins mit einschließt, sich sogar durch diese definiert, denn das Bewusstsein ist der Schlüssel dazu - auch wenn spirituelle Lehrer oftmals eher von einer Rückkehr zu etwas sprechen, was wir schon immer waren oder von einem Erinnern an das, was uns tatsächlich ausmacht - so sprechen wir hier doch von so langen Zeiträumen, dass die Vorstellung eines Evolutions- oder Entwicklungsschrittes unserem linearen Denken wohl leichter fällt.

Was bedeutet das genau für die körperliche Ebene eines Erwachenden? Ein Erwachen kann mit massiven körperlichen Symptomen einhergehen - so gibt es Menschen, die mit Herzrasen und Verdacht auf Angina pectoris in die Notaufnahme eingeliefert werden - nur um wenige Stunden später kerngesund und ohne Befund oder bleibende Schäden wieder entlassen zu werden - es geht hier also nicht (nur) um subtile Symptome, meiner Erfahrung nach sind die Symptome jedoch umso stärker ausgeprägt, je mehr Widerstand der Erwachende dem Prozess unbewusst entgegensetzt.

Die Symptome können teilweise - wenn auch nicht immer - mit einem seltsamen Gefühl der Ruhe und Angstlosigkeit einhergehen, mit einem erweiterten Bewusstsein, das Gedanken und Gefühle oder plötzliche Eingebungen hereinlassen kann, die normalerweise nicht in den eigenen Erfahrungsbereich kommen würden - als käme man kurzfristig in die Anbindung an etwas viel Größeres, das irgendwie weiß, dass hier nichts Negatives passiert.

Andere körperliche Zeichen können zum Beispiel Schmerzen und Schmerzsyndrome einschließen. Bei wieder anderen kann es zu fieberähnlichen schüttelfrostartigen Zuständen kommen mit Kopf- oder Gliederschmerzen - ohne Auslöser, ohne Grunderkrankung, ohne Nach-

oder Nebenwirkungen. Das geht dann nicht unbedingt mit einer tatsächlich erhöhten Temperatur einher, doch häufig ist das Nervensystem im Verlauf des Erwachensprozesses Anpassungen unterworfen, die sich entsprechend ähnlich anfühlen können.

Das Ganze wird in der Esoterik als Lichtkörperprozess bezeichnet, ein Prozess, bei dem sich der physische Körper an eine neue Realität anpasst, in der wir unseren Spirit-Aspekt mehr und mehr verkörpern können. Dieser Prozess fühlt sich sehr real an mit Symptomen wie die bereits genannten, die auch als „Aufstiegssymptome" bezeichnet werden. Natürlich sollten körperliche Symptome immer ärztlich abgeklärt werden, findet sich jedoch keine Erklärung, oder verschwinden sie sang- und klanglos wieder, handelt es sich möglicherweise um solche Aufstiegs- oder Anpassungssymptome.

Auch mit einer Flucht in Fantasiewelten mit dem Ziel, die eigene beschränkte Existenz irgendwie zu ertragen - wie es das zweite Missverständnis annimmt - hat ein echtes spirituelles Erwachen nicht viel gemein. Solche Missverständnisse kommen natürlich nicht von ungefähr. So kann es durchaus passieren, dass wir in eine Flucht in höhere Sphären abdriften, wenn wir einmal die Erfahrung machen, dass intensive Glückszustände in der Meditation erlebt werden können, oder wir tatsächlich anfangen, in erweiterten Bewusstseinszuständen andere Realitätsebenen wahrzunehmen (vgl. Kapitel *Spirituelle Fähigkeiten, Intuition und warum sich das sogenannte dritte Auge nicht einfach schlagartig öffnet*).

Es ist möglich, durch solche Erfahrungen die Erdung zu verlieren. Dies kann auch noch durch die in spirituellen Gruppierungen häufig propagierten Lehren vom positiven Denken verstärkt werden, die auf dem metaphysischen Gesetz der Anziehung beruhen und durch das Buch „The Secret" von Rhonda Byrne[1] Popularität erlangt haben. Obwohl diese Lehren ihre berechtigte Grundlage haben, werden sie oftmals einseitig und nicht im breiteren Kontext der Gegebenheiten eines spirituellen Weges oder anderer metaphysischer Gesetzmäßigkeiten oder Prinzipien wie dem der Einheit dargestellt (vgl. Kapitel *Das Gesetz der Anziehung, die positive Psychologie, und was das in einer Welt der Dualität praktisch bedeutet).*

So ist die Tendenz, sich zu einseitig auf das Positive zu fokussieren, um ja nichts Negatives in das eigene Leben zu „ziehen", oder sich zu stark in der Möglichkeit anderer Welten, Realitäten oder Dimensionen zu verlieren, als spirituelles Flüchten oder Ausweichen („spiritual bypassing") bekannt und birgt als solches eine echte Gefahr durch Ablenkung vom Wesentlichen.

Gleichzeitig existiert eine ähnliche Tendenz im Negativen - wer sich zu sehr in dunklen Verschwörungstheorien verliert, macht denselben Fehler nur im anderen Extrem und verliert die Erdung, bis hin zur Radikalisierung. Bei einem vermutlich gesünderen, weil geerdeteren Erwachensprozess geht es demgegenüber erst einmal nur darum, in den ganz profanen Dingen des Lebens die eigene Balance zu finden, den eigenen Lebensstil ins Gleichgewicht zu bringen, und sich mit den eigenen emotionalen Triggern auseinanderzusetzen.

Trotzdem müssen positive oder negative Extreme auch im Bereich der Spiritualität manchmal zunächst durchlaufen werden, damit eine Erkenntnis darüber möglich ist, was eine Harmonisierung dieser zwei Pole wirklich bedeutet, und wie wir so Spiritualität im Sinne des Einheitsprinzips leben können (vgl. Kapitel *Licht und Dunkel aus Sicht der Einheit - gibt es „das Böse" und wenn ja, welche Seite ist „mächtiger"? Eine Frage der Perspektive* und *Warum wir noch viel zu lernen haben – das Einheitsbewusstsein*).

Wenn wir die Grundlagen ignorieren und uns lieber gleich den abgehobeneren Dingen widmen möchten - ein Kundalini-Erwachen herbeiführen, das dritte Auge öffnen oder die Kunst der Bilokation erlernen - können wir durchaus unsere psychische Gesundheit riskieren. Zwar handelt es sich bei diesem „Abgehobenen" um „ungewöhnliche" Fähigkeiten und Erfahrungen, die durchaus real sind, für manche Menschen sogar zur Normalität gehören, jedoch sollten wir sie nicht ohne Grundlage herbeizwingen (vgl. Kapitel *Spirituelle Fähigkeiten, Intuition und warum sich das sogenannte dritte Auge nicht einfach schlagartig öffnet).*

Die Idee, dass Menschen, die ihre profane Realität unerträglich finden, sich eine Philosophie suchen, die ihnen Trost spenden kann, weil sie sonst keinen Halt im Leben finden, hat ihren Ursprung möglicherweise in einer durchaus legitimen Beobachtung: oft wird ein Such- oder Erwachensprozess durch leidvolle Erfahrung ausgelöst - denn oft motiviert erst Leid uns dazu, Fragen zu stellen, und die richtigen Türen zum Innern zu öffnen.

So werden beispielsweise häufig Geschichten erzählt, in denen Menschen unter extrem leidvollen Erfahrungen wie Krieg oder Naturkatastrophen zum Glauben an eine höhere Macht gefunden und in diesem Trost gefunden haben. Allerdings haben Menschen unter solchen Bedingungen wohl kaum die Zeit, sich verschiedene Philosophien oder hochgeistige Theorien zu Gemüte zu führen, um dann wohlüberlegt ihre Wahl zu treffen, welche denn nun die passende, trostspendenste wäre.

In anderen Worten: Ein Erwachensprozess wird niemals von außen oder dem Individualbewusstsein, dem Ego Mind des Erwachenden gesteuert - von außen kommen höchstens die notwendigen oder hinreichenden Impulse hinzu - zudem spielt sich der Prozess auch nicht auf der rein kognitiven, also gedanklichen Ebene ab. Der Prozess wird immer im Inneren angestoßen und vom höheren Selbst oder Spirit gesteuert.

Auch außerhalb von Kriegszeiten mögen leidvolle Erlebnisse lediglich eine Brücke oder ein Angebot darstellen, die eigenen Glaubenssysteme zu hinterfragen. Die Antworten dazu finden sich höchstens teilweise in einem Buch und sind auch dann meist lediglich ein Spiegel für Erkenntnisse, die sich bereits im Inneren angebahnt haben. Mögliche Impulse im Außen, die durch ein Buch, einen Film, einen Vortrag oder Ähnliches ins Bewusstsein eines Erwachenden gelangen, bilden auch meist erst einmal keine in sich stimmige Theorie, die diesem sofort Beruhigung und Trost spenden könnte.

Im Gegenteil, ein sich zunächst einstellendes Gefühl der Verunsicherung und Verwirrung ist eher typisches Merkmal eines Erwachens, vielleicht auch ein notwendiger, denn aus einem Gefühl der Sicherheit oder aus der Illusion sicheren Wissens entstammt nicht das Bedürfnis, zu hinterfragen oder sich auf die Suche zu begeben. In der Illusion äußerer Sicherheiten finden wir nicht den Samen zur Veränderung oder die nötige Flexibilität und Offenheit, die Dinge anders betrachten zu wollen.

Ein spirituell Erwachender geht also selten auf rosa Wölkchen spazieren. Nicht umsonst wird der Prozess, der sich oftmals zunächst einstellt, in der Esoterik die „dunkle Nacht der Seele" genannt - ein Prozess, in dessen Verlauf alles, aber auch wirklich alles, ans gleißende Tageslicht kommt, was wir gern im Keller versteckt hätten, seien das Süchte, negative Angewohnheiten, ungesunde Neigungen oder sogar physische Krankheiten, vieles davon seit Generationen in der Familie weitergegeben.

Das Licht, das hereinkommt, um einen Menschen aufzuwecken, fühlt sich nicht immer angenehm und liebevoll an, denn es ist auch das Licht der Wahrheit. Somit hat ein spiritueller Erwachensprozess recht wenig mit Einhörnern und Regenbogen zu tun, oder dem in rein weißer Kleidung auf der Bergspitze Meditierenden, völlig entrückt von der „Realität" unserer dreidimensionalen Wirklichkeit.

Ein Erwachen ist also eher ein Erinnern - Spiritualität ist keine großartige, neue Philosophie, die wir irgendwo aufschnappen und von der wir denken, dass sie sich doch gut im eigenen Glaubenssystem integrieren lässt, oder die uns die Welt und das eigene Leben angenehmer macht. Es ist in der Regel auch nichts, auf das wir stoßen, weil wir uns eine schönere Welt herbeiträumen und mit der harschen Realität nicht klarkommen.

Ein Erwachen ist überhaupt kein rein kognitiver Prozess. Es ist ein chaotischer, wirrer Prozess voller Abzweigungen, Irrwegen, Sackgassen, Feedback-Schleifen und Erfahrungen, der die Gefühlswelt, die Überzeugungen, das eigene Verhalten und selbst physiologische

Prozesse von Grund auf durcheinanderrütteln kann - so wie auch die meisten Menschen nicht durch ein leises subtiles Murmeln aus einem Tiefschlaf wachgerüttelt werden können.

Sind wir erst einmal wachgerüttelt, gehen wir also auch nicht durch einen linearen Prozess, in dem wir uns beispielsweise schön geordnet nacheinander bestimmten Lektionen widmen, diese verstehen, und mit ein wenig Disziplin dann in höhere Sphären aufsteigen. Wir erwachen meist chaotisch, nehmen Abzweigungen und Umwege, werden auch mal in tiefe Verzweiflung und Verwirrung gestürzt, und fragen uns vielleicht an mancher Stelle, was denn nun real ist - denn alles scheint plötzlich möglich.

Gleichzeitig gilt es ja auch noch, das physische Leben zu leben mit seiner ganzen Profanität - dem Beziehungen meistern, Geldverdienen, oder Wäsche waschen - und die wenigsten werden die Möglichkeit haben, sich „ungestört" durch weltliche Bedürfnisse oder Aufgaben dem Spirituellen zu widmen, und das ist auch gar nicht das Ziel. Gerade diese weltlichen Bedürfnisse und Aufgaben sind ja die größten Lehrmeister, wegen denen wir hier sind.

Ein Erwachen ist also niemals Stillstand in irgendeiner Form von festem Glaubenssystem oder Dogma, sondern erfordert eine immer wieder neue Anpassung unserer Glaubenssysteme an die gemachten Erfahrungen - nicht nur einmal, denn wenn wir nun glauben, wir hätten der Weisheit letzten Schluss gefunden, werden wir ein ums andere Mal eines Besseren belehrt, und die eigene schöne, sicher und gemütlich neu aufgebaute Weltsicht kommt erneut ins Wanken.

So ist es meist kein angenehmer Prozess - trotz sehr schöner tiefgreifender Erfahrungen von Gefühlen der „Einheit" oder „universellen Liebe", die wir dabei durchaus machen können und die vor allem den Zweck erfüllen, uns auf eine tiefere Wirklichkeit aufmerksam zu machen und darin zu bestärken, diese entdecken zu wollen.

Schließlich „passiert" ein spirituelles Erwachen auch häufig denen, die nie auf der Suche waren. Im Gegenteil, viele verfolgen einen ganz typischen Lebensweg und führen ein Leben, das sie zunächst gerne behalten hätten - und wehren sich zunächst mit Händen und Füßen gegen die Veränderungen, die da über sie hereinbrechen.

So ist es auch möglich, dass wir zunächst eine tiefgreifende Erfahrung machen, diese aber zunächst verdrängen, da sie unser Weltbild erschüttert - das könnte zum Beispiel eine spontane außerkörperliche Erfahrung sein, oder auch eine Kundalini-Erfahrung, bei der die sogenannte Kundalini-Energie sich vom Steißbeinbereich ausgehend nach oben entlang der Wirbelsäule bewegt und dabei ein massives Gefühl der Hitze und Energie erzeugt, das sich auch beängstigend anfühlen kann. Diese intensiveren Erfahrungen sind jedoch nicht unbedingt die Regel, und manchmal dienen sie auch eher dazu, die Aufmerksamkeit des erwachenden Ego-Selbst darauf zu lenken, dass es etwas jenseits der uns bekannten Welt gibt. So sind die intensiveren Erfahrungen oft eine Art Kurskorrektur, ein Hinweis, dass es jetzt an der Zeit ist, sich zu erinnern.

Vielleicht beginnen wir nach einem oder mehrerer solcher Erlebnisse, - möglicherweise auch erst nach einer Phase des Verdrängens oder Nicht-wahr-haben-Wollens - ganz zaghaft eine Tür aufzustoßen, beginnen, Fragen zu stellen. Oder wir werden durch die schiere Massivität unserer Erlebnisse dazu gezwungen, die Tür gleich ganz aufzureißen. Manchmal sind das dann leider auch die bereits erwähnten Schicksalsschläge, wie beispielsweise Krankheiten, Verluste oder Gewalt- und Missbrauchserfahrungen.

Vielleicht beginnen wir dann, mehr oder weniger neugierig oder verzweifelt Fragen zu stellen an – in Ermangelung einer besseren Idee - „irgendwen da draußen". Ein solches „Öffnen der Tür" durch unser Ego-Selbst ist ein zentraler Punkt, da wir uns in einem Experiment des freien Willens befinden – das bedeutet, ohne unsere wie auch immer erteilte Zustimmung kann nicht-physisches Bewusstsein oder Spirit nicht mit uns arbeiten (vgl. Kapitel *Vom Karma, dem Einssein, und dem göttlichen Willen - gibt es den freien Willen?*).

So wird unser Lernen zwar durch den nicht-physischen Anteil unseres eigenen Bewusstseinsaspekts gesteuert, jedoch ist es Teil der Lernarbeit, ein zunehmend aktiver und bewusster Teil der Interaktion mit diesem nicht-physischen, höheren Selbst zu werden. In anderen Worten: wir müssen schon auch mitmachen. Wird die Tür also aufgestoßen, beginnt die eigentliche Arbeit. Das höhere oder unendliche Selbst des Erwachenden lenkt das Ego-Selbst wie einen Avatar durch diesen Prozess und eine Reise der Selbsterkenntnis beginnt, die eine Reise zu sich selbst ist – und dieses Selbst ist viel mehr als unsere physische Existenz.

So geht es in der Spiritualität auch nur vordergründig um Wissen, Erfahrungen oder Entdeckungen im Außen, um eine spirituelle Praxis, oder um Methoden der Selbstheilung. Dies alles sind nur Werkzeuge, denn es geht immer um die Erkenntnis, dass das Selbst Teil von etwas viel Größerem ist, Teil eines Mysteriums, das wir durch das Selbst erfahren können.

Wie können wir auf einem spirituellen Weg dieses Mysterium erfahren? Wie kann es aussehen, wenn wir einen Eindruck bekommen von diesem großen Ganzen, wenn wir unser Bewusstsein kurzzeitig an dieses große Ganze anbinden und so einen flüchtigen Blick auf sein Wirken erhaschen können? Kurz gesagt, woran merken wir eigentlich, wenn Spirit und Ego Mind, Individual- und Kollektivbewusstsein, Geist und Materie in unserer direkten Erfahrung eins werden?

Wenn Geist und Materie eins werden in spontan auftretenden Zuständen leicht erweiterten Bewusstseins können wir Synchronizitäten erleben, oder Zustände, die von kreativen spontanen Eingebungen oder Antworten auf zuvor mehr oder minder bewusst gestellte Fragen begleitet werden. Solche Eingebungen können im Inneren in Form von blitzartigen Gedanken, Bildern oder Symbolen zu uns kommen, oder auch im Außen, einfach in Form einer Unterhaltung, in der unser Gegenüber auf synchronistische Art und Weise uns genau die Information gibt, nach der wir gesucht haben, oder auch in Form einer Filmszene, in der ein für uns wichtiger Satz fällt, oder eines Liedtextes, der für uns eine Schlüsselinformation, eine Erinnerung oder einen Handlungsimpuls bereithält. Gerade zu Beginn eines Erwachensprozesses brauchen wir noch oft die Bestätigung im Außen, bevor wir etwas als „real" anerkennen können.

So geht es bei solchen Synchronizitäten häufig auch nicht in erster Linie um die Information selbst, sondern darum, unser Vertrauen in die Existenz dieses mysteriösen nicht-physischen großen Ganzen, und unserer Verbindung damit zu stärken, oder uns sanft dazu zu bringen, tiefer zu graben, und diese Verbindung zu erforschen. Dabei bilden Bilder, Symbole und unsere Fähigkeit zur Imagination die Grundpfeiler der Sprache, die unser nicht-physischer Anteil nutzt, um mit unserem Ego- oder Avatar-Selbst zu kommunizieren (vgl. Kapitel *Über die Fantasie, die „Imagination" und das innere Kind*).

Auch sogenannte Flow-Erleben können häufiger auftreten. Ein solches beschreibt einen Bewusstseinszustand höchster Konzentration, bei dem wir in der momentanen Tätigkeit absolut aufgehen und dabei alles andere um uns herum vergessen oder ausblenden können – einschließlich emotionaler oder sonstiger Probleme. Es ist ein Zustand, den wir als sehr positiv erleben, da wir uns im „Flow" in der Regel stark und fähig fühlen und die jeweilige Tätigkeit mühelos von der Hand geht. Oft geht dabei auch das Gefühl für Zeit verloren und wir sind so vollständig vom Moment eingenommen, dass wir auch nach längeren Zeiträumen keine Müdigkeit verspüren[2,3].

Ein Flow-Erleben, ebenso wie unsere Fähigkeit dazu, echtes, tiefes Glück zu erleben, hängt laut dem psychologischen Flow-Forscher Csikszentmihalyi[3] nicht so sehr von äußeren Umständen ab, sondern vielmehr von unserer Interpretation der Situation, unserer Fähigkeit, uns auf den Moment einzulassen, sich diesem ganz hinzugeben, und Glück aktiv zu kultivieren - Flow als Teilbereich des Glücks ist somit inneres kultivierbares Erleben, kein glücklicher Zufall oder automatisches Ergebnis äußerer Umstände, denen wir hilflos ausgeliefert sind - Dinge, die in der spirituellen Literatur ebenfalls propagiert werden. Es ist also wenig überraschend, dass Flow-Erlebnisse Bestandteil eines spirituellen

Erwachensprozesses sein können, ein Prozess, der letztlich immer nach innen führt.

In Zuständen leicht erweiterten Bewusstseins und einer höheren Bewusstheit erkennen wir, dass letztlich alles um uns herum Bedeutung hat, da wir in Beziehung zu allem stehen, was in unsere Erfahrung gelangt. Das ist die ganz praktische Bedeutung von Philosophien der Einheit zwischen allen Dingen, ein Konzept, das für unser Individual- oder Ego-Bewusstsein jedoch so schwer fassbar ist. Deswegen vollzieht sich ein Erwachensprozess in der Regel nicht über Nacht, denn unser Individualbewusstsein braucht Gewöhnungszeit und wiederholte Erfahrungen der Anbindung an diese Einheit, um dieses neue Realitätsverständnis zu akzeptieren, zu integrieren, und seine Bedeutung voll zu erfassen.

Dies bedeutet auch, dass wir aktiv die Verbindung mit Spirit und diesem großen Ganzen suchen, Antworten auf unsere Fragen erhalten, Trost und Unterstützung finden können. Da wir eins mit unserer Umwelt sind und mit allem in Beziehung stehen, können wir aktiv damit beginnen, diese Beziehung zu nutzen: Statt uns als Opfer der Umstände zu betrachten, begreifen wir, dass wir mittels unseres Bewusstseins aktive Mitgestalter des großen Ganzen, und damit dieser Umstände sind, dass die Umstände durch uns überhaupt erst zu wirken beginnen. Wir können also tatsächlich lernen, mit dem großen Ganzen zu kooperieren (vgl. Kapitel *Warum Spiritualität sehr viel mit Wissenschaft zu tun hat, und uns die Logik hier trotzdem nicht weiterhilft*).

Eine Möglichkeit, stärker in die aktive Kooperation mit Spirit zu gehen, besteht ganz einfach darin, mit Fragen an Spirit oder unseren nicht-physischen Anteil zu experimentieren - und zu sehen, ob und in welcher Form wir Antworten erhalten können. Letztlich ist das eine Möglichkeit, mit uns selbst in eine ganz neue Art der Kommunikation zu gehen und tiefere Antworten unseres weiseren Aspekts zu erhalten - der ja ebenfalls ein Teil von Spirit ist.

Die Form, in der wir diese Fragen stellen– ob gedanklich, schriftlich festgehalten oder laut ausgesprochen - spielt dabei keine Rolle, solange unsere Motivation, eine Antwort haben zu wollen, ausgeprägt genug ist, und wir dem Erhalt der Antwort nicht im Wege stehen. Der Teil, der uns im Anschluss an die gestellte Frage denn auch oft schwerfällt, insbesondere, wenn uns die Antwort wichtig ist, ist die Fähigkeit, sich im Anschluss für diese „leer zu machen" und somit alle Erwartungen und Anhaftungen dazu gehen lassen zu können, wie sie ausfallen könnte, oder wann und auf welche Weise wir sie erhalten.

Die Antworten kommen selten auf Wegen, auf denen wir sie erwarten, da es eine gewisse offene Erwartungshaltung braucht, und die Kontrolle durch das Ego Mind dem erweiterten Bewusstsein weichen muss, um die Informationen zu erhalten. So kann es in einem Erwachensprozess auch passieren, dass wir spontan eine Antwort auf eine zuvor eher „unbewusst" gestellte Frage erhalten - vielleicht als Antwort auf einen beiläufig gedachten Gedanken - gerade in einem solchen Fall haben wir keine Erwartung formuliert und Spirit konnte widerstandslos wirken.

Mit ein wenig Übung lässt sich so eine gute Verbindung zur eigenen inneren Weisheit, dem eigenen nicht-physischen Aspekt herstellen, den wir uns vereinfacht vielleicht ein bisschen wie ein Portal zum Kollektivbewusstsein vorstellen können, und der damit Zugang zu allen Informationen bereithält, die wir im Interesse des großen Ganzen wirklich benötigen. Das bedeutet auch, dass wir Informationen, die diesem großen Ganzen nicht dienen, nicht unbedingt erhalten.

Manchmal können wir auf einem solchen Weg des Erwachens und der zunehmenden Kooperation mit der nicht-physischen Welt auch Erfahrungen deutlich erweiterter Bewusstseinszustände machen, die über ein einfaches Flow-Erleben oder einzelne Synchronizitäten weit hinausgehen, und uns einen Einblick in dann mögliche Arten der Informationsverarbeitung geben können.

Die Art der Informationsverarbeitung kann in erweiterten Zuständen des Bewusstseins beispielsweise viel effizienter und vor allen

Dingen nicht-linear sein - das bedeutet, dass wir in solchen Zuständen in der Lage sind, ganze Informationspakete in Form von Bildern, Gefühlen oder spontanem Wissen auf einmal zu erhalten, und mehrere oder alle Information gleichzeitig wahrnehmen und verarbeiten und damit unmittelbar das Wesentliche erfassen können. Auf der emotionalen Ebene sind Zustände des völligen Nicht-Bewertens - auch schwerwiegenderen Taten oder Ungerechtigkeiten gegenüber -, des Mitgefühls und der bedingungslosen Liebe möglich.

Diese erweiterten Bewusstseinszustände sind deshalb nicht der Kern unseres Erwachens, da sie uns nichts anzeigen, was wir uns verdienen oder erarbeiten müssten - sie sind vielmehr ein natürliches Nebenprodukt der Erinnerung an das, was und wer wir eigentlich sind und damit unser Geburtsrecht, das, wenn wir es wieder einfordern und diese Erinnerung wieder zulassen können, dem großen Ganzen wieder ermöglicht, durch uns hindurch zu wirken - so dient ein spirituelles Erwachen Einzelner immer dem großen Ganzen und damit allen. Das, was durch einen Prozess des Erwachens wieder durch uns wirken kann, wird in vielen spirituellen Traditionen „Grace" oder (göttliche) „Gnade" genannt (vgl. *Kapitel Transhumanismus oder das Wirken von Spirit durch Grace*).

Wie sieht ein „Erwachen" praktisch aus?

Ist Spiritualität naiv?

Spirituellen Sichtweisen wird oft vorgeworfen, sie seien naiv, da sie beispielsweise die Liebe als alles durchdringende Essenz beschreiben oder das gottgleiche bedingungslos liebende Bewusstsein, die Quelle oder Einheit, aus der wir alle entstammen. Doch auch Philosophen wie Rousseau, die den Menschen als von Natur aus „gut" ansahen, mussten oder müssen sich diesen Vorwurf zuweilen gefallen lassen. Dies wahlweise mit Verweis auf Kriege, Genozide, den Holocaust, Folter, oder psychologische Experimente wie die Milgram- oder Stanford-Prison-Experimente, bei denen Studienteilnehmer unter bestimmten Bedingungen in der Lage waren, anderen wirkliches Leid anzutun, und die das Böse im Menschen, seinen inhärenten Egoismus quasi bewiesen haben sollen.

Aus einer spirituellen Sichtweise heraus ist es jedoch nicht das menschliche Wesen selbst, das automatisch böse und egoistisch ist. Es ist eine Kultur, die dies aufrechterhält, und die letztlich durch uns veränderlich ist. Auch dies ist kein neues Argument – Rousseau vertrat diese Auffassung bereits, und es ist auch von Rutger Bregman[1] ebenso wie Yuval Noah Harari[2] hervorgebracht worden - die landwirtschaftliche Revolution habe hier erst möglich gemacht, dass Macht und Besitz angehäuft werden und sich eine Kultur herausbilden konnte, in der das Konzept einer korrumpierten Vorstellung von Macht, die andere ausbeutet und unterdrückt, erst entstehen konnte. Auch diesen Autoren wird vorgeworfen, die Jäger-Sammler-Kulturen zu romantisieren.

Und doch gab es in allen Epochen die Verfechter der guten wahren Natur des Menschen, die nur dann Böses und Grausames hervorbringen kann, wenn sich der Mensch in seiner Verwirrung und Blindheit nicht mehr an diesen wahren Kern erinnert. Zu ihnen gehörte wohl auch Tolstoi, wenn er sagt:

„Finding strange the blindness of the men who believe in the ne-
cessity for violence, and convinced as I am of the contrary, it is not ar-
guments, however, that can persuade me and convince others of the
truth; what determines my belief is the certainty of the spiritual nature
of man, of which love is the manifestation." (p. 127)[3] [deutsch: So selt-
sam ich die Blindheit der Menschen finde, die an die Notwendigkeit von
Gewalt glauben, und so überzeugt ich vom Gegenteil bin, so sind es nicht
Argumente, die mich oder andere von der Wahrheit überzeugen können;
was meine Überzeugung hervorbringt, ist die Gewissheit über die spirituelle Natur des Menschen, deren Manifestation die Liebe ist.]

Welche Ansätze finden sich in der Spiritualität dazu, die die An-
sicht von der guten „Essenz" des Menschen doch oft teilt? Was lässt sich
speziell aus dem Einheitsprinzip zu diesem Thema ableiten, das ja eher
den Gegenentwurf zu der dualistischen Idee von „gut" und „böse" beschreibt?

Spiritualität, die den Schatten negiert, ist einseitig. Das heißt,
auch wenn wir von einer ursprünglich positiven Tendenz im Universum
ausgehen, die sich daraus ergibt, dass die Essenz des Bewusstseins eine
alles Leben verbindende ist und sich deshalb für uns wie „Liebe" anfühlt, die uns auch in unserer momentanen Umwelt an die Einheit mit
allem Leben erinnert (vgl. Kapitel *Warum Liebe eben nicht nur eine
schöne Nebensache ist*), so haben wir eine Umwelt der Dualität gewählt,
um eine andere Erfahrung zu machen, und dem Schatten in uns zu begegnen – und ihn irgendwann wieder zu transzendieren.

Ein spirituelles Wesen, ein Bewusstsein, das Welten erschaffen
kann, aber keine Vorstellung von den zwei Seiten einer Medaille, dem
„gut" und „böse" hat, ist naiv. Zu lernen, was es bedeutet, im sogenannten Experiment des freien Willens hier auf der Erde, sich vom übergeordneten „göttlichen" Willen zu entfernen, bedeutet wirkliche Weisheit. Dabei ist der „göttliche" Wille das, was wir aus der bedingungslosen Liebe der Einheit heraus stets wählen würden, da wir hier keine
Trennung wahrnehmen, kein Gegenüber, kein Anderssein. Man könnte
die Erde also als Trainingscamp auffassen, als Lernsimulation. Man

könnte sie auch als großes, ernstes Spiel betrachten, je nach Perspektive.

Spiritualität ist also nicht naiv, weil sie den Ursprung des Menschen als neutral bis liebevoll betrachtet - etwas anderes macht in einer Daseinsform, die nur Verbundenheit und keine Trennung kennt, auch überhaupt keinen Sinn. Wenn wir alle eins sind, dann ist Liebe lediglich die Erinnerung an dieses Einssein, der Kleber, der uns zusammenhält, und von dem wir wissen, dass er uns auch in einer dualen Umwelt immer wieder an unsere wahre Natur erinnern kann. Es ist auch das Einzige, was wirklich existiert. Alles andere sind temporäre Schöpfungen unseres Bewusstseins. Zu diesem Ursprung können wir theoretisch also jederzeit zurückkehren.

Was wir in der dualen, temporär von uns gewählten Umwelt machen, in der wir Trennung erfahren, ist jedoch unsere Wahl. Und das menschliche Bewusstsein hat tatsächlich Entscheidungen getroffen, die Grausames, Furchtbares, Düsteres hervorgebracht haben. Dies hat aus spiritueller Sicht dazu geführt, dass wir damit begonnen haben, uns so stark mit dem Schatten zu identifizieren, dass wir uns den Weg zurück zu unserer wahren Natur selbst versperren - denn nein, niemand anderes kann uns diesen Weg versperren - schlimmer noch, viele von uns glauben nicht einmal mehr an die Existenz einer guten wahren Natur.

Stattdessen haben viele von uns gelernt, uns so sehr selbst für unsere Schöpfungen zu hassen, dass wir uns für unwürdig halten, und die eigene Essenz nicht mehr fühlen, nicht mehr erkennen können - es geradezu abwegig scheint, dass unsere wahre Natur licht- und liebevoll sein könnte. Erst auf einem spirituellen Weg machen viele wieder Erfahrungen der Verbundenheit mit dieser Quelle, der Anbindung an unseren lichtvollen Ursprung, und beginnen zu erfühlen, die Möglichkeit zu erahnen, dass es da im Herzen eine gute Kraft gibt, die sich wahrhaftig und richtig anfühlt - und wir bewusst wieder in diese Verbindung gehen können, die wir nur vergessen haben.

Diese gute Kraft als uns zugehörige innerste Natur zu begreifen, ist eigentlich das, worum es geht, wenn von Selbstliebe die Rede ist und davon, dass wir diese wieder mehr kultivieren müssen -Selbstliebe hat also nichts Egoistisches und es geht hier auch nicht um Äußerlichkeiten, nicht einmal nur um das Selbst, auch wenn wir nur hier beginnen können.

Selbstliebe hat ein gewaltiges heilendes Potenzial, für denjenigen, der sie (wieder-)entdeckt ebenso wie für sein gesamtes Umfeld, da die gelebte Selbstliebe inspirieren kann, denn sie ist ja lediglich der Ausdruck der Wiederentdeckung einer tiefen, so häufig vergessenen und doch so simplen Wahrheit über uns selbst.

Gerade diese simple Wahrheit anzunehmen, fällt uns jedoch am schwersten, denn die Abwehrmechanismen sind vielfältig, mit denen unser Ego-Anteil versucht, der Unsicherheit, Unkontrollierbarkeit und etwas beängstigenden Macht einer durch Selbstliebe freigesetzten Herzensenergie zu begegnen. Für diesen Prozess ist Vergebung die zentrale Technologie des Herzens (vgl. Kapitel *Vom Unterschied zwischen Mitgefühl, Mitleid und Empathie und warum das wichtig ist*).

Zunächst einmal geht es um die Vergebung des Selbst. Jedoch auch die Vergebung derer, die sich so tief in den Schatten verstrickt haben, dass es für sie scheinbar sehr kostspielig ist, zum Ursprung zurückzukehren, und die an einer solchen Rückkehr somit kein Interesse zu haben scheinen. So haben wir eine Kultur erschaffen, oder die Schaffung dieser zugelassen, von der einige wenige profitieren. Somit geht mit der Erinnerung an unser wahres Selbst häufig auch das Gefühl einher, dass etwas an unseren bestehenden Ordnungen und Systemen nicht „natürlich" ist, nicht unserem natürlichen Sein entspricht - und dass es doch auch anders gehen müsste.

Echte gelebte Spiritualität beinhaltet also immer auch Schattenarbeit. Erwachen geht häufig mit der sogenannten „dunklen Nacht der Seele" einher. Die Auseinandersetzung mit dem Schatten und die Akzeptanz seiner Existenz erst versetzt uns in die Lage, eine informierte Entscheidung zu treffen, denn etwas, was wir nicht sehen können oder wollen, können wir nicht verändern.

Schlimmer noch, wenn wir Schattenaspekte leugnen oder verdrängen, werden sie sich immer wieder Bahn brechen (vgl. Kapitel *Das Gesetz der Anziehung, die positive Psychologie und was das in einer Welt der Dualität praktisch bedeutet*). Das heißt, echte Auseinandersetzung mit Spiritualität ist alles andere als naiv. Und doch ist nicht nur der Schatten oft düsterer, als die meisten von uns sich das vorstellen mögen, auch das Licht ist stärker und kraftvoller als wir ahnen. Wollen wir Letzteres in seiner vollen Gänze begreifen, müssen wir auch den Schatten als Gegenstück in seiner vollen Gänze sehen und als das begreifen, was er letztlich ist: eine vorübergehende Schöpfung, so temporär wie - auf einer übergeordneten Ebene - illusorisch.

In diesem Sinne ist Spiritualität letztlich eine ermächtigte Wahl, kein naiver Glaube. Zudem ist sie weder ausschließlich rosarot noch düster-dramatisch. Ihr wahrer Kern und gleichzeitig die schwierigste Prüfung besteht in der vollumfänglichen Annahme des vollen Spektrums der menschlichen Erfahrung, einschließlich aller schattenhaften und aller lichtvollen Aspekte - die damit wieder in eine friedvolle Balance zurückgebracht werden können, wenn wir uns dazu entscheiden, wieder in die Einheit unserer Essenz zurückzukehren.

Ist Spiritualität naiv?

Warum ein spiritueller Weg oft nicht viel mit organisierter Religion zu tun hat

Ich möchte an dieser Stelle betonen, dass ich die Entscheidung jedes Menschen zur Ausübung einer organisierten Religion respektiere, und hier lediglich die Unterschiede zu einer individuellen aufgeklärten Spiritualität aufzeigen möchte, wie sie sich aus meiner persönlichen Perspektive darstellen. Ich spreche hier vereinfacht von institutionalisierter und organisierter Religion im Allgemeinen, im Unterschied zu einem persönlichen inneren spirituellen Weg, der keinem bestimmten religiösen Regelwerk oder Dogma folgt. Letzteres möchte ich „aufgeklärte Spiritualität" nennen.

Religion kann ein Zugang sein zur Erkenntnis über die spirituelle Natur des Selbst – dabei bin ich davon überzeugt, dass die Art des Zugangs zu dieser Erkenntnis ein ganz persönlicher, individueller Such- und Entscheidungsprozess ist, bei dem ein von außen vorgegebenes Regelwerk sicherlich Anhaltspunkte geben, in manchen Fällen aber auch zu einem Hindernis werden kann. Das liegt daran, dass ein spiritueller Weg letztlich eine Dekonditionierung, also das Löschen oder Aufgeben aller kulturell vorgegebener, erlernter, aber für diesen Weg nicht mehr hilfreicher Normen und Glaubenssysteme beinhaltet - einschließlich religiöser Normen und Glaubenssysteme, sobald sie nicht mehr gebraucht werden.

Problematisch wird es aus meiner Sicht, wenn eine Religion damit beginnt, einen Absolutheitsanspruch auf die Wahrheit zu erheben, ihren Anhängern also verspricht, den einzig wahren Weg zu Gott beziehungsweise den einzig wahren spirituellen Zugang zu offenbaren. Auf diese Weise wirkt Religion nicht verbindend, sondern trennend und elitär.

Ein solcher Anspruch steht im Gegensatz zur Idee eines Einheitsbewusstseins, der sich daraus ableitenden Verbundenheit aller

Menschen beziehungsweise ihrer Zugehörigkeit zu einem großen Ganzen. Dank sozialpsychologischer Gruppendynamiken fördert die Zugehörigkeit zu einer Glaubensgemeinschaft über religiöse Regelwerke und Absolutheitsanspruch zwar die Gruppenkohäsion, also den Zusammenhalt innerhalb dieser Gemeinschaft, und wirkt damit identitätsstiftend. Gleichzeitig wird so jedoch oft auch eine psychologische Abschottung nach außen erreicht, also zu Andersdenkenden und -glaubenden hin. So wird die eigene Gruppe als „überlegen", „besser" oder „auserwählt" wahrgenommen, was letztlich Ausdruck einer Kultur von Macht- und Überlegenheitsdenken ist, die wiederum oft einem Bedürfnis nach Sicherheit und Akzeptanz entspringt.

Eine solche Machtkultur kann nur überbrückt werden, wenn Glaubensvertreter dem gezielt entgegenwirken, indem aktiv der freundschaftliche Kontakt zu anderen Glaubensgemeinschaften gesucht und gefördert wird - die psychologischen Mechanismen des Ego Mind sind jedoch nicht so einfach zu überwinden, die die Gruppenmitgliedschaft rechtfertigen und das damit verbundene Gefühl der Zugehörigkeit, Sicherheit und Struktur aufrechterhalten möchten.

Zudem fördern Religionen oft eher Abhängigkeit von Dogma oder Regelwerk, von bestimmten Kirchenvertretern, die die Lehren auslegen und interpretieren, und erschaffen somit wieder ein ganzes System der Ablenkung von der eigenen inneren Wahrheit und Verbindung zum großen Ganzen. Ein spiritueller Weg ist in der Regel ein Weg der Dekonditionierung von Regelwerken und Glaubenssystemen und führt in eine innere und äußere Freiheit. Auch dieser Aspekt - Ablenkung durch ein vorgegebenes Regelwerk und Glaubenssystem im Außen, möglicherweise auch noch stark kognitiv überbetont - ist unvereinbar mit einer Rückkehr ins Einheitsbewusstsein, die nur über eigene Erkenntnis, ein Erfühlen und Erleben von innen heraus funktionieren kann - auf welchem Weg diese innere Erkenntnis auch immer erlangt wird.

So besteht vielleicht das Hauptversagen organisierter Religion darin, uns als Menschheit gerade nicht wieder in Kontakt mit dem uns alle innewohnenden Mysterium gebracht zu haben. Stattdessen hält sie uns viel zu oft in einem Paradigma gefangen, in dem wir dieses Mysterium im Außen suchen - beispielsweise in richtenden Gottheiten, die über unsere Köpfe hinweg entscheiden.

Echte Spiritualität wendet sich nach innen und schafft keine Ablenkungen im Außen. Sie nutzt das Außen höchstens als Spiegel, als Impuls, als Resonanzkörper, vielleicht auch als kreative Spielwiese. Die Quelle, unser Ursprung, dieses Mysterium, und unsere Anbindung an diese Quelle oder Einheit, und damit das, was wir suchen, ist jedoch im Inneren zu finden. Alles im Außen kann nur ein Hilfsmittel auf dem Weg zu einem Mehr an Anbindung an diese innere Quelle sein.

Aus diesen Gründen kann Religion ein temporäres Hilfsmittel sein, ein Zugang zum Verständnis von Spiritualität, vielleicht ja ein Impuls im Außen, der notwendig sein kann. Wird sie aber zum Selbstzweck, oder gar zu einer Art Krücke eines Suchenden, die sich in einem sich selbst verstärkenden Prozess schließlich zu rigiden Glaubenssystemen entwickelt, steht sie einem organischen Erwachensprozess von innen heraus eher im Wege.

Ich möchte nochmals betonen, dass dies nicht in jedem Fall so sein muss, und es zu allen Zeiten Menschen gegeben hat, die über ihre Religionsausübung den Weg zum organischen Erwachen finden und gefunden haben. Jedoch ist ein organisches spirituelles Erwachen aus den genannten Gründen keineswegs gleichzusetzen mit der Ausübung einer Religion, und bereits die Erklärung, zu einer Religion zu gehören - und nicht zu irgendeiner anderen - beinhaltet mögliche Fallstricke.

Einen der zentralsten Fallstricke sehe ich darin, dass auch hier wieder der Mensch in Versuchung gerät, seine eigene Macht und Selbstbestimmtheit an eine wahrgenommene „weise Institution" im Außen abzugeben (vgl. Kapitel *Ermächtigung oder Machtausübung*), was, wie bereits erwähnt, von der Erkenntnis über die eigene spirituelle Natur und Ermächtigung wegführt, anstatt zu ihr hin.

Ein Grund, warum wir Elitendenken, Abschottung nach außen und die Abgabe der eigenen Macht an die Gruppe in Religionen finden, besteht darin, dass sich diese Prozesse theoretisch in allen Gruppen finden lassen - es handelt sich um automatisch wirksame sozialpsychologische Prozesse der Identifizierung mit der Gruppe und damit Stärkung der Gruppenkohäsion - also ihres Zusammenhalts. Religionen sind menschengemacht und kulturell überformt und damit immer auch anfällig für verwässernde psychologische Dynamiken.

Natürlich können all diese Fallstricke einer Religionszugehörigkeit - elitäres Denken, Entmächtigung, Abschottung und Ablenkung - genauso in spirituellen New Age-Gruppen angetroffen werden. Das liegt nicht nur an den allgemein wirksamen sozialpsychologischen Gruppenprozessen, sondern auch daran, dass religiöse Vorstellungen tief verwurzelt sind in unserem Erbe und unserer Geschichte, und sich nicht einfach abwerfen lassen, indem wir beispielsweise aus einer Religionsgemeinschaft austreten und uns einer „freieren" spirituellen Gruppe anschließen. Nehmen wir das alte Denken, die alten energetischen Muster mit, erschaffen wir lediglich dieselben Begrenzungen in neuem Gewand.

So wird auch deutlich, warum Dogma in jeder Form ein so großer Bremsklotz für jede Bewusstseinsentwicklung ist, denn Dogmatismus ist Stagnation. Auch alle Perspektiven, die ich in diesem Buch darstelle, oder die wir in jeder schriftlich festgehaltenen Form irgendwo finden können, sind lediglich ein Blitzlicht in der Zeit - für den Leser in diesem Moment vielleicht genau das Richtige, ein nützlicher Impuls im Außen, doch sie unterliegen genau wie unser eigenes Bewusstsein auch einem ständigen Wandel, manchmal einem schnelleren, manchmal einem trägeren, je nach momentaner Zeitqualität und dem Ausmaß, in dem jeder Einzelne dem Wandel Widerstand entgegensetzt.

So ist auch jede Perspektive in diesem Buch als temporär gültiges Blitzlicht zu verstehen, eine Arbeitshypothese, die immer wieder darauf überprüft werden kann und sollte, ob sie noch gültig ist, und wenn ja, für wen. Das impliziert auch, dass wir nichts allzu ernst nehmen sollten, weder die eigene Perspektive, noch die von anderen - sie werden sich natürlicherweise verändern, wenn nicht von Grund auf, dann doch an der ein oder anderen Stelle. Tun sie das nicht - besonders in der momentanen Zeitqualität, in der wir leben - dann haben wir es wohl eher mit Dogma zu tun, vielleicht auch mit dem Festhalten am sprichwörtlichen Strohhalm aus dem sehr verständlichen Bedürfnis nach Sicherheit in einer unsicheren Zeit heraus.

Dogma in jeder Form aufzugeben kann also eine Befreiung sein. So ist die Anerkennung der Tatsache, dass wir nicht wissen und auch nicht wissen müssen, letztlich Freiheit. Die Befreiung kann jedoch erst gefühlt werden, wenn wir die Angst vor dem Nichts, der Leere des Nicht-Wissens und des Sich-an-nichts-festhalten-Könnens überwinden können - etwas, womit wir uns aufgrund unserer Konditionierungen oft sehr schwertun - befürchtet doch unser Ego Mind, das sich immer an etwas festhalten möchte, dass es ohne das Festhalten die Kontrolle verlieren wird - nicht ganz zu Unrecht. Die Kontrolle übernimmt denn auch dieses Mysterium in uns, das wir Einheitsbewusstsein nennen mögen oder Spirit - ein zuweilen beängstigender Vorgang.

Für viele auf einer spirituellen Suche ist somit die Loslösung von religiösem Dogma und Erbe ein - oft unerwartet - längerer Prozess, selbst für Menschen, die sich vormals nicht als religiös bezeichnet hätten, denn dieses Erbe steckt nicht nur in den Genen unserer physischen Ahnenlinie, wir tragen unsere Erfahrungen mit organisierten Religionen auf Seelenebene oftmals auch aus parallelen Zeit – und Lebenslinien mit uns, und sind über das kollektive Bewusstsein mit den entsprechenden Erinnerungen weiterhin verbunden.

Ein weiterer Unterschied einer aufgeklärten Spiritualität zu dogmatischer ausgerichteten spirituellen Organisationen oder Gruppen besteht in der Erkenntnis, dass kein strafender oder sonst in irgendeiner Weise mit Persönlichkeit ausgestatteter Gott besänftigt, gütig gestimmt oder durch die eigenen guten Taten beeindruckt werden muss. Eine solche Vorstellung trägt die Merkmale einer Eltern-Kind-Dynamik, von der wir uns in einer aufgeklärten Spiritualität nun verabschieden dürfen.

Diese Erkenntnis stellt eine große Befreiung dar von unbewusst nach wie vor wirksamen Mustern - wir suchen uns gern eine wahrgenommene stärkere, mächtigere Instanz im Außen, die uns im Zweifelsfall beschützen und den „richtigen" Weg weisen kann. Die Erkenntnis, dass es diese allwissende Instanz im Außen nicht gibt, die von uns einen bestimmten vorgezeichneten Weg oder bestimmte Verhaltensweisen fordert, kann auch sehr beängstigend sein, denn eine solche Vorstellung von der mächtigen beschützenden Instanz im Außen gibt zunächst ja Sicherheit, Trost und Halt in einer unsicheren Welt.

Wenn nun deutlich wird, dass es im Außen absolut kein Barometer gibt, an dem wir uns messen müssen oder können, kein Regelwerk, das uns sagt, wann wir „gute" Menschen sind und wann nicht, und dass am Ende niemand anderes über uns „richtet" als wir selbst, kann zu einem inneren Gefühl der Leere führen, das wir vielleicht rasch zu überbrücken versuchen, indem wir uns im Außen ein neues Regelwerk suchen, einen neuen Halt, dem wir folgen können. Ein spiritueller Weg führt jedoch weg von allem Halt im Außen. Das Gefühl der „Leere", das zurückbleibt, ist demgegenüber der Ausgangspunkt unserer ureigenen Macht und kreativen Entfaltung - frei und beängstigend zugleich.

Das bedeutet, dass wir selbst das Barometer sein wollten, dass wir diesen inneren untrüglichen Kompass wiederfinden wollten, der uns den Weg weist, in natürlicher Harmonie mit dem großen Ganzen zu leben – den einzigen wirklich nachhaltigen Weg - wenn wir ihn wählen. Das ist das sogenannte Experiment des freien Willens, das wir hier unternommen haben (vgl. Kapitel *Vom Karma, dem Einssein, und dem göttlichen Willen - gibt es den freien Willen?*).

Spiritualität bedeutet in diesem Sinne also auch, erwachsen zu werden: wir suchen nicht mehr nach einem sicheren Rahmen im Außen, verkörpert in einem Gott oder einer Göttin als Vater- oder Mutterfigur, sondern wir erkennen, dass wir selbst dieser sichere Rahmen sind.

Ein letzter wichtiger Punkt ist der, dass „ins Einheitsbewusstsein gelangen" auf praktischer Ebene immer auch bedeutet, wieder in die

Verbindung zu allen Lebewesen zu gehen, da wir zunehmend das verbindende Element der Wärme und Liebe zu allem Lebendigen spüren. Ansätze hierzu finden wir zwar in allen Religionen - die Angewohnheit von Glaubensgruppen, sich über die Gruppenzugehörigkeit zu definieren und aufgrund derer moralisch über Andersdenkende, -fühlende, oder -glaubende zu stellen, ist jedoch ein Widerspruch zu dem Element, das - ohne Ausnahme - die gesamte Menschheit miteinander verbindet - der Liebe (vgl. Kapitel *Warum Liebe eben nicht nur eine schöne Nebensache ist*).

Warum ein spiritueller Weg oft nicht viel mit organisierter Religion zu tun hat

Warum Spiritualität sehr viel mit Wissenschaft zu tun hat, und uns die Logik hier trotzdem nicht weiterhilft

Die vorherrschenden wissenschaftlichen Theorien des Bewusstseins erklären unser Bewusstsein nicht wirklich, sie sind bislang nur beschreibende Taxonomien der Bestandteile, mittels derer wir merken, dass wir bewusst sind (z.b. Aufmerksamkeit, Wahrnehmung, Gedächtnis). Das Bewusstsein erklären zu wollen ist auch ein schwieriges Unterfangen, da wir ja versuchen, es mittels genau dieser Bestandteile unseres Bewusstseins zu verstehen und zu erklären - gerade in diesem Bereich werden Beobachter und das Beobachtete eins - ein Konzept, mit dem die Wissenschaft Schwierigkeiten hat.

Das vorherrschende materialistische Weltbild geht zudem davon aus, dass das Bewusstsein das Ergebnis neuronaler Aktivität ist, dass das, was sich im Gehirn abspielt, also ursächlich für unser Bewusstsein ist, und dass sich Bewusstsein irgendwie im Verlauf der Evolution herausgebildet hat mittels eines immer komplexer werdenden Gehirns. Dies ist jedoch eine Grundannahme, die letztlich unbewiesen ist, ein sogenanntes Axiom.

Im Prinzip machen wir hier den Korrelations-Kausalitäts-Fehler: nur weil bestimmte Neuronen im Gehirn in einer bestimmten Weise aktiv werden, wenn wir beispielsweise eine Matheaufgabe lösen oder einen genialen Einfall haben, bedeutet das nicht, dass diese neuronale messbare Aktivität die letztgültige Ursache für das ist, was wir erleben. Die neuronale Aktivität tritt lediglich zur gleichen Zeit auf, vielleicht auch in charakteristischer, also immer wieder genauso auftretender Weise. Doch was verursacht diese neuronale Aktivität? Woher kommen unsere Gedanken, unsere Gefühle? Wirklich erklären kann die neuronale Aktivität unsere Bewusstseinsinhalte nicht, lediglich beschreiben.

Was bei dem Versuch herauskommt, das Bewusstsein zu erklären, hängt ganz maßgeblich von eben diesem Bewusstsein ab, und wird uns mit jedem Entwicklungsschritt des Bewusstseins vermutlich leichter fallen, da wir mit zunehmend erweitertem oder entwickeltem Bewusstsein immer mehr die Gesamtheit dessen erfassen können, was das Bewusstsein wirklich ausmacht. Dies mag vielleicht ähnlich sein den Entwicklungsschritten eines Kindes, das sich zunehmend seiner selbst, seiner Umwelt, und seinem Verhältnis zu dieser Umwelt bewusst wird.

Vergleichbar ist dieser Prozess - der letztlich ein Bewusstwerdungsprozess ist -, vielleicht auch mit der Entwicklung, die wir in der Ökologie beobachten konnten: Lange hat der Mensch sich hier als getrennt von den Umweltsystemen betrachtet und diese Umweltsysteme somit getrennt vom Menschen beschrieben. Irgendwann begann man zu begreifen, dass der Mensch ein Teil der Ökosysteme ist, und man ihn nicht als getrennt von diesen Systemen betrachten kann – die Humanökologie war geboren.

Wenn wir nun versuchen, die physische Realität um uns herum zu beschreiben, ohne uns selbst als Beobachter in die Gleichung mit aufzunehmen, ohne das Bewusstsein wirklich erklären zu können, machen wir vielleicht einen ganz ähnlichen Fehler - und schränken unsere Möglichkeiten, die realen Zusammenhänge korrekt erfassen zu können, maßgeblich ein.

In gewissem Sinne bedeutet das also, dass der kollektive Erwachens- und Bewusstwerdungsprozess Hand in Hand geht mit dem Fortschritt der Wissenschaft. Es kann nicht anders sein, da wir Teil der Realität sind, die wir zu verstehen suchen, unser Bewusstsein ist untrennbar mit dieser physischen Realität verwoben. Es verwundert also nicht, dass wissenschaftlicher Fortschritt nur jeweils so weit gehen kann, wie es unser Bewusstsein zulässt.

Es mag immer Einzelne geben, die dem Kollektiv in dieser Hinsicht voraus sind, und ihre Vision und Vorstellungskraft in diese Welt bringen, geniale Entdeckungen machen - bis jedoch eine - insbesondere revolutionäre - Theorie nachgewiesen werden kann, oder wissenschaftlicher Konsens und dem Kollektiv zugänglich wird, vergehen unter Umständen Jahre oder Jahrzehnte.

Unser Bewusstseinszustand ist also der begrenzende Faktor aller wissenschaftlichen Entdeckung. Beispiele dafür gibt es zuhauf. In der organischen Chemie war ein Durchbruch gelungen, nachdem der Chemiker August Kekulé in einem Tagtraum eine Schlange sah, die sich selbst in den Schwanz biss, und so seine Vorstellungskraft davon erweitern konnte, wie das Benzolmolekül aussehen könnte - nämlich ringförmig. Geniale Entdeckungen fordern immer wieder von uns, dass wir unsere Vorstellungskraft erweitern, unser Bewusstsein selbst erweitern für das, was möglich ist (vgl. Kapitel *Über die Fantasie, die „Imagination" und das innere Kind*).

Vielleicht ist auch deswegen die Auffassung verbreitet, dass wir Spiritualität, also die spirituelle Natur unseres nicht-physischen Bewusstseins nicht durch wissenschaftliche Methoden erkennen können, sondern nur mit der Auseinandersetzung mit unserem Bewusstsein selbst, was letztlich die Auseinandersetzung mit uns selbst ist, beispielsweise mit bestimmten Methoden der Meditation.

Insbesondere eine ganz bestimmte Vorstellung aus den alten mystischen und spirituellen Traditionen, die unsere Natur und die Natur des Bewusstseins beschreiben, ist mit Sicherheit ein begrenzender Faktor, da wir sie mit unserem momentanen Alltagsbewusstsein als schwer greifbar empfinden und möglicherweise deswegen ablehnen: Die Vorstellung davon, dass das Innen mit dem Außen untrennbar verwoben ist, beide also „eins" sind.

Innerhalb dieses spirituellen Konzeptes von „Oneness" (Einheit), macht beispielsweise die Idee eines unabhängigen Beobachters, der getrennt ist vom Objekt der Beobachtung, keinen Sinn. Trotzdem empfinden wir als Menschen in dieser physischen Inkarnation und innerhalb unseres Alltagsbewusstseins uns ja als getrennt voneinander, von anderen Lebewesen oder Dingen.

Spirituelle Lehrer sprechen in diesem Kontext auch oft von einem Spiel der Trennung oder des Getrenntseins, das wir hier nur zeitweise spielen, um uns selbst zu erkennen, um zu lernen, einfach weil „wir" das aus Sicht des Einheitsbewusstseins wollten. Wenn wir also zu irgendeiner letztgültigen Wahrheit gelangen wollen, die alles erklärt und integriert, wäre es - aus spiritueller Sicht - nur folgerichtig, wenn sich auch ein Wissenschaftler nicht mehr als getrennt vom Untersuchungsgegenstand wahrnähme.

Anschaulich wird dies in einem von spirituellen Lehrern wie Michael Beckwith und Pamela Aaralyn zeitweise genutzten vereinfachten Modell der Bewusstseinsentwicklung, nach dem diese sich in vier Stufen vollzieht. Dieses Modell hat mittlerweile auch Eingang in die Arbeit von Management-Beratern und Coaches gefunden, da es sich auf Situationen anwenden lässt, in denen es darum geht, eine eher passive Opfermentalität hinter sich zu lassen und wieder in die eigene aktive Gestaltungskraft zurückzufinden[1].

Nach diesem Modell starten wir aus einem Bewusstsein heraus, nach dem uns alles, was wir erleben, *zustößt*. Wir erleben uns als Opfer oder doch zumindest unabhängige Beobachter der Umstände, auf die wir nur reagieren können. In einem zweiten Schritt beginnen wir zu akzeptieren, dass alles *für* uns geschieht - alle Erfahrung dient unserem Wachstum und geschieht damit in unserem Sinne - wir können sie also nutzen. In Schritt drei geschieht alles im Außen *durch* das Selbst - wir erleben uns zum ersten Mal als bewusste Mitgestalter der Realität, im spirituellen Sinne als Gefäß für das Wirken von Spirit. In Schritt vier schließlich verschmelzen die Welten des Innen und Außen miteinander, ein Bewusstsein der Einheit ist erreicht, wenn wir erkennen, dass die Erfahrungen der Außenwelt das Selbst vollständig reflektieren (englisch: everything happens *as* me).

So wie die Menschheit als Kollektiv diese Stufen der Entwicklung durchläuft, tut dies auch jeder Wissenschaftler als Teil dieses Kollektivs, so dass diese die Realität und die Rolle unseres Bewusstseins darin durch den Filter ihres eigenen Bewusstseinsstandes heraus untersuchen, der sich irgendwo auf dieser vereinfachten Stufenleiter befindet. So ist unsere wissenschaftlich vorherrschende Auffassung über die Natur unseres Bewusstseins ein Produkt der Idee, dass die Welt etwas sei, was unabhängig von unserem Bewusstsein existiert, und in die wir als Mensch mit unserem Bewusstsein als mehr oder weniger zufälliges Produkt der Evolution hineingeworfen wurden, um jetzt irgendwie in ihr zurechtkommen zu müssen.

Das ist ein Paradebeispiel für eine Idee, die von einem Bewusstsein auf der ersten Stufe der Bewusstseinsleiter geformt wurde: eine Idee, der zufolge uns alles im Außen einfach widerfährt – viele Bereiche der heutigen Wissenschaft leiten sich mehr oder weniger direkt aus einem solchen Weltbild ab, gerade solche, die sich mit Risiken und Bedrohungen befassen, also damit, wie wir die Kontrolle über eine zutiefst unsichere, von uns abgetrennte, zuweilen sogar als feindlich wahrgenommene Umwelt zurückerlangen können.

Eine transzendiertere Sichtweise geht also von einer Verschmelzung des Beobachters mit dem Beobachteten aus. Aus Sicht der Wissenschaft ist dies jedoch ein bedrohlicher Gedanke, da diese ja eine objektive Beschreibung des Beobachtungsgegenstandes vornehmen möchte, und die transzendierte Sichtweise den Begriff der Objektivität neu definieren müsste - da Objektivität ja gerade die Unabhängigkeit des Beobachters vom Beobachteten meint.

An eine echte Objektivität können wir uns aus einer spirituellen Sichtweise heraus jedoch höchstens annähern, sie jedoch niemals erreichen, solange wir noch Anhaftungen unseres Ego Mind und konditionierten Verzerrungen in unserer Wahrnehmung unterliegen. Soweit ist das kein neuer oder exklusiv aus der Spiritualität kommender Gedanke - nicht umsonst sprach sich beispielsweise der Philosoph Karl Popper für ein Mehr an Objektivität durch eine Haltung der kritischen Suche nach dem Irrtum aus, um der Versuchung zu widerstehen, die eigenen Ideen und Vorstellungen einfach beweisen zu wollen[2]. Der eher ungewöhnliche, aus der Spiritualität stammende Gedanke ist der, dass wir die Annahme einer unabhängig von unserem Bewusstsein existierenden und damit innerhalb unseres begrenzten Individualbewusstseins vollständig objektiv beschreibbaren Realität aufgeben müssen.

Ein spiritueller Weg, der sich Stück für Stück einen immer breiteren Ausschnitt aus der Realität zurückerobert, ist also letztlich ein

Weg zurück in ein Mehr an Objektivität, ein Dekonditionierungsprozess, der allen Ballast an übernommenen Vorstellungen, die unser Bewusstsein vernebeln, über Bord wirft.

Natürlich gibt es Zustände oder Bedingungen in unserer Welt, die von mehreren Personen in gleicher Weise wahrnehm- und erfahrbar sind, da sich ganze Komplexe aus mehreren in unserer physischen Realität befindlichen Ego Minds mittels ihres kreativen Bewusstseins gemeinsam auf diese geeinigt haben - die Schwerkraft ist beispielsweise in diesem Sinne objektiv, zumindest in dem dreidimensionalen Ausschnitt der Realität, die den meisten von uns momentan durch unseren Bewusstseinsstand hauptsächlich zugänglich ist - das Traumbewusstsein hebt das Gesetz der Schwerkraft aber schon wieder auf.

Eine neue Definition der Objektivität müsste um die Prinzipien der Interaktion unseres Bewusstseins mit der physischen Realität erweitert werden. Doch obwohl eine solche Definition aus spiritueller Sicht die Realität vermutlich besser beschreiben würde - leichter vorstellbar ist dies nicht, denn hier verlassen wir die uns eigene lineare Denkweise von eindeutiger Ursache und Wirkung (vgl. Kapitel *Parallele Realitäten in einem kreativen Universum*).

Der Gedanke der Abhängigkeit des Bewusstseins des Beobachters vom Beobachteten ist in der Physik tatsächlich nicht völlig unbekannt und wurde in der von-Neumann-Wigner-Interpretation der Quantenmechanik formuliert[3]. Damit geht diese Interpretation etwas weiter als die anerkannten Standardvorstellungen der Quantenmechanik wie die Kopenhagener Deutung und die Heisenbergsche Unschärferelation. Erstere hebt unsere Standardvorstellung von eindeutigen Ursache-Wirkungsverhältnissen auf Ebene subatomarer Teilchen auf und ersetzt sie durch Wahrscheinlichkeiten, was zu seltsamen Möglichkeiten führt, die in dem Gedankenexperiment von Schrödingers Katze verdeutlicht sind.

In diesem gedanklichen Versuchsaufbau, in dem eine in einem Kasten eingesperrte Katze nur dann vergiftet wird, wenn der in diesem

Kasten befindliche Giftbehälter von einem radioaktiven Teilchen getroffen wird, ist die Katze theoretisch weder tot noch lebendig, bis die Beobachtung erfolgt ist, da ihr Zustand von dieser Beobachtung abhängig ist. Die Heisenbergsche Unschärferelation geht also davon aus, dass der Vorgang der Beobachtung auf das Beobachtete selbst einen Einfluss hat.

In der von-Neumann-Wigner-Interpretation ist es nun das Bewusstsein selbst, das auf das Beobachtete tatsächlich und ursächlich einen Einfluss hat. Da Bewusstsein aber bislang nicht als etwas Nicht-Physisches akzeptiert wurde, und es beispielsweise Probleme damit geben würde, wie die von-Neumann-Wigner-Interpretation im Kontext von anerkannten Theorien der Entstehung des Universums, der Big-Bang-Theorie, sowie der biologischen Evolutionslehre einzuordnen sei - laut derer das Bewusstsein ja erst im Verlauf entstanden ist - wird diese Interpretation von den meisten Physikern im heute vorherrschenden Materialismus nicht akzeptiert.

Aus der Perspektive des Gesetzes der Einheit lassen sich dualistische Widersprüche in einander scheinbar gegensätzlichen Theorien oft einfach durch die Einnahme einer übergeordneten Perspektive auflösen, da ein enger Fokus zwangsläufig dazu führen muss, dass wir nur einen Ausschnitt der Realität wahrnehmen und beschreiben können. Versteifen wir uns nun darauf, dass unsere Perspektive die richtige sein muss - und die scheinbar gegensätzliche somit die falsche, gelangen wir auf das sprichwörtliche Glatteis, da unsere Einzelperspektive im Normalbewusstseinszustand zwangsläufig zu eng sein muss, um das große Ganze zu erkennen (vgl. Kapitel *Wer hat denn nun Recht? Die „Wahrheit" aus spiritueller Sicht*).

In der Wissenschaft gibt es viele Beispiele dafür, wie scheinbar gegensätzliche Standpunkte erst nach einem jahrelangen Theorienstreit einfach zu einer integrierten Theorie zusammengefasst werden konnten - so dass beide Standpunkte im gewissen Sinne „Recht hatten", aber jeweils nur einen Ausschnitt aus der Realität fassen konnten - einfach, weil man aus einer übergeordneten Perspektive in der Lage war,

die beiden gegensätzlichen Positionen nicht mehr als miteinander unvereinbar wahrzunehmen.

Eine klassische Auseinandersetzung im Bereich der Wissenschaft ist beispielsweise der sogenannte „Nature versus Nurture"-
Streit, also die Frage, ob erbliche Faktoren unsere Eigenschaften und
unser Verhalten bestimmen („Nature") oder ob Erziehung, Lernen und
weitere äußere Faktoren ausschlaggebender oder sogar einziger Faktor
sind („Nurture"). In Zeiten immer neuer Erkenntnisse unter anderem
aus dem Bereich der Epigenetik verschwimmt die klare Grenze zwischen
beidem ohnehin immer stärker, so dass wir heute von einem komplexen Zusammenspiel beider Faktoren ausgehen[4]. Hier wurden also zwei
scheinbar sich gegenseitig ausschließende Standpunkte zu einem vermutlich stimmigeren Gesamtbild integriert.

Die Zunahme inter-, trans-, und multidisziplinärer Forschung,
Forschung also, die zum Ziel hat, Erkenntnisse aus den verschiedensten
Fachdisziplinen zusammenzuführen, mag ihren Teil dazu beitragen und
bereits beigetragen haben, dass wir komplexere Zusammenhänge aus
einer übergeordneten Perspektive zu betrachten und zu verstehen beginnen. So wird in vielen Bereichen zunehmend erkannt, dass ein rein
disziplinärer Ansatz nicht ausreicht, um die Realität zu beschreiben, deren Teilaspekte hoch vernetzt und miteinander verbunden sind - egal
ob es um Umwelt-, Gesundheits- oder andere Themen geht. Gleichzeitig ist diese Art der Forschung noch nicht überall gelebte Realität, da sie
innerhalb der gewachsenen Strukturen in der Forschungslandschaft
nicht immer leicht umzusetzen ist[5]. Vielleicht ist auch dies ein Ausdruck
der Entwicklung unseres kollektiven Bewusstseins hin zu einer ganzheit-
licheren integrierenden Betrachtungsweise, die noch mit den zu erwar-
tenden Anfangsschwierigkeiten kämpfen muss.

Vielleicht lässt sich auf diese Weise ja im Prinzip jeder Dualismus überwinden, der lediglich aus einer linearen, fragmentierten Denkweise resultiert, die nicht „schlechter" oder „besser" ist, aber einen engeren Fokus hat, wie ein Zoomobjektiv, mit dem wir stärker auf einen

bestimmten Ausschnitt des Bildes fokussieren können (was wir im Augenblick in unserer momentanen Realität tun), oder mit dem wir einen Weitwinkel einstellen, also einen breiteren Ausschnitt des Bildes betrachten können. So können wir möglicherweise im Weitwinkelmodus gegensätzliche Perspektiven in Einklang bringen, die uns aus der fokussierten Betrachtung völlig unvereinbar erscheinen.

Vielleicht wird ja auch die Evolutionslehre einmal erweitert werden müssen, wenn wir den Dualismus Religion-Wissenschaft hinter uns lassen können - vielleicht können wir aus einer übergeordneten Perspektive ohne Anhaftung an die eine oder andere Polarisierung, die die jeweils gegensätzliche automatisch zu überwinden sucht, erkennen, dass das Prinzip der „Schöpfung" - was letztendlich lediglich eine Beschreibung der Idee ist, dass Bewusstsein und Materie miteinander interagieren - nicht automatisch unvereinbar mit unserer wissenschaftlichen Perspektive sein muss.

Vielleicht kann eine übergeordnete Perspektive uns erahnen lassen, dass manch unsere vorherrschenden Auffassungen eher das Ergebnis unseres konditionierten Denkens sind. So lässt uns beispielsweise die Idee eines „schöpferischen Bewusstseins" automatisch an religiöses Dogma denken, das mit Wissenschaft nichts zu tun haben sollte. Diese kulturelle Konditionierung steckt im Übrigen sehr tief und ist deshalb oft wirksamer als wir denken, egal, ob wir religiös erzogen wurden oder nicht.

Vielleicht kann auf eine ähnliche Weise in einer Art aufgeklärten Spiritualität auch einmal der aus meiner Sicht künstliche Dualismus Wissenschaft - Spiritualität an sich aufgelöst werden. So handelt es sich bei beiden Ansätzen eigentlich gleichermaßen um eine Suche nach der Wahrheit, lediglich auf unterschiedlichen erkenntnistheoretischen Zugangswegen - die Wissenschaft auf dem Weg der Beobachtung im Außen, die Spiritualität auf dem Weg der Beobachtung im Inneren. So gesehen haben beide dasselbe Ziel und werden - so unser Bewusstseinszustand das zulässt - auf dem Weg dorthin möglicherweise auch wieder zu einer Einheit zusammenfließen.

So haben beide „Seiten" auch ihren festen Platz und sollten sich nicht gegenseitig ausschließen müssen - das bedeutet, Wissenschaft und Spiritualität sind zwei *komplementäre* Seiten ein und derselben Medaille - sie greifen ineinander und können sich ergänzen. Die Aufklärung hat jedoch dazu geführt, dass die eine die andere ersetzt und scheinbar überflüssig gemacht hat, da hier das Kind mit dem Bade ausgeschüttet wurde - sicherlich ein notwendiger Schritt in der damaligen Zeit, aber ein unvollständiger.

Aus meiner Sicht bietet eine spirituelle Sichtweise lediglich einen Zugang zu einem (breiteren) Ausschnitt unserer Realität, den die Wissenschaft bislang noch nicht hinlänglich erschlossen hat, einfach, weil diese bislang unerschlossenen Teilbereiche der Realität nach der Planck-Skala, die die momentanen Grenzen der Anwendbarkeit physikalischer Gesetze markiert, noch nicht messbar sind. Da dieser breitere Ausschnitt unserer Realität im direkten Zusammenhang mit unserem eigenen Bewusstsein steht, ist es vielleicht nicht verwunderlich, dass wir bislang nur durch das, was wir „Innenschau" nennen, einen Zugang zu diesem Ausschnitt aus der Realität finden können.

Doch schlussendlich müssen Wissenschaft - die Beobachtung im Außen - und Spiritualität - die Beobachtung im Innen - zusammenfließen, wenn die Beobachtung der Menschen unter uns richtig ist, die auf diesem Weg der Innenschau zur Erkenntnis gelangt sind, dass „Innen" und „Außen" eigentlich ein und dasselbe sind (z.B. Alan Watts[6]). Wenn innen und außen eins sind, wenn Beobachter und das Beobachtete letztlich eins sind, dann muss das Ergebnis beider Erkenntniswege letztlich auch zu diesem „Einen" zusammenführen, also dasselbe sein.

So werden wir einerseits durch wissenschaftliche Methoden der Beobachtung im Außen allein niemals das Mysterium unserer nicht-physischen Natur vollständig erfahren und begreifen können - schon allein, weil das Bewusstsein allem, was wir kennen, vorgeordnet ist und daher kaum innerhalb dessen, was wir kennen, beschrieben werden kann -, andererseits werden wir Schwierigkeiten haben, durch reine Innenschau das Universum formal korrekt zu beschreiben. Trotzdem können ein erweiterter Bewusstseinszustand oder kurzfristige Anbindungen an die Einheit, wenn diese auf das notwendige Interesse und die Grundbildung treffen, sicher hilfreich dabei sein, neue Ideen in die Welt zu setzen - so arbeiten manche Wissenschaftler vermutlich mehr mit dem eigenen Spirit-Aspekt zusammen, als ihnen bewusst ist - in der Einheit können wir Wissenschaft und Spiritualität nicht trennen.

Interessante Ansätze zur Zusammenarbeit zwischen Vertretern der Wissenschaft und Vertretern spiritueller Traditionen oder Denkweisen lassen sich glücklicherweise bereits finden. Diese könnten eine Brücke auf dem Weg zur Auflösung dieses künstlichen Dualismus sein, bergen jedoch noch ein gewaltiges unausgeschöpftes Potenzial. Beispiele hierfür sind die Gespräche des Philosophen J. Krishnamurti mit dem Physiker David Bohm, zusammengestellt von David Edmund Moody[7]; oder die Zusammenarbeit zwischen dem spirituellen Lehrer Deepak Chopra und dem Physiker Leonard Mlodinow[8].

Auch der Physiker Fritjof Capra unternimmt bereits seit 1975 die Anstrengung, systematisch die Parallelen zwischen Ideen der Physik und denen der spirituellen Mystik aufzuzeigen. Auch er spricht von der fundamentalen Einheit („unity") aller Dinge. Interessanterweise schreibt er rückblickend im Vorwort zur Neuauflage seines Buches „Das Tao der Physik" von 2012[9], dass er beim Schreiben des Buches zeitweise das Gefühl hatte, das Buch sei nicht *von* ihm, sondern *durch* ihn geschrieben worden - ganz ähnlich zur dritten Stufe unseres vereinfachten Bewusstwerdungs-Modells.

Schließlich gibt es auch noch die Forschungsrichtungen, die die physiologischen und psychologischen Auswirkungen einer spirituellen Praxis selbst zum Gegenstand der Untersuchung machen[10], oder auch das Erleben spiritueller Phänomene. So versuchte beispielsweise der Kardiologe Pim van Lommel Belege für die gängigen medizinischen Erklärungen für die bei Nahtoderfahrungen erlebten außerkörperlichen

Phänomene zu finden, und untersuchte und befragte dazu in Langzeit-
studien systematisch Hunderte von Patienten, die wiederbelebt werden mussten.

In seinem Buch „Endloses Bewusstsein" gibt er an, dass knapp
20 Prozent der befragten Patienten nach einer Reanimation Erinnerungen an eine außerkörperliche Erfahrung hatten, sich also beispielsweise
selbst von außen betrachten konnten[11]. Nach jahrelanger Arbeit kommt
er zu dem Schluss, dass keine der immer wieder vorgebrachten Erklärungen für dieses Phänomen wie beispielsweise Sauerstoffmangel
stichhaltig ist und die Evidenz viel eher für die nicht-physische unendliche Natur des Bewusstseins spricht. Auch er wirbt in seinem Buch sehr
deutlich für eine Abkehr von unserer materialistischen Sichtweise, der
wir nur noch aus psychologischen Gründen verhaftet bleiben.

Ein Wort zum Schluss in Zeiten von Klimakrise und Pandemien,
in denen im kollektiven Bewusstsein einerseits eine geradezu tiefgreifende Vertrauenskrise in die Wissenschaft zu beobachten ist, andererseits jedoch ein hohes Bedürfnis vorherrscht, aus wissenschaftlichen Erkenntnissen mehr Handlungssicherheit zu gewinnen: Wissenschaft
kann in dem Moment zu einer gefährlichen Waffe werden, in dem sie
sich zum Handlanger einer vorgefertigten Meinung machen lässt. Wenn
Wissenschaft sich dazu benutzen lässt, eine (politische oder sonstige)
Haltung zu unterstützen, die bereits vorher feststand, und somit ihre
Unabhängigkeit und Offenheit verliert, ist das Misstrauen der Menschen berechtigt. Eine Position allein danach zu bewerten, ob sie wis-
senschaftsfreundlich ist oder nicht, greift somit zu kurz.

Dabei steckt oft nicht unbedingt eine manipulative Absicht dahinter, jedoch macht uns unser Bedürfnis, eine Scheinsicherheit im Außen aufzubauen, ebenso wie der Rechtfertigungsdruck besonders in
Führungspositionen, anfällig für die Angewohnheit, durch das Sammeln
von Daten und den Versuch der Objektivierung von Beobachtungen allgemeingültige Wahrheiten herauszufiltern, mit deren Hilfe wir die besten Entscheidungen treffen, oder die Welt doch zumindest in ein wenig
überschaubarere Einheiten einteilen können. Diese Versuche haben

ihre Relevanz und sind aus spiritueller Sicht nicht an sich „falsch", sie haben jedoch deutliche Grenzen, und führen oft nicht zum erwünschten Erfolg.

Schlimmer ist jedoch, wenn Wissenschaft dazu benutzt wird, ganz bewusst Spaltung zu erzeugen oder Zweifel zu säen, durch zum Beispiel gezielte Desinformationskampagnen. Jedoch besitzt die „unsichere" Natur des Wissens einfach diese nervtötende Eigenschaft - sie kann keine Sicherheit erzeugen. Wissen an sich kann keine letztgültige Sicherheit erzeugen. Das hat schon wissenschaftstheoretische Gründe. Sie kann nur eine dem momentanen Wissensstand bestmöglich angepasste Theorie hervorbringen, und sie wird durch diese Eigenschaft niemals wirklich befriedigen können.

Alle Erweiterungen unseres Wissens, ebenso wie Versuche, die Umwelt mit diesem Wissen zu kontrollieren, können uns höchstens zeitweise Erleichterung verschaffen - bis ein neues Problem auftaucht, eine neue Grenze des Wissens entdeckt ist, das momentane Paradigma in sich zusammenfällt. Wir werden so immer „mehr" Wissen brauchen und wollen, deswegen finden wir auf diesem Weg des Wissens keinen inneren Frieden. Deswegen darf die Wissenschaft auch niemals als Weg verkannt werden, auf dem ein solcher Frieden zu finden wäre.

Aus spiritueller Sicht sollten wir Wissenschaft also eher als interessantes Hobby betrachten - denn aus spiritueller Sicht der Einheit haben wir ohnehin durch unsere Anbindung an diese Einheit potenziell Zugang zu allem Wissen dieser Welt - wirkliche Befriedigung liegt darin jedoch nicht, diese kann nur durch die Rückanbindung an unsere nichtphysische „göttliche" Natur erlangt werden.

Anders ausgedrückt schafft also nicht nur ein Ansatz Probleme, der der Wissenschaft zu wenig Gewicht bei der Lösung unserer Probleme zuschreibt, wie in heutiger Zeit in vielen Kontexten angemerkt, sondern auch ein Ansatz, der der Wissenschaft das einzige Gewicht zuschreibt. Letzteres verleiht wissenschaftlichen Erkenntnissen ein unangemessen hohes Gewicht nicht nur als Entscheidungshilfe, sondern als emotionale Krücke, ohne die wir im Extremfall nicht einmal mehr die

einfachsten Alltagsentscheidungen treffen können, eine Krücke der
Scheinsicherheit im Außen, die leider sehr zerbrechlich ist. Tragisch ist
dabei, dass wir zu vielen dieser Entscheidungen, zu denen wir scheinbare Sicherheiten im Außen suchen, in der Anbindung an unsere wahre
Natur normalerweise sehr wohl eine klare Intuition und Führung hätten
- wir haben diese Anbindung und unser Vertrauen darin nur systematisch verlernt.

Die Zerbrechlichkeit dieser Krücke wird in gegenwärtigen Forderungen deutlich, dass Wissenschaftler auf der einen Seite die Unsicherheiten wissenschaftlicher Erkenntnis richtig kommunizieren lernen
und das breite „Laienpublikum" ebenso wie Entscheidungsträger in offiziellen Positionen andererseits diese Unsicherheiten richtig verstehen
und einordnen lernen müssen[12]. Wir alle jedoch müssen so einen angemessenen Umgang mit den Grenzen und Unsicherheiten unseres Wissens finden, nicht zuletzt einen emotional angemessenen.

In welchen Situationen benutzt jeder von uns möglicherweise
wissenschaftliche Erkenntnisse dazu, einen eigentlich inneren emotionalen Zustand zu bändigen, eine Unsicherheit zu überwinden, die sich
unangenehm, ja bedrohlich anfühlt? Möglicherweise benutzen wir wissenschaftliche Erkenntnisse auch als identitätsstiftendes Kriterium -
überall dort, wo es Unsicherheiten gibt, können wir uns eine Seite herauspicken, die uns gefällt, und uns all jenen, die dasselbe glauben, zu-
gehörig fühlen.

Dann ist es sogar besonders angenehm, wenn wir wissenschaftliche Studien und Erkenntnisse finden, die wir dazu benutzen können,
die eigene Position zu untermauern, um das eigene Bedürfnis nach Zugehörigkeit, Sicherheit und Anerkennung zu befriedigen. Möglicherweise gehen wir dann sogar so weit, die wissenschaftlichen Erkenntnisse als Angriffs- oder Verteidigungswaffen zu benutzen - und schon
sind wir mittendrin in den schönsten gesellschaftlichen Spaltungspro-
zessen - oft noch befeuert von sensationsheischendem Journalismus
oder politischen Wahlkampagnen.

Wo also versuchen wir mit irgendwelchen Studien, mit einem Mehr an Information in Wahrheit eine Angst zu überwinden - die Angst vor der Unsicherheit, die Angst vor der Zukunft, die Angst vor irgendwelchen Katastrophen, die auf diesem Weg oft niemals zu überwinden sein werden? Wo suchen wir eine wissenschaftliche Lösung für ein Problem, das eigentlich ein emotionales, ein psychologisches ist? Das gilt sicher nicht für alle Formen der Problemlösung - zahlreiche wissenschaftliche Neuerungen haben vieles in unserer Welt besser und effizienter gemacht und tatsächliche Probleme gelöst.

Doch wenn wir Wissenschaft als den heiligen Gral, die letztgültige Antwort auf alle Probleme betrachten, und somit letztlich als Krücke für unsere eigene Abneigung gegen Unsicherheit und Nicht-Wissen benutzen, geraten wir in eine Sackgasse. In dieser rein kognitiven Welt, der mentalen Welt der Ideen, der Welt des Denkens allein ist die echte innere emotionale Balance nicht zu finden, die wir letztlich oft suchen.

Wissenschaft kann begeistern, sie kann die Dinge für uns ordnen, sie kann aufregende neue Erkenntnisse bringen. Doch sie kann den weitaus größten und brennendsten Teil der Probleme dieser Welt nicht lösen. Warum? Da die weitaus meisten unserer Probleme das Ergebnis dysfunktionaler Beziehungen sind, da sie das Ergebnis sind von Dynamiken, die schlicht und ergreifend nicht funktionieren, das Ergebnis einer ganzen Kultur des dysfunktionalen Umgangs miteinander. Hier verlassen wir deutlich den Bereich des Kognitiven, des Mentalen, und müssen unsere Antworten in diesem für manche so wenig fassbaren und mysteriösen Bereich der Gefühle, Emotionen und Intuitionen suchen.

Warum Spiritualität sehr viel mit Wissenschaft zu tun hat, und uns die Logik hier trotzdem nicht weiterhilft

Vom Umgang mit Emotionen

Wenn Sie aus diesem Kapitel irgendetwas mitnehmen, dann mein Plädoyer für eine radikale Akzeptanz des gesamten Spektrums unserer Emotionen: Nehmen wir unsere Emotionen als Verbündete, als Signal- und Informationsgeber, die *für* uns arbeiten, nicht gegen uns. Nehmen wir unsere Emotionen nicht zuletzt auch als Geschenk, das wir auskosten wollten – denn auf der anderen Seite des Vorhangs des Vergessens, auf dieser anderen Seite als körperloses Bewusstsein nehmen wir Emotionen so nicht wahr - das ist uns nur mit dem Gefährt unseres Körpers möglich, diesem Gefährt, das vor allen Dingen ein Instrument ist.

In erweiterten Bewusstseinszuständen können wir manchmal eine Ahnung davon bekommen, was es bedeutet, das Emotionsspektrum nicht mehr so roh und unmittelbar über unseren Körper vermittelt wahrzunehmen. Das mag dann vielleicht eine Art nicht-bewertendes Wohlwollen sein, vielleicht gepaart mit echtem Mitgefühl. Vielleicht machen wir auch die Erfahrung extrem positiver Glücksgefühle, Gefühle der Anbindung, die wir in unserem Alltagsbewusstsein so nicht erleben - doch auf der anderen Seite fällt dann die ganze Klaviatur unserer körperlichen Reaktionen weg.

Wir können nicht mehr weinen vor Freude, erschauern vor Entsetzen, erleichtert auflachen, vor Angst zittern, vor Scham erröten oder ein leichtes Unwohlsein verspüren. Wir können nicht mehr in schallendes Gelächter ausbrechen, so dass unser ganzer Körper erbebt oder vor Freude im wahrsten Sinne des Wortes Luftsprünge machen. Auch wenn dies auf der anderen Seite natürlich durch eine ganz andere Art der Wahrnehmung ersetzt wird und uns auch dort sicher nicht langweilig wird - unsere emotionalen Körperreaktionen sind etwas Besonderes, etwas, das wir wertschätzen sollten.

Emotionen sind also etwas Wertvolles. Sie zeigen uns an, wo wir stehen auf der Leiter des Bewusstseins[1], und sie machen uns aufmerksam auf Dinge, auf die wir schauen sollten. Unsere Gefühlswelt ist somit nicht etwas, das wir eliminieren, verändern, ignorieren oder bekämpfen müssten.

Haben wir diesen Grundsatz der radikalen Akzeptanz aller Gefühlszustände erst einmal verinnerlicht, erleben wir, dass Emotionen, wenn sie nicht bekämpft, sondern stattdessen nur beobachtet werden, und wir ihnen sonst keinen Widerstand entgegensetzen, - und das kann bereits ein angehaltener Atem sein - einfach mühelos durch unseren Körper wandern, sie es sich nirgendwo in unserem Energiefeld zu bequem machen.

Emotionen haben, wenn wir keine Widerstände gegen sie aufbauen, eine kurze Halbwertszeit, da sie innerhalb kürzester Zeit ihre Aufgabe erfüllt haben. Dann verlassen sie uns wieder, egal ob sie sich glücklich anfühlen oder schmerzhaft sind. Sie sind im ständigen Wandel und im Fluss, denn sie sind Energie. Lassen wir sie einfach akzeptierend gewähren, beobachten wir einfach ihr Tun, können wir sie einfach wieder ziehen lassen - wir müssen sie weder festhalten noch bekämpfen, oder auch nur bewerten als „gut" oder „schlecht". Sie alle haben ihre Funktion, ihren Platz.

Es ist ein weit verbreiteter und uns oft nicht einmal bewusster Irrglaube, dass Emotionen die Angewohnheit hätten, sich in uns festzusetzen und zu chronifizieren, und dass wir sie am Ende gar nicht mehr los würden, wenn wir sie nicht gleich bekämpfen und im Keim ersticken. Tatsächlich wandern sie - ohne Widerstände unsererseits - ganz einfach durch unseren Körper und verlassen uns wieder, beispielsweise über den Atem. Wir merken oft gar nicht, wie häufig am Tag und wie lange wir den Atem anhalten - auch das ist ein Weg, die Emotionen zu kontrollieren, die wir bewusst oder unbewusst nicht fühlen wollen, vielleicht auch einfach nur, weil sie uns in dem Moment gerade lästig sind oder wir uns auf etwas anderes konzentrieren müssen. Im Prinzip schnüren wir uns so jedoch nur selbst den Lebenshauch ab, welcher die Brücke zu unseren nicht-physischen Anteilen ist. Spirituelle Praktiken wie die des ursprünglichen östlichen Yoga setzen genau deshalb auch daran an, wieder Bewusstheit und Kontrolle über den Atem zu erlangen.

Viel wichtiger noch als die dynamische Natur unserer Emotionen ist, dass unsere Gefühle unser Wesen nicht ausmachen. Sie gehören uns nicht, sie gehören nicht einmal fest zu uns - nur wenn wir das glauben, kann es passieren, dass sie sich fest bei uns einnisten. Erst wenn wir ihnen eine Wertung zuschreiben und sich diese Wertung verselbständigt, oft indem wir irgendeine Angst im Zusammenhang mit der Emotion zum Ausdruck bringen (beispielsweise indem wir sagen „Diese Angst gehört leider zu mir, da ich dies oder das erlebt habe.", „Ich habe Angst, dass ich in der Prüfung wieder keinen Ton herausbekomme.", „Ich habe Angst vor dem Trennungsschmerz.", oder „Wann hört dieser oder jener Schmerz endlich auf?"), entwickeln wir eine Anhaftung an die Emotion. Dies geschieht durch den Widerstand, den wir der Emotion entgegensetzen, da wir sie „loswerden" wollen.

Das Ausmaß dieses Widerstandes können wir dann - bei subtileren Formen mit etwas Übung - auch an unserem Körper ablesen, der sich beispielsweise anspannt in Erwartung einer Emotion, mit der wir aufgrund unserer Erfahrungen der Vergangenheit in der jetzigen Situation rechnen. In all diesen Fällen ist nicht die Emotion selbst das, was unser Leid verursacht, sondern unsere Erwartungen, Gedanken, Ideen und Reaktionen im Zusammenhang mit der Emotion.

Dabei sind all unsere Emotionen lediglich Signalgeber, eine Art Feedback darüber, dass etwas für uns sehr positiv ist, oder dass uns etwas fehlt. Alle negativen Emotionen sind lediglich Feedback für uns, mit der Situation zu arbeiten - welches Bedürfnis haben wir, das gerade nicht befriedigt wird? Was fehlt uns in dieser Situation? Auch wenn eine Emotion gerade nicht offensichtlich auf irgendein Bedürfnis hinweist - ein nicht gedecktes Bedürfnis steht doch immer dahinter.

Wenn wir beispielsweise wütend auf unseren Partner sind, weil dieser den Müll nicht heruntergetragen hat, dann hat dies (immer) nur oberflächlich mit der jeweiligen Situation zu tun - auf einer tieferliegenden Ebene triggert das Verhalten des anderen ein Bedürfnis in uns an, das wir erkennen müssen - vielleicht das Bedürfnis, gesehen oder unterstützt zu werden – wäre dies kein wichtiges Bedürfnis von uns oder würden wir dieses unbewusst nicht mit Tätigkeiten des Partners wie dem Heraustragen des Mülls in Zusammenhang bringen, würden wir auf die Situation gar nicht emotional reagieren. Daher reagiert auch nicht jeder Mensch in jeder Situation gleich emotional - wir haben unterschiedliche Bedürfnisse und Triggerpunkte in diesem Zusammenhang.

Alles Leid, alle Schwierigkeiten, die wir scheinbar als Resultat einer emotionalen Reaktion erfahren, ist niemals direkte Folge unseres Emotionserlebens, sondern immer Folge unserer (oft gedanklichen) Reaktion auf dieses Emotionserleben. Wenn wir uns also schlecht oder wütend fühlen, weil unser Partner den Müll nicht herausgetragen hat, ist nicht die Wut das Problem, sondern unsere Reaktion darauf: vielleicht unterdrücken wir die Wut, weil wir sie als unangemessen betrachten oder „keinen Aufstand machen wollen" - dann erst wird sie über die Zeit sehr wahrscheinlich Leid verursachen. Oder wir sind so dem Gedanken verhaftet, dass die Wut uns sagt, dass unser Partner uns nicht unterstützt, dass wir keine andere Möglichkeit sehen als zu explodieren.

So können sich Emotionen auch verschieben: Wenn wir beispielsweise unsere Wut nicht ausdrücken können oder wollen, weil wir das Gegenüber nicht verletzen oder die Kontrolle verlieren möchten, mischt sich vielleicht Angst oder sogar Scham in die Wut. Vielleicht beginnen wir zu weinen, anstatt unsere Wut in irgendeiner Form zu kommunizieren. Weinen ist immer ein energetisches Loslassen, das zu starke Spannungen reduziert: wir nutzen das Weinen in so einem Moment dann, um diese Spannung zu regulieren und herunterzufahren, da uns beispielsweise der direkte Weg des unmittelbaren emotionalen Ausdrucks - wie ihn Kinder meist noch zeigen - versperrt erscheint. So wird deutlich, dass unser Umgang mit der ursprünglichen Emotion, unsere Bewertung dieser Emotion ausschlaggebend wird für unser Erleben.

Die Tatsache, dass nicht die Emotion, sondern unsere Reaktion auf die Emotion - also die Bedeutung, die wir ihr zuschreiben - ausschlaggebend ist dafür, ob wir einen leidvollen Umgang mit ihr erschaffen, bedeutet jedoch vor allen Dingen, dass wir uns unsere Macht in diesem Zusammenhang zurückholen können. Wir haben es in der Hand, denn wir sind die Meister über unsere Reaktionen auf unsere Emotionen. Dass sich das nicht immer so anfühlt, liegt ironischerweise gerade daran, dass wir sie meist schnell wieder loswerden wollen und Widerstände gegen sie aufbauen - das lässt sie jedoch nur umso machtvoller werden, bedeutet es doch, dass wir einem authentischen Bedürfnis von uns, das gesehen werden will, gerade keine Aufmerksamkeit schenken - in gewisser Weise versuchen wir also gerade, einen Teil von uns selbst „loszuwerden".

Wir können mit der Zeit wieder lernen, unsere reflexartige Angewohnheit, die eigenen Emotionen zu unterdrücken, abzulegen, und uns stattdessen wieder ihren Botschaften zuwenden, dem, was sie uns sagen wollen und was sie für uns bedeuten, ihren Ursachen und unseren Reaktionen auf sie. Das mag sich im ersten Moment vielleicht mühselig anhören, langfristig überwiegt jedoch die Anstrengung, die wir in die Unterdrückung unserer Emotionen stecken, und wir können die Erfahrung machen, wieviel leichter uns vieles doch mit der Zeit fällt, wenn wir unsere Energie nicht mehr auf diese Weise gegen uns selbst richten.

Das setzt einen hohen Grad an Bewusstheit voraus darüber, wie wir auf bestimmte Gefühlszustände typischerweise reagieren, und warum. Es setzt voraus, dass wir uns unserer Gedanken und auch unserer Körperreaktionen bewusstwerden (vgl. Kapitel *Die Rolle des physischen Körpers im Erwachensprozess*). Was wir stattdessen sehr häufig tun, ist, uns abzulenken, sobald ein Gefühl hochkommt, das uns ansatzweise nicht gefällt - häufig tun wir das auf extrem subtile Weise.

So werden wir zum Beispiel wütend oder fühlen uns auch nur leicht unruhig und beginnen sofort damit, den Abwasch zu machen oder die Wäsche aufzuhängen, um uns abzulenken. Meist geschieht das bereits, bevor wir überhaupt bewusst bemerken, dass wir wütend oder unruhig sind. Ablenkung mag in manchen Fällen eine sinnvolle Strategie sein, beispielsweise wenn wir im Begriff sind, jemanden wirklich zu verletzen, vielleicht sogar körperlich anzugreifen.

Jedoch ist Ablenkung nur zu oft schon zu einer unserer Standardstrategien im Umgang mit Emotionen geworden, die Bewusstwerdung und echte emotionale Meisterschaft verhindert. Wir haben so viel Angst vor unserer eigenen Gefühlswelt, dass wir uns ein ganzes Kaleidoskop an Süchten, Ablenkungen und Beschäftigungen geschaffen haben, nur um nicht fühlen zu müssen. Das Problem hierbei ist, dass Emotionen, wenn sie eben nicht zugelassen und gefühlt werden, die Angewohnheit haben, sich einzunisten und festzusetzen - manchmal bis hin zur Manifestation körperlicher Symptome oder sogar Krankheiten.

Das Problem ist also niemals die Emotion selbst, sondern unsere Reaktion darauf – der Widerstand, den wir unserer Gefühlswelt entgegensetzen, der Kampf, der uns viel zu viel Kraft kostet. Auf Dauer kann es sehr anstrengend sein, die eigene Gefühlswelt auszublenden. Zudem ist ein Verdrängen auch nicht nachhaltig oder zielführend. Wir müssen uns ständig wieder etwas einfallen lassen, möglicherweise sogar die Dosis des Suchtmittels erhöhen - welches auch immer es gerade ist - damit das Ganze wirkt, denn die emotionale Energie kann sich anstauen.

Emotionale Meisterschaft setzt zunächst einmal also voraus, dass wir unseren Gefühlszuständen selbst keinen Widerstand mehr entgegensetzen - dass wir sie radikal akzeptieren. Erst radikale Akzeptanz ermöglicht ein konstruktives Arbeiten mit ihnen - und die kreative Wahl, ob und gegebenenfalls wie wir sie ausdrücken möchten.

Was aber, wenn wir ein bestimmtes Gefühl einfach nicht akzeptieren können? Vielleicht fällt es uns manchmal schwer, zu akzeptieren, dass wir wütend auf jemanden waren oder es immer noch sind - vielleicht weil wir dem Gedanken verhaftet sind, dass diese Wut irgendetwas über uns selbst aussagt. Vielleicht möchten wir einfach kein wütender Mensch sein, vielleicht passt es nicht zu unserem Selbstbild, vielleicht ist Wut der Rolle, die wir angenommen haben, oder der Beziehung, die wir zu der entsprechenden Zielperson haben, unserer Meinung nach nicht angemessen?

Vielleicht aber sagt die Wut nichts anderes über uns aus, als dass eine Grenze für uns überschritten, ein Bedürfnis nicht befriedigt wurde, vielleicht das Bedürfnis nach Sicherheit (vgl. Kapitel *Abschottung oder Grenzziehung*).Was es auch immer ist, das in jeder Situation verhindert, dass ein Gefühl nicht einfach akzeptiert werden kann und somit zu Widerstand und innerem Konflikt führt, in jedem dieser Fälle kann uns die Technologie des Verzeihens einen Ausweg bieten (vgl. Kapitel *Akzeptanz und Verzeihen als konkrete Schritte auf dem Weg des Mitgefühls*).

Denn unsere von der Gesellschaft, vielleicht den Eltern oder anderen Vorbildern übernommenen und anschließend nie hinterfragten Glaubenssysteme stehen einer radikalen Akzeptanz unserer Gefühlszustände oft im Wege. So müssen wir uns vielleicht erst einmal verzeihen, dass wir überhaupt Bedürfnisse haben und uns erlauben, dass sich diese emotional ausdrücken dürfen. Vielleicht haben wir gesehen, dass unsere Vorbilder bereits Wut oder Trauer nicht ausgedrückt haben, da es nicht als „angemessen" galt, so dass wir diese innere Bewertung verinnerlicht und automatisiert haben - und uns vielleicht heute dafür schämen, wenn wir wütend oder traurig sind oder dies sogar vor anderen ausdrücken.

Der Schlüssel liegt immer im Verzeihen beziehungsweise der Akzeptanz dieser Gefühlszustände als natürlich und Teil der gemeinsamen Erfahrung, die wir mit unseren Mitmenschen teilen - nur so können wir entspannen, Widerstände aufgeben und die Emotionen im wahrsten Sinne des Wortes wieder durch uns hindurchfließen lassen.

Radikale Akzeptanz ermöglicht also ein Hinschauen, Bewusstwerden und letztlich eine Befreiung vom Urteilen über das, was wir empfinden. Erst das ermöglicht uns dann die bewusste Wahl, wie wir mit unseren Gefühlszuständen umgehen wollen, die Möglichkeit, beobachten, akzeptieren und annehmen zu können, was ist, anstelle uns als Opfer unserer Gefühle zu sehen und diese dann rasch loswerden zu wollen.

Dann erst haben wir die bewusste - und nicht automatisierte - Wahl, ob und wie wir diese Emotionen nun zum Ausdruck bringen wollen. Und um diese bewusste Wahl geht es letztlich auf einem spirituellen Weg, denn erst diese ermöglicht uns Freiheit. Erst dann sind wir ermächtigt und frei, uns authentisch auszudrücken, und sind Meister über die Reaktionen auf unsere Gefühle (vgl. Kapitel *Ermächtigung oder Machtausübung*).

Hier wird auch deutlich, dass der freie Wille aufgrund unserer emotionalen Trigger, Widerstände und Konditionierungen oft nicht so frei ist wie es uns unser Ego Mind vorgaukelt (vgl. Kapitel *Vom Karma, dem Einssein und dem göttlichen Willen - gibt es den freien Willen?*), und dass emotionale Meisterschaft letztlich eine Voraussetzung dafür ist, dass wir uns wieder auf unser wahres Selbst, unsere Herzensweisheit ausrichten, und uns damit wieder an das Einheitsbewusstsein anbinden können. So führt eine radikale Akzeptanz von Emotionen und mit ihr die ermächtigte Wahl zu einem authentischen Selbstausdruck im Einklang mit dem Einheitsprinzip. Alles andere als radikale Akzeptanz bedeutet letztlich Ablehnung eines Teils des Selbst als Ausdruck des Einen.

Und wie wir bereits gesehen haben, kann eine Rückkehr in dieses Eine nicht bedeuten, dass wir Anteile dessen, wie sich das Eine in uns oder anderen ausdrückt (in Wut, in Trauer, Ekel oder Scham), ablehnen, unterdrücken oder zu eliminieren versuchen - es existiert. Und somit ist es Teil des Einen. Akzeptieren wir diese simple Tatsache, haben wir die ermächtigte Wahl. Akzeptieren wir etwas nicht als Teil des Einen, werden wir wieder und wieder mit diesem verdrängten

Teilaspekt konfrontiert – bis wir ihn akzeptieren können. Wählen oder ausdrücken müssen wir ihn dann ja nicht mehr - etwas zu akzeptieren bedeutet also nicht, sich dafür zu entscheiden (vgl. Kapitel *Akzeptanz und Verzeihen als konkrete Schritte auf dem Weg des Mitgefühls*).

So wird auch deutlich, dass es bei einem spirituellen Weg nicht unbedingt darum geht, durch Meditation oder andere Praktiken spirituelle „Gipfelerlebnisse" des Glücks herbeizuführen oder ein ständiges Gefühl der bedingungslosen Liebe in jedem Moment jedem einzelnen Lebewesen gegenüber aufbringen zu können. Obwohl Momente des Glücks und das Erleben positiver Gefühlszustände auf einem spirituellen Weg insgesamt häufiger werden, wenn wir die Widerstände gegen die Emotionen aufgeben, die uns *nicht* gefallen, und obwohl wir zunehmend Gefühle der Liebe, der Akzeptanz und des Mitgefühls kultivieren können, so sind diese Gipfelerlebnisse des Glücks nicht das zentrale Ziel unserer physischen Existenz, sondern höchstens unsere Motivation – denn auf der nicht-physischen Ebene, die unser Ursprung ist, verkörpern wir all diese Dinge ja bereits.

Vielmehr geht es darum, die innere Stärke zu entwickeln, die uns mit dem vollen emotionalen Spektrum der menschlichen Erfahrung und unserer Beziehungen konstruktiv umgehen lässt, ohne Anteile dieses Spektrums meiden zu müssen. So wird Spiritualität nicht zu einer abgehobenen Übung, sondern ist geerdet und hat Bedeutung für unser praktisches Leben - denn als Ergebnis können wir uns die Erlaubnis geben, endlich den inneren Kampf aufzugeben, so dass wir uns insgesamt ausgeglichener und zufriedener fühlen und innere Stärke, Frieden und Resilienz entwickeln können.

So sind auch Depressionen häufig das Resultat einer Strategie des Widerstands gegen Emotionen, des Abwürgens der eigenen Gefühlswelt - eine Strategie, die sich vielleicht auch eine Zeit lang bewährt, wenn beispielsweise sehr belastende Erfahrungen gemacht wurden. Die langfristige Antwort kann hier allerdings nicht darin bestehen, sich möglichst abzulenken, sondern paradoxerweise vielmehr zu lernen, die Gefühlswelt wieder zuzulassen - mit sehr viel Achtsamkeit, Zeit, und möglichst professioneller Begleitung.

Dieses Erlernen einer Grundakzeptanz und Nicht-Anhaftung der eigenen Gefühlswelt gegenüber - der positiven wie auch negativen - ist etwas, was gerade in spirituellen Gruppierungen nicht genug propagiert wird. Vielmehr entsteht oft der Eindruck, ein spiritueller Weg sei der sichere Weg zum Erreichen von besonderen Gipfelerlebnissen oder mystischen Erfahrungen und damit ein Ausweg aus einer Depression. Auch wenn dies nicht ganz falsch sein muss, besteht hier doch die Gefahr des „spiritual bypassing", also einer Vermeidungs- und Ablenkungsstrategie. Eine echte gelebte Spiritualität und eine dauerhafte emotionale Stabilität und innere Stärke bedingen sich demgegenüber gegenseitig.

Auch intensive Schattenarbeit wie sie in vielen spirituellen Gruppen propagiert wird, ist eigentlich gar nicht nötig, um die eigene negative Emotionalität „auszumerzen" - auch dies wieder ein teils unbewusster, aber weit verbreiteter Irrglaube, einer der sich jedoch in einem ständigen Kampf gegen sich selbst manifestieren kann (vgl. Kapitel *Von der Heilung - Befreiung von Leiden oder „Blockaden"*). Vielmehr bringt das Leben das, was angeschaut werden muss, automatisch sowieso zum Vorschein – manifestiert auf ganz natürlichem Wege in den vielen alltäglichen Situationen, in denen wir auf Hindernisse stoßen und scheinbar nicht weiterkommen oder uns unsere Gefühlszustände ein Signal geben – und hier sollte dann auch hingeschaut werden, bevor sich das Thema chronifiziert, festsetzt oder sich deutlicher zeigt, bis wir gezwungen sind, hinzuschauen.

Der Schlüssel besteht darin, dies - und damit das Leben selbst - nicht als Fluch oder Bürde zu betrachten, sondern als Chance, die uns tiefer ins eigene Herz bringt, dieses Herz öffnet. Der Schlüssel ist also, mit dem Fluss des Lebens einschließlich der eigenen Gefühlswelt zu gehen, nicht dagegen anzukämpfen. So können wir wieder lernen, mit der eigenen Gefühlswelt präsent zu sein und ohne Angst vor dem Fühlen genau das einfach wieder zu tun: fühlen. Die so gelebte Abwesenheit von Widerständen kann dann auch die bereits erwähnten Zustände des Flow-Erlebens wahrscheinlicher machen und wirkt sich langfristig positiv auf unser Gefühlserleben aus (vgl. Kapitel *Wie sieht ein „Erwachen" praktisch aus?*).

Das mag kontraintuitiv erscheinen, da wir ja hoffen, uns durch „Schattenarbeit" besser zu fühlen. Wenn wir die echte Auseinandersetzung mit uns selbst und unserer Gefühlswelt jedoch aus Versehen mit Strategien des Widerstands, der Ablenkung, des Kampfes oder der Kontrolle gleichsetzen - oft unter der Vorgabe, „heilen" zu wollen, wir jedoch eigentlich „loswerden und nie wieder fühlen" meinen - zahlt sich das langfristig nicht aus. Ein Ansatz der radikalen Akzeptanz nimmt den Druck heraus, fühlt sich direkt viel befreiter und einfacher an als ein Ansatz, nach dem wir alles Negative proaktiv ans Licht zerren, hier reparieren, dort heilen müssten, ein Ansatz, bei dem wir uns im Extremfall nur in einem ständigen Kampf gegen uns selbst befinden.

Diesen Kampf aufzugeben bedeutet nicht, zu kapitulieren, oder damit, dass wir etwas nicht geschafft hätten, es hat auch nichts mit Vermeidung, Scham oder Schuld zu tun. Es bedeutet in dieser Situation, sich von eigenen Widerständen zu befreien, voller Erleichterung eine energieraubende Last abzulegen. Das erfordert Mut und ein Umdenken und Umlernen, weil wir verlernt haben, dem Fluss des Lebens und damit auch dem Wirken von Spirit in unserem Leben zu vertrauen. Doch Stück für Stück den Kampf gegen die eigene Gefühlswelt aufzugeben, die Waffen und Defensivstrategien fallenzulassen und sich wieder mit dem Fluss zu bewegen, dem Flow des eigenen Bewusstseinsstroms hinzugeben, führt letztlich in die eigene emotionale Authentizität, Ermächtigung und ist zentraler Teil eines spirituellen Weges im Einklang mit dem Einheitsprinzip.

Yin und Yang - Von den männlichen und weiblichen Prinzipien im Einklang

Die Psychologin Sandra Bem schrieb bereits 1974[1] im Zuge ihrer Forschung zu Geschlechtsstereotypen und Androgynität, dass es optimal sei, sowohl maskuline als auch feminine Eigenschaften aufzuweisen, da diese dann flexibel und an die jeweilige Situation angepasst ausgedrückt werden könnten. Sie entwickelte in den 1970er Jahren ein in der psychologischen Forschung weit verbreitetes Messinstrument, das „Bem Sex Role Inventory" (BSRI), mit dessen Hilfe man das Ausmaß feststellen kann, in dem man Eigenschaften und Verhaltensweisen aufweist, die in der damaligen Zeit als jeweils feminin oder maskulin betrachtet wurden. Daraus lässt sich dann auch ein Maß für Androgynität ableiten, also dafür, inwieweit man sowohl weibliche als auch männliche Eigenschaften gleichwertig im Selbst vereint.

Zu ihrer Zeit war es bahnbrechend, anzunehmen, dass Maskulinität und Femininität keine gegensätzlichen Pole sein müssen, die einander ausschließen - es also nicht nur möglich, sondern auch noch hilfreich sein sollte, sowohl männliche als auch weibliche Eigenschaften aufzuweisen[2]. Obwohl diese Idee heute keine generelle Empörung mehr hervorrufen würde, gibt es doch auch heute noch kaum einen Bereich, der mehr von kulturellen Erwartungen und Konditionierungen geprägt wäre.

Psychologische Studien zeigen, wie tief die Konditionierungen noch sitzen. Sie zeigen beispielsweise, dass wir bei Berufsbezeichnungen wie „Manager", „Ingenieur" oder „Mathematik-Professor" automatisch eher einen Mann erwarten, und bei „Krankenpfleger", „Kindergärtner" oder „Flugbegleiter" eher eine Frau[3]. Sie zeigen jedoch auch, dass diese Konditionierungen zwar automatisiert ablaufen, also ohne, dass wir bewusst darüber nachdenken, wir sie aber sehr schnell und gezielt verändern können, wenn wir sie uns bewusst machen[4].

Tief sitzen auch die impliziten Wertungen, die wir vornehmen, wenn wir bestimmte Begriffe hören. Werfen wir testweise einen Blick auf die Eigenschaften, die im BSRI-Fragebogen dem Männlichen oder Weiblichen zugeordnet werden und achten wir auf die ganz automatischen, spontanen Bewertungen, die diese – ohne bewusstes Nachdenken oder Nachkorrigieren - in uns auslösen – an welcher Stelle betrachten wir bestimmte Eigenschaften möglicherweise als weniger wertvoll oder nützlich?

1. unabhängig

2. analytisch

3. nachgiebig

4. starke Persönlichkeit

5. Bereitschaft, Risiken einzugehen

6. zurückhaltend

7. zart

8. ehrgeizig

9. sensibel den Bedürfnissen anderer gegenüber

10. verständnisvoll

11. zeigt Führungsfähigkeit

12. entscheidungsfreudig

Natürlich werden die Eigenschaften 3, 6, 7, 9 und 10 dem Weiblichen zugeordnet. Doch diese sind - gerade im Berufs- und öffentlichen Leben - häufig nicht im gleichen Maße gewünscht wie die übrigen Attribute auf der Liste. Möglicherweise spüren wir bei manchen der Attribute ja einen gewissen Widerstand oder gehen automatisch in eine innere Ablehnung bei dem Gedanken, jemand könnte uns so bezeichnen. Vielleicht tritt auch der umgekehrte Effekt bei anderen Bezeichnungen ein, nämlich dass diese uns eher stolz machen.

Vielleicht haben wir bei Betrachtung einiger Adjektive auf der Liste auch das Gefühl, dass wir so (nicht) sein sollten oder uns so (nicht) verhalten sollten. Oder uns kommt ein mit einer gewissen Empörung verbundener Gedanke wie beispielsweise: „Frauen (Männer) sind ja wohl nicht immer nur nachgiebig (dominant)!!!" Das alles sind wichtige Hinweise für uns und wir können uns fragen, in welchen Bereichen wir selbst noch Widerstände haben, an welcher Stelle wir möglicherweise noch einzelne dem Weiblichen zugeordnete Eigenschaften als weniger wertvoll oder nützlich betrachten – oder einzelne männliche oder weibliche Eigenschaften in sonstiger Weise verurteilen oder ablehnen.

Auf dem spirituellen Weg geht es nicht notwendigerweise um das Erreichen von Androgynität als Idealzustand, indem wir uns Eigenschaften anerziehen, die uns fremd sind. Vielmehr geht es um einen Weg der Selbsterforschung mit dem Ziel der Selbstannahme und Akzeptanz aller eigenen Anteile, egal, ob diese in welcher Kultur auch immer als eher „weiblich" oder eher „männlich" gelten. Im Kern vereinen wir ohnehin Ausdrucksformen beider Anteile in uns, und gleichzeitig haben wir häufig schon mit der Anerkennung dieser simplen Tatsache ein Problem. Gelingt uns dies für uns selbst, kann uns auch im Außen das Spiel der Geschlechter nicht mehr verunsichern. Eine Gesellschaft als Ganzes, die dies verinnerlicht hat, hat den Grundstein für ein harmonisches Miteinander gelegt.

Es geht also darum, keine der Eigenschaften mehr zu verurteilen (vgl. Kapitel *Verurteilung oder Beurteilung*), sondern sie alle als Ausdruck des menschlichen Bewusstseins zu verstehen, und darüber hinaus als universelle Schöpfungsprinzipien, die in uns allen gleichermaßen wirken und nur in Harmonie funktionieren können. Daher ist es wichtig, die männlichen und weiblichen Energien als Grundbestandteile des Lebens gleichermaßen zu würdigen, egal ob wir diese in uns selbst, in anderen Menschen, in einem Tier oder einem Baum wahrnehmen.

Hier finden wir auch wieder ein wichtiges Missverständnis, das im Zusammenhang mit dem Prinzip der Einheit immer wieder aufkommt:

die Tatsache, dass wir auf übergeordneter Ebene alle aus einem Einheitsbewusstsein stammen, bedeutet zwar, dass wir alle gleichgestellt im Sinne einer Machthierarchie sind, dass wir einen gemeinsamen Ursprung haben und alle miteinander verbunden sind. Diese grundsätzliche Einheit aller Menschen (und Dinge) bedeutet jedoch nicht Gleichheit und damit Gleichmacherei. Sie bedeutet, dass wir Unterschiedlichkeit als Teil der Ganzheit wertschätzen. Auf Geschlechtsstereotype bezogen geht es also auch hier nicht darum, die Unterschiede zwischen dem Männlichen und dem Weiblichen zu negieren oder gleichzumachen, sondern sie wertzuschätzen und als gleichberechtigte und unbedingt notwendige, einander ergänzende Prinzipien innerhalb des Ganzen zu begreifen.

Eine Gesellschaft als Ganzes kann nur funktionieren, wenn diese beiden Energien gleichermaßen gewürdigt und anerkannt werden, und wenn beide in Harmonie und Balance - ohne Beschränkungen - miteinander agieren und sich perfekt ergänzen können. Was wir stattdessen zum Beispiel in der westlichen Welt und in Deutschland oft noch sehen, ist eine Überbetonung von intellektuell-analytischen gegenüber emotionalen Inhalten, sowie die Überzeugung, dass eine klare, rationale und strukturierte Ausdrucksweise Überlegenheit demonstriert gegenüber einer oft nicht leicht und eloquent in Worte fassbaren Intuition und Ambiguität in der Wahrnehmung.

Ein tiefes Misstrauen einer „unsicheren Faktenlage" und „Uneindeutigkeit" gegenüber sind ebenfalls Ausdruck einer Überbetonung der Maskulinität in unserer Gesellschaft, ebenso wie die Tatsache, dass der Erkenntnis durch wissenschaftliche Methoden der Strukturierung, logischen Argumentation und „objektiven" Beobachtung im Außen ein weitaus höherer Stellenwert zugeschrieben wird als Erkenntniswegen der intuitionsgeleiteten Innenschau, Introspektion und Erfahrung.

Die weibliche Energie benötigt keine Eindeutigkeit, sie erkennt die Vielschichtigkeit und Ambiguität unserer Realität an, die ein Ausdruck unseres Bewusstseins ist. Sie erkennt zudem, dass eine männliche Überbetonung von Struktur die Freiheit der Kreativität in unserem bewussten Schaffen einschränken kann.

Nicht umsonst wird in vielen spirituellen Gruppierungen daher von einem gesamtgesellschaftlichen Erstarken des weiblichen Prinzips gesprochen, manchmal gar von der Rückkehr des heilig Weiblichen - als lange überfällige Korrektur einer jahrtausendealten Unterdrückung dieses heilig Weiblichen. Dies schließt alle Ausdrucksformen dieses Weiblichen ein - nicht nur Frauen oder weibliche Lebensformen an sich, sondern auch Eigenschaften und Verhaltensweisen, die als weiblich gelten, egal ob in Mann, Frau oder der Natur. Die Bedeutung des Weiblichen für ein vollständigeres und integrierteres Weltbild wird so auch deutlich im Daodejing von Lao Tse, hier der Vers 6 aus der Übersetzung von Sumitomo[5]:

Das ewig Weibliche

Der Quell des Lebens versiegt nicht;

er ist das ewig Weibliche.

In des ewig weiblichen Grunde

ruhen des Himmels und der Erden Wurzeln.

Er ist immerdar

und wirket

mühelos.

Um einem häufigen Missverständnis vorzubeugen, das aufgrund unserer Angewohnheit auftritt, uns allzu sehr mit einer bestimmten Geschlechterrolle - oder sonstigen Gruppenzugehörigkeit - zu identifizieren, soll hier noch einmal betont werden, dass nicht von „Männern" versus „Frauen" die Rede ist, sondern von den „männlichen" versus „weiblichen" Anteilen in ausnahmslos jedem Einzelnen von uns. Auch Carl Jung hat in seiner Lehre von der Anima, dem weiblichen inneren Aspekt im Mann und dem Animus, dem männlichen inneren Aspekt der

Frau, auf dieses Vorhandensein beider Prinzipien in allem Leben hinge-
wiesen[6].

Ob wir diese Anteile anerkennen und zum Ausdruck bringen oder
nicht, spielt dabei keine Rolle, denn vorhanden sind sie - in unterschied-
lichem Ausmaß - immer. Es geht hier also nicht um Vorwürfe gegenüber
einem bestimmten Geschlecht als ganze Gruppe, um Schuldzuweisungen, um Ablehnung oder Trennung. Im Gegenteil, auf dem spirituellen
Weg geht es darum, beide Anteile im Selbst in Frieden zu bringen, und
dies schließlich auch in unseren Beziehungen reflektiert zu sehen. Eine
hilfreiche Technologie auf dem Weg dorthin kann zum Beispiel das Mitgefühl sein (vgl. Kapitel *Vom Unterschied zwischen Mitgefühl, Mitleid
und Empathie und warum das wichtig ist*).

Ein weiterer wichtiger Schritt der Erkenntnis mag in den vielen Aus-
drucks- und Verhaltensformen liegen, die wir uns als Männer oder
Frauen als Überlebensstrategien einer nicht in Harmonie zwischen dem
Weiblichen und Männlichen befindlichen Welt antrainiert haben. Diese
antrainierten Strategien zeigen sich in unseren Beziehungen, im Umgang mit unseren Partnern, Familienangehörigen, Freunden oder Kollegen.

Viele dieser Ausdrucks- und Verhaltensformen sind das Ergebnis des
Ungleichgewichts zwischen den männlichen und weiblichen Energien,
eines Ungleichgewichts, welches in einem spirituellen Erwachensprozess oft auf dem Prüfstand steht, um eine Integration des Männlichen
und Weiblichen zu erreichen. Hier kommen die oft als Schattenaspekt
bezeichneten Eigenschaften ins Spiel, die sich daraus ergeben, dass die
eigenen männlichen Energien beispielsweise nicht mit den weiblichen
in Einklang gebracht wurden oder umgekehrt.

Dies mag sich beispielsweise zeigen, wenn eine Frau versucht, ihren
Partner zu manipulieren, um ein gewünschtes Ziel zu erreichen, um die
Tatsache auszugleichen, dass sie keine anderen gesellschaftlich akzeptierten Mittel zu haben scheint, ihre Bedürfnisse auszudrücken. Auf der
anderen Seite wäre es Zeichen eines Ungleichgewichts in der männlich-
weiblich-Balance, wenn ein Mann sich dominant und herrschsüchtig

zeigt - Eigenschaften, die er nicht mit der von ihm vielleicht abgelehnten Eigenschaft der Wärme, Empathie und der Berücksichtigung der Gefühle anderer auszubalancieren vermag.

Dies steht also im Einklang mit Sandra Bems Forschungen und ihrer Beobachtung, dass die männlichen und weiblichen Anteile im Gleichgewicht mehr Flexibilität - und schließlich auch mehr Zufriedenheit schaffen. So zeigen Studien beispielsweise, dass eine vermehrte Balance zwischen männlichen und weiblichen Anteilen psychoprotektiv wirkt, sich also schützend auf unsere Psyche auswirkt und mit weniger erlebtem Stress, weniger Ängsten und Depression einhergeht, sowie mit einem Mehr an Selbstvertrauen und Wohlbefinden[7, 8].

Interessanterweise wurden positive Auswirkungen wie ein Mehr an Selbstvertrauen und ein Weniger an Ängsten in manchen Studien insbesondere auf die männlichen Attribute zurückgeführt und deswegen der Schluss gezogen, dass in Interventionen insbesondere diese gefördert werden müssten. So können auch diese Studien möglicherweise wieder als Hinweis auf die Überbetonung des Männlichen in unserer Gesellschaft verstanden werden - denn offenbar ist eine Stärkung der männlichen Attribute in unserer Gesellschaft besonders erwünscht und adaptiv. Demgegenüber gibt es auch Studien, die zeigen, dass es sich für Männer im Hinblick auf ihre psychische Gesundheit und ihr Wohlbefinden langfristig nicht auszahlt, wenn sie sich zu stark nach den stereotypisch männlichen Eigenschaften verhalten, sich dominant und wenig einfühlsam zeigen, beispielsweise um diesen von der Gesellschaft erwarteten Stereotypen zu entsprechen[9].

Diese gesamtgesellschaftlich konditionierte Erwartungshaltung, bestimmten Geschlechterrollen zu entsprechen einerseits, sowie andererseits auch der Wunsch, dieser Erwartung nachzukommen, um so ein anerkanntes Mitglied der Gesellschaft zu werden, sind es auch, die es so schwer machen, Geschlechtsstereotype zu durchbrechen. Gleichzeitig ist in zahlreichen Studien belegt, wie sehr diese Rollenvorgaben begrenzend wirken auf die freien Entfaltungs- und Gestaltungsmöglichkeiten von Frauen ebenso wie Männern, und das in zahlreichen Bereichen wie

Berufswahl, Karrierechancen, oder Familienplanung - und nicht alles davon ist uns bewusst[10].

Wir haben keine leichte Aufgabe vor dem Hintergrund der gewaltigen und tiefsitzenden, über ganze Lebenslinien auf diesem Planeten, und über Hunderte von Jahren genetisch weitergegebenen impliziten Wertungen, die in bestimmten Geschlechterattributen stecken. Die Aufgabe besteht darin, uns in diesen Attributen zu erkennen und diese anzunehmen und zu integrieren, um in eine zunächst innere Harmonie zurückzugelangen. Erst eine solche innere Harmonie kann sich dann auch im Äußeren, in unseren Beziehungen, und schließlich auch zunehmend auf gesellschaftlicher Ebene zeigen - wie sich dies ja auch in den vergangenen Jahrzehnten bereits gezeigt hat.

Wie bereits erwähnt, geht es auf einem spirituellen Weg oft um eine Dekonditionierung, also ein Umlernen oder sogar Löschen vieler übernommener Glaubensmuster. Die mit Geschlechterrollen und -identitäten verbundenen Konditionierungen sind dabei sicher keine Ausnahme - im Gegenteil, diese sind oft besonders tiefsitzend und damit hartnäckig.

Da das Nicht-Physische dem Physischen in unserem Universum immer vorgeordnet ist, gibt es natürlich eine nicht-physische Entsprechung für den Prozess, mittels dessen wir das Männliche und das Weibliche in Einklang bringen, etwas, das für uns im Gegensatz zu unserem Verhalten, unseren Überzeugungen oder unseren emotionalen Reaktionen möglicherweise noch weniger fassbar ist. Das heißt, die Integration des Männlichen und Weiblichen spielt sich nicht nur auf der emotionalen, mentalen oder der Verhaltensebene ab, sondern auch auf der energetischen, der feinstofflichen Ebene.

Dies kommt beispielsweise bei sogenannten Kundalini-Erfahrungen zum Ausdruck. Kundalini-Erfahrungen können sich extrem kraftvoll und sogar beängstigend anfühlen, da die Kundalini-Energie selbst sehr kraftvoll ist - so sollte mit jeder spirituellen Praxis, die darauf abzielt, die Kundalini „zum Erwachen zu bringen" (wie z.B. bestimmte östliche Atemyogatechniken oder Kriyas) vorsichtig umgegangen werden, und viele spirituelle Lehrer warnen dementsprechend auch davor, dies unkontrolliert zu tun. Eine körperliche und psychische Grundstabilität ist dabei sicherlich ratsam, wie dies idealerweise immer die Grundlage einer spirituellen Praxis sein sollte - die Folge können extreme psychische Krisen sein und das Auftreten von Psychosen beinhalten.

In vielen mystischen Schulen wie beispielsweise dem Daoismus, oder indischen spirituellen Traditionen, wird das Zusammenspiel der männlichen und weiblichen Energie in unserem Körper beschrieben[11]. In tantrischen Schriften wird beschrieben, wie die männliche Energie durch einen Energiekanal direkt rechts der Wirbelsäule („Pingala") und die weibliche Energie direkt links der Wirbelsäule („Ida") entlangfließt. Entweder spontan und scheinbar automatisch oder durch eine spirituelle Praxis ausgelöst kann es nun zu einem Aufsteigen dieser Energien kommen. Steigen beide Energien die Wirbelsäule hinauf, um sich zu verbinden, können wir dies in der Regel sehr deutlich wahrnehmen, beispielsweise in Form eines Hitzegefühls, das die Wirbelsäule emporklettert bis hin zum Herzen, dem dritten Auge im Stirnbereich und dem Kronenchakra über dem Scheitel des Kopfes.

Es geht also um weitaus mehr als um männliche und weibliche „Eigenschaften". Diese sind letztlich nur der Ausdruck einer tieferen Wahrheit in dieser physischen Welt, in der wir uns befinden, und über den für uns die Worte „weiblich" und „männlich" erst sicht- oder erfahrbar werden.

Was das harmonische Zusammenspiel der Grundessenzen der männlichen und weiblichen Energie wirklich bewirken kann und sollte, ist sehr schön in einem Sprichwort der Cherokee-Indianer ausgedrückt:

Die höchste Berufung einer Frau ist es, den Mann zu seiner Seele zu führen, damit er sich mit der Quelle rückverbinden kann. Ihre niederste Berufung ist es, zu verführen, den Mann von seiner Seele zu trennen und ihn ziellos umherwandernd zurückzulassen.

Die höchste Berufung des Mannes ist es, die Frau zu beschützen, damit sie frei und unverletzt auf der Erde wandeln kann. Seine niederste

Berufung ist es, zu überfallen und sich in das Leben der Frau hineinzu-
zwingen.

Das Männliche hat hier also eine protektive Funktion, bietet Schutz und Struktur, während das Weibliche der Zugang zu allem Mystischen ist, der eigentliche Zugang zur Spiritualität, der nicht wirksam werden kann und verloren geht, wenn das Männliche seine Aufgabe nicht erfüllt. In einer Welt, in der Angst eine vorherrschende Emotion ist und der Existenzkampf zu einem bestimmenden Faktor geworden ist, kann sich die weibliche Mystik nicht entfalten und geht verloren. Auf individueller Ebene bedeutet das zum Beispiel, dass wir uns erst sicher fühlen, also eine sichere Basis und Umgebung schaffen müssen, bevor wir uns der Transzendenz unseres Bewusstseins widmen können.

Warum wir noch viel zu lernen haben – das Einheits- bewusstsein

Die Idee von einem Einheitsprinzip, das allem Sein vorgeordnet und der menschlichen Wahrnehmung zunächst entzogen ist, ist alles andere als neu: sie findet sich beispielsweise in der Prinzipienlehre wieder, die von der Tübinger und Mailänder Schule Platons ungeschriebener Lehre zugeschrieben wird[1] – einer Lehre, die Platon nur mündlich eingeweihten oder fortgeschrittenen Schülern weitergegeben haben soll, eine Annahme, die unter anderem von Aussagen seines Schülers Aristoteles gestützt wird.

Das Einheitsprinzip hat seinen festen Platz in der altgriechischen Philosophie und kommt auch bereits vor Platons Wirken bei Xenophanes oder den Eleaten vor, und wurde auch nach Platon wieder und wieder aufgegriffen und später auch in einen religiösen Kontext gestellt. So fanden die Ideen auch Eingang in die christliche Theologie der Kirchenväter[2, 3] und die islamische Theologie[4, 5].

Auch in der chinesischen Philosophie des Konfuzianismus und Daoismus findet sich ein ähnliches Konzept: im sogenannten *Wuji er Taiji* als Ausgangspunkt des Universums und des Guten im Menschen, oder auch das unteilbare Eine[6]. Dabei ist Wuji der Ursprung allen Seins, auf den alles zurückgeführt werden kann, es ist allem Sein vorgelagert und damit Leerheit oder das Nichts. Wuji wiederum bringt Taiji hervor, ist diesem also vorgeordnet. Taiji (auch Tai Chi) ist das höchste Prinzip des Universums, in ihm sind yin und yang, das männliche und weibliche Prinzip vereint (vgl. Kapitel *Yin und Yang - Von den männlichen und weiblichen Prinzipien im Einklang*).

Das Eine ist also ein kulturübergreifendes Konzept, das sich in vielen philosophischen und mystischen Traditionen wiederfindet. Strittig ist lediglich die Frage nach der Natur des „Einen" - ob es als absolut transzendent und allem Sein vorgeordnet oder sogar als „das

Gute" aufgefasst werden kann, oder in welchem Verhältnis es zur „Vielheit" steht. Platon fasste es laut den Hinweisen auf die ungeschriebene Prinzipienlehre offenbar als absolut transzendent und dem Sein somit vorgeordnet auf.

Sogar in die Forschung hat das Konzept Eingang gefunden: Psychologen entwickelten einen Fragebogen, der den Glauben an eine Art Einheit misst: das Ergebnis gibt das Ausmaß an, in dem eine Person spirituelle Überzeugungen teilt und sich über diesen gemeinsamen Ursprung des „Einen" als mit anderen verbunden erlebt[7]. Diese sogenannten „Oneness beliefs" können so unabhängig von dem in religiösem Dogma üblichen Sprachgebrauch gemessen werden und stehen eher im Zusammenhang mit gelebter Spiritualität und mystischen Erfahrungen als traditioneller Religiosität.

Spirituelle Glaubenssysteme um ein Einheitsprinzip und das damit oft einhergehende Erleben von Verbundenheit mit anderen Menschen wird auch in dieser Forschungsrichtung als etwas Positives, Adaptives angesehen und hat konkrete Auswirkungen: Menschen mit diesen Überzeugungen sind unter anderem zufriedener mit ihrem Leben[8] oder zeigen umweltfreundlicheres Verhalten[9].

Der Begriff der Einheit umschreibt dabei auch die Idee eines Einheitsbewusstseins, das allem vorgeordnet ist und in dem unser Ego-Bewusstsein seinen Ursprung hat. Unser Ego-Bewusstsein ist mit diesem Einheitsbewusstsein jedoch sicherlich nicht gleichzusetzen, auch wenn wir uns mit der Einheit rückverbinden können - abgesehen von vereinzelten Spontanerfahrungen in der Regel mit Hilfe eines schrittweisen Lernprozesses, der nur bedingt über den Intellekt ablaufen kann, und vielmehr über die direkte Erfahrung angestoßen wird.

Aus einer solchen Idee eines allumfassenden Einheitsbewusstseins folgt, warum die Integration von Teilaspekten des Selbst oder anderer Menschen, einschließlich ihrer Ideen und Vorstellungen - die wir zum Beispiel aus irgendwelchen Gründen abgelehnt oder ignoriert haben oder sogar bekämpfen und eliminieren wollten - für einen spirituellen Weg von Bedeutung ist.

Ähnlich wie in neuplatonischen Ideen ausgedrückt, ist in der Einheit alles enthalten, ohne Ausnahme. Wenn dieses Einheitsbewusstsein also alles umfasst und beinhaltet, was wir kennen - alle Gedanken, alle Ideen, Vorstellungen, Träume, Wünsche, Erfindungen und Fantasien, und wenn dieses Einheitsbewusstsein eigentlich sogar unsere wahre gemeinsame Natur ist, kann die Rückkehr in ein solches Einheitsbewusstsein nicht bedeuten, bestimmte Inhalte dieses Bewusstseins vollständig abzulehnen oder auszublenden.

Wenn wir als Teilaspekte dieses Gesamtbewusstseins nun sogar gemeinsam die Realität erschaffen haben, die wir vor uns sehen, und wenn jeder Mensch, den wir kennen, dies tut, dann bedeutet Wahrheit nicht, dass wir uns einen bestimmten Ausschnitt aus diesen Bewusstseinsinhalten herauspicken können, der uns gerade gefällt, um diesen dann als letztgültige und vor allem einzige Wahrheit zu deklarieren. Die Wahrheit ist immer die Gesamtheit aller Perspektiven derjenigen, die ein kreatives Bewusstsein besitzen - und das schließt jeden Einzelnen von uns mit ein.

Das bedeutet auch, dass, wenn wir beginnen, dieses Mysterium des großen Ganzen mit der Vielzahl an Perspektiven anzuerkennen, wir auch einen Schritt zurücktreten und die Grenzen unserer individuellen Perspektive anerkennen müssen, die immer nur einen Teilausschnitt und niemals dieses große Ganze in seiner Gesamtheit sehen kann - und so kann es auch nie gedacht gewesen sein in einer dualistischen, kreativen Umwelt, die eine Vielzahl an Dingen und Perspektiven als Lernumgebung hervorbringen sollte.

Gleichzeitig wird es immer Perspektiven, Ideen, Überzeugungen geben, die uns nicht gefallen. Wir sehen heute eine erbitterte Auseinandersetzung um Interpretationen der Realität, die zu starken Polarisierungen führen. Auch dies ist ein Umstand, der in einer dualistischen Umwelt natürlich ist. Wie gelingt jedoch unter solchen Umständen eine Rückkehr in dieses Einheitsbewusstsein, die ein wichtiger Teil des spirituellen Weges ist? Worum geht es dabei, sich dem Einheitsbewusstsein wieder anzunähern, vor allen Dingen, wenn dieses Einheitsprinzip mit unserem Intellekt so schwer zu begreifen ist?

Die Antwort besteht darin, in unserem praktischen alltäglichen Leben eine Integration anzustreben von Dingen, die uns oft widersprüchlich erscheinen, die wir ablehnen oder die auf sonstige Weise in unserem Inneren einen Konflikt auslösen - und das wird gerade in unserem Umgang mit unseren Mitmenschen, die uns die Vielheit so deutlich spiegeln, zu unserer schwersten Übung. Denn zentral ist dabei, dass das Ziel nicht Gleichmachung ist, nicht Auslöschung und Ablehnung von Andersartigkeit, sondern Ganzheit, also eine Integration von Vielheit - und damit ihre Akzeptanz.

Polarisierung erzeugt immer eine Spannung, die diese Polarisierung oder Trennung von Gegensatzpaaren aufrechterhält. Mitgefühl, Akzeptanz, Freude, oder Liebe sind Beispiele für Technologien des Herzens, die die nötige Energie aufbringen können, um diese Spannung zum Kollabieren zu bringen und so auch extreme Gegensatzpaare wieder in ein Ganzes zu integrieren. Der Schlüssel liegt also in jedem Einzelnen von uns, nicht etwa in einer von außen aufgedrückten, gleichmachenden Politik, Religion, oder Philosophie, oder einem sonstigen Regelwerk im Außen.

Das Ziel ist auch nicht, die Einheit mit dem Kopf begreifen oder intellektuell durchdringen zu wollen - auch wenn wir das zu einem interessanten Hobby machen können - jedoch ist unserem Alltagsbewusstsein dieses Konzept nicht zugänglich - wir mögen Vorstellungen davon entwickeln können, uns ihm annähern, doch wirklich begreifen können wir es mit unserem Ego Mind nicht.

Eher noch kann es darum gehen, einen Schritt zurückzutreten und die Kontrolle ein Stück weit abzugeben, oder eher den Versuch der Kontrolle, da vollständige individuelle Kontrolle durch das Ego Mind immer eine Illusion ist. In die Ganzheit zurückzukehren bedeutet also eher, diesen Umstand zu akzeptieren und dem perfekten Zusammenwirken des großen Ganzen nicht im Wege zu stehen - etwas, das uns Menschen oft extrem schwerfällt.

Ganz ähnlich ist es, wenn wir das Reiten eines Pferdes lernen wollen: Zunächst lernt man hier nicht, aktive Hilfen zu geben oder sonst in Aktionismus zu verfallen, sondern es geht erst einmal nur darum, das Pferd in seinen natürlichen Bewegungen nicht zu stören und zu behindern, sondern mit diesen mitzugehen. Als Reitanfänger hat man damit erst einmal genug zu tun. Ganz ähnlich lernen wir im Verlauf eines Erwachensprozesses, dem Wirken des großen Ganzen nicht im Wege zu stehen - erst danach können wir lernen, aktiv mit diesem zusammenzuarbeiten.

Wie sollen wir auch mittels eines kleinen Ausschnittes aus dem großen weiten Einheitsbewusstsein, das uns mit dem Alltags- oder Ego-Bewusstsein zur Verfügung steht, das Gesamtbewusstsein vollumfänglich begreifen? Das ist schlicht nicht möglich - zumindest solange, wie wir uns nur als kleinen abgetrennten Ausschnitt aus diesem großen Ganzen begreifen - was uns das Ego-Bewusstsein ja vorgaukelt. Diese Trennung in unserer Wahrnehmung gilt es also zu überwinden.

Um Trennung zu überwinden, gilt es, scheinbare Widersprüche aufzulösen, oder doch zumindest in eine Balance zu bringen, in der diese nebeneinander existieren können - was meist gelingt, wenn eine übergeordnete Perspektive eingenommen wird. Es geht, wie bereits erwähnt, jedoch nicht nur darum, dies in einer rein kognitiven Übung zu tun - es geht eher darum, dass wir uns die manifesten, also praktischen Implikationen des Einheitsprinzips für unsere Lebensführung anschauen, und hier vor allen Dingen die sich oft daraus ergebenden Missverständnisse über scheinbare Gegensätze, die dann zu Konflikten in unserem Innern und damit auch im Außen führen.

Gerade auf einem spirituellen Weg können wir auf einige zentrale scheinbare Widersprüche stoßen, die in der Regel aus dem Zusammenspiel zwischen dem Prinzip der Einheit und dem Prinzip der Vielheit entstehen. So erleben wir beispielsweise täglich in unserer physischen Umwelt eine Vielheit von Meinungen, Ideen, Perspektiven, Lebensentwürfen, und Interpretationen der Realität, die oft zu Konflikten mit unseren Mitmenschen führen.

Der scheinbare Widerspruch, der aus der Vielheit von Interpretationen resultieren kann, kann durch das Einnehmen einer höheren Perspektive (damit ist eine weitere, umfassendere, und damit integrierendere Sicht auf die Dinge gemeint, nicht eine „bessere") oft aufgelöst und damit transzendiert werden. Das hat dann wiederum ganz konkrete Auswirkungen darauf, wie wir unser Miteinander mit anderen in Übereinstimmung mit dem Prinzip der Einheit gestalten können. Zentrale scheinbare Widersprüche finden sich so beispielsweise zwischen einer spirituellen Lebensweise, die dem Einheitsprinzip zustrebt, und:

• dem Urteilen

• dem Ego

• der Übernahme von „Schuld"

• der Macht

• dem Setzen von Grenzen

• dem Zeigen von „Schwäche".

All diese Dinge sind in ihrer unbalancierten Form in Verruf geraten, von einem spirituellen Weg eher wegzuführen. Menschen, die be- oder verurteilen, ein zu großes Ego haben, Macht besitzen oder anstreben, anderen Grenzen setzen, oder Schuldzuweisungen vornehmen, werden in spirituellen Gruppen oft als „unspirituell" angesehen oder dies wird ihnen als Mangel an persönlicher Reife ausgelegt. So verursacht oben Genanntes doch Trennung und Zwiespalt zwischen den Menschen, und widerspricht dem Konzept der Einheit und bedingungslosen Liebe für alles Leben um einen herum - oder?

Verurteilung oder Beurteilung

Kurz gesagt ist *Beurteilen* konstruktives Urteilen - es ist ein Werkzeug des Lernens und der Erkenntnis über sich selbst und andere - während *Verurteilen* destruktives Urteilen ist - da es nicht zu produktiven Ergebnissen führt, sondern in eine Spirale der Negativität führt.

Dieses Thema ist auch deswegen so wichtig, weil es in allen Bereichen, in unseren Beziehungen, am Arbeitsplatz, und nicht zuletzt in unserem Umgang mit uns selbst so präsent ist: wir können nicht *nicht* bewerten, wir tun es immer. Nur woran können wir erkennen, wenn wir über das Ziel hinausschießen und damit beginnen, andere Menschen oder uns selbst destruktiv zu *ver*urteilen und somit toxische Situationen zu schaffen, und Brücken zu uns selbst und anderen ab-, statt aufzubauen?

Gleichzeitig wünschen wir uns oft nichts so sehr, als dass uns andere akzeptieren und so nehmen wie wir sind - dass sie unser Verhalten, unser Aussehen, unsere Worte nicht verurteilen - und trotzdem fällt es uns allen so schwer, dies nicht, wirklich nicht, zu tun - es ist gerade so, als seien wir süchtig danach, die destruktive Abwärtsspirale der Verurteilung aufrechtzuerhalten und immer wieder neu zu befeuern - oft, ohne dass es uns bewusst wäre.

Destruktive Verurteilung ist auch einer der Hauptgründe, warum Menschen sich unfrei fühlen, warum sie vielleicht nicht ihrem Herzen folgen, und die Dinge tun und Entscheidungen treffen, kurz, sich so auszudrücken, wie es ihrem wahren Selbst entsprechen würde. Viel eher lassen wir uns dazu verleiten, Dinge zu tun oder zu sagen, die wir eigentlich nicht wollen, um dieser Verurteilung durch uns selbst oder unsere Mitmenschen zu entgehen.

Dabei haben wir oft bereits gelernt, dass eine verurteilende Atmosphäre so allgegenwärtig und eine akzeptierende nicht-verurteilende Grundhaltung so selten ist, - wir haben sie ja in der Regel nicht einmal in uns selbst kultiviert - dass wir die Verurteilung in vielen Fällen bereits im Vorfeld erwarten. So bewegen wir uns in der Enge unseres selbstgebauten Käfigs, und geben dieser Erwartung, verurteilt zu werden, sehr viel Macht über unser Leben.

Damit verpassen wir allerdings auch die Chance, frei zu explorieren, auf Entdeckerschaft zu gehen, uns auszuprobieren, irgendetwas anders zu machen als sonst oder als der Rest der Gesellschaft um uns herum. Wir verpassen einen Gutteil unserer eigenen Kreativität, und damit meist auch Authentizität und leben ganze Bereiche unserer Persönlichkeit nicht aus. Das ist ein Käfig, aus dem wir mitunter ein ganzes Leben lang nicht wagen, auszubrechen. So wird destruktives Verurteilen zu einer Form der sozialen Kontrolle - mit immensen Kosten für den Einzelnen und die Gesellschaft. Während konstruktives Urteilen dieselbe Funktion auch im Positiven haben kann, führt die soziale Kontrolle durch ihre destruktive Form dazu, dass wir uns selbst und alle gegenseitig von unserem Potenzial abhalten.

Gleichzeitig hält nichts so sehr wie die Verurteilung uns davon ab, in die Verbindung zu gehen - zum einen mit uns selbst. Denn nur bevor wir mit dem Urteilen und damit der Selbstzensur beginnen, haben wir noch Zugang zu unserem höheren Selbst und damit zu unserer echten Intuition, die aus der Verbindung mit dem eigenen Herzen resultiert und uns besser leiten könnte als jede Pro- und Kontra-Liste. Diese echte Intuition spricht mit leiser Stimme - als Ergebnis unserer Selbstzensur hören wir sie jedoch nicht mehr.

Zum anderen aber hält uns die destruktive Form der Verurteilung auch davon ab, in die Verbindung mit anderen zu gehen, denn auch die Bedürfnisse oder individuellen Ausdrucksweisen der Liebe eines anderen hören wir dann nicht mehr. Vor allen Dingen hören wir den anderen nicht in jedem Moment neu: wir urteilen aufgrund vergangener Erfahrungen - und das kann uns blind machen für das, was in jedem Moment wirklich gesagt und ausgedrückt wird. Somit verhindert Verurteilen auch echte Intimität in Beziehungen.

Verurteilung führt dazu, dass wir etwas (langfristig) ablehnen, ausgrenzen, uns von etwas abtrennen möchten, und hat damit immer zur Folge, dass sich unser Herz verschließt. Damit verhindert

Verurteilung auch echte Intuition - sie macht somit blind, während Beurteilung demgegenüber sehend macht und ein Ergebnis echter Intuition ist. Anders ausgedrückt entspringt unsere echte und gesunde Urteilsfähigkeit dem Bauchgefühl, dem Instinkt unseres Herzens, während die Verurteilung lediglich eine mentale Konstruktion unseres Ego Mind ist, an die wir eine Anhaftung entwickelt haben.

Ein negatives Urteil fühlt sich auf der emotionalen Ebene jedoch gleichermaßen negativ an, egal, ob es der gesunden Urteilsfähigkeit entspringt oder sich schon zu einer handfesten Verurteilung weiterentwickelt hat - allerdings führt nur die Verurteilung langfristig zu einer Trennung vom Herzen und damit zu gedrückten, traurigen Gefühlen des Abgetrenntseins, wenn wir genau hinspüren. Denn destruktiv wirkende Verurteilung ist nichts anderes als ein - möglicherweise durchaus „gesundes" - Urteil, das sich verselbständigt hat. Diese Verselbständigung ist die Folge, wenn es nicht konstruktiv genutzt wurde als Hinweis darauf, sich wieder auf das Herz auszurichten. Ein Beispiel könnte sein, wenn unser Urteil in die Vergangenheit gerichtet ist - also keine neuen Chancen gibt, einen anderen Menschen vielleicht neu wahrzunehmen, sondern aus Anhaftung bei dem einmal gemachten Urteil bleibt.

Damit ist das Urteil selbst nicht das Problem, die Chronifizierung des Urteils ist es, die dadurch entsteht, dass das ursprüngliche Urteil, die Bewertung, nicht konstruktiv als Veränderungsanstoß genutzt wurde. Dabei kann dieses Urteil positive Veränderungen anstoßen und wichtigen Erkenntnisgewinn bringen - es lässt die eigenen Präferenzen erkennen, es kann uns helfen, Situationen oder Menschen aufzusuchen, die unserem wahren Selbst entsprechen und diejenigen zu meiden, die es nicht tun. Es kann uns auch dabei helfen, die Fähigkeit zu verzeihen, zu stärken, also die Fähigkeit, trotz aller Widerstände in die Verbindung des Herzens zu gehen.

Es kann manchmal auch einfach darum gehen, unser Verhalten veränderten Bedingungen anzupassen, und unsere Urteilsfähigkeit dazu zu nutzen, diese veränderten Bedingungen überhaupt erst wahrzunehmen - beispielsweise, wenn wir erkennen, dass wir in einer Beziehung nicht mehr glücklich sind oder die Dynamik zwischen den Partnern gar toxisch geworden ist. Wird die Chance zur Veränderung jedoch verpasst - egal, ob es sich dabei um die Suche nach dem Gespräch, eine Trennung oder eine Paartherapie handelt - handeln wir also nicht nach unserem inneren Urteil, das unserem Herzen und damit unserer Intuition entspringt, werden wir möglicherweise bitter, unser ursprünglich nützliches Urteil verselbständigt sich und wird destruktiv.

Im eben genannten Beispiel könnte das bedeuten, dass wir nun die Verhaltensweisen unseres Partners in der Beziehung verurteilen und unsere eigenen Verhaltensweisen in der Folge toxisch werden. In dieser toxischen Form ist Verurteilung denn auch wenig hilfreich - weder für denjenigen, der verurteilt, noch denjenigen, der die Verurteilung erfährt, und führt in eine Abwärtsspirale aus negativen Gefühlen, zu verschlossenen Herzen und verhärteten Fronten.

Warum verurteilen wir? Es kann sein, dass Gefühle des Abgetrenntseins durch ein negatives Urteil von einem kurzfristigen Hochgefühl überdeckt werden, das wir vielleicht dabei empfinden, wenn wir uns durch die Verurteilung einer anderen Person dieser überlegen fühlen können (vgl. Kapitel *Ermächtigung oder Machtausübung*), ein Hochgefühl, das sogar abhängig machen kann. Die Abhängigkeit davon, andere zu verurteilen, um eigene Gefühle der Unzulänglichkeit zu überdecken, ist sogar sehr weit verbreitet - vermutlich kennen wir das alle, gerade weil Gefühle der Unzulänglichkeit in unserer Gesellschaft so weit verbreitet sind. Es ist also offensichtlich, dass Verurteilung in keinem Fall eine Brücke zwischen Menschen bauen kann und damit konstruktiv wäre. Wird diese Verurteilung dann auch noch in ein hübsches Päckchen aus scheinbar wohlmeinender Kritik verpackt und ausgesprochen, ist der Graben zwischen den Beteiligten perfekt.

Beurteilung ist erst einmal nur die Feststellung, dass wir persönlich etwas als eher positiv oder eher negativ empfinden. Es bedeutet nicht Anhaftung, die dazu führen könnte, dass wir uns in ein Thema langfristig festbeißen oder dass eine Person für uns beispielsweise zu einem roten

Tuch wird, so dass wir schon die Augen verdrehen, wenn diese nur den Raum betritt - das ist Verurteilung, denn die Person hat ja zunächst nichts anderes gemacht als den Raum zu betreten. Unsere Reaktion ist also lediglich die Idee, die wir im Kopf über diese Person aufgrund der Vergangenheit ausgebildet haben, das Urteil, das wir über diese Person gefällt, die Schublade, in die wir sie gesteckt haben.

Empfinden wir es jedoch als negativ oder störend, weil diese Person beispielsweise über eine dritte nicht anwesende Person schlecht redet oder sich gegenüber einer dritten anwesenden Person aggressiv verhält, dann ist das in diesem Moment erst einmal nur die Beobachtung, dass wir ein bestimmtes Verhalten ablehnen, und wir uns nun überlegen müssen, wie wir mit dem Beobachteten umgehen wollen. Sprechen wir es beispielsweise direkt an oder verlassen wir die Situation, gehen der Person in Zukunft vielleicht eher aus dem Weg?

Ein innerer Gradmesser, ob wir noch beurteilen oder schon verurteilen, ist wie immer unser persönliches Gefühl dazu. Wenn wir ein solches negatives Verhalten einer Person beobachten, haben wir vermutlich erst einmal ein negatives Gefühl dazu. Die Frage ist nun, ob wir unsere persönlichen Konsequenzen daraus ziehen können - wie auch immer diese aussehen - und trotzdem die Person nicht als Ganzes und auf alle Ewigkeit verdammen, und ob es uns gelingt, sowohl die Person als auch die Situation nach unserer Reaktion letztendlich wieder loszulassen - oder geistert das Ganze noch eine Weile in unserem Kopf herum, steigern wir uns womöglich in die ganze Sache herein und regen uns tagelang, vielleicht noch Monate später darüber auf? In diesem Fall ist die Grenze zur Verurteilung sehr wahrscheinlich überschritten.

Verurteilung hat viel damit zu tun, dass es uns so schwerfällt, im Hier und Jetzt zu bleiben, und wir unseren Fokus stattdessen auf die Vergangenheit richten, in der wir irgendetwas Bestimmtes erlebt haben, was uns entweder sehr gut oder überhaupt nicht gefallen hat, vielleicht sogar ein Trauma. Das schließt natürlich auch die Möglichkeit ein, dass wir uns selbst auf Basis unseres vergangenen Verhaltens oder unserer Erfahrung mit uns selbst in bestimmten Situationen verurteilen.

Dieses Vergangene projizieren wir - oft unbewusst - in die Zukunft, das heißt, wir entwickeln auf der Basis des Erlebten eine feste Vorstellung, ja eine sichere Erwartung davon, was wir in Zukunft, beispielsweise in ähnlichen Situationen mit ähnlichen oder den gleichen Personen, erleben werden. Das Problem dabei sind nicht die Erwartungen oder Vorstellungen, das Problem dabei ist die sich oft rasch herausbildende Überzeugung, dass wir irgendetwas sicher über irgendeine Situation oder Person wüssten, also dass dieses scheinbare Wissen zu einer unveränderlichen Überzeugung wird - in Wahrheit ist natürlich nichts unveränderlich, aber Anhaftung lässt es so erscheinen. So bildet sich also Anhaftung und Rigidität bis hin zu Dogma im Denken aus, was jegliche Flexibilität und spielerische Freude im Keim ersticken kann.

So nehmen wir durch unsere Gewohnheit zu verurteilen der Realität auch die Chance, sich frei zu entwickeln, und uns selbst die Möglichkeit, frei und spontan zu reagieren. Wir nehmen uns auch die Leichtigkeit eines Kindes, das noch nicht zu verurteilen gelernt hat. Ein Kind beurteilt nur - mag ich, mag ich nicht - Verurteilung lernt es erst mit der Zeit (vgl. Kapitel *Über die Fantasie, die „Imagination" und das innere Kind*). Damit erschließt sich uns auch die wahre Bedeutung des Begriffs der kindlichen Unschuld - denn dieser meint nicht in erster Linie, dass man keine „Schuld" trägt, sondern, dass man keine Schuld kennt, also nicht *ver*urteilt (vgl. Kapitel *Verantwortung oder Schuld*). Damit ist Verurteilung auch ein Produkt gesellschaftlicher Konditionierungen.

Verurteilung kann also dann das Ergebnis eines „gesunden" Urteils werden, wenn wir eine Anhaftung an dieses Urteil ausbilden und diesem Urteil mehr Bedeutung zumessen als eigentlich angemessen wäre - die einzige Bedeutung, die es hat, ist, uns selbst eine Information zu geben über uns selbst - nichts weiter - und ist somit konstruktiv. Negative Verurteilung ist demgegenüber eine Konstruktion unserer Vorstellung, eine Idee - und nicht eine direkte spontane Reaktion unseres Herzens auf das Hier und Jetzt.

Die Fähigkeit, in jeder Situation und für jede Person deren für uns persönliche Bedeutung als hilfreich oder nicht hilfreich, positiv oder negativ beurteilen zu können, ist wichtig und trägt dazu bei, uns selbst und unser wahres Wesen zu erkennen im Spiegel unserer Umwelt - manche sagen, das sei der ganze Sinn und Zweck unserer Existenz auf der Erde. Es geht also nicht darum, aus allem ein neutrales Einerlei zu machen, dem man gleichgültig gegenübersteht.

Wir können unsere intuitive Fähigkeit zu unterscheiden, was gut und was schlecht für uns oder andere ist, ausbilden und lediglich als Werkzeug nutzen, als Information, die uns anleiten und führen kann auf dem Weg durch unser Leben. Entwickeln wir jedoch eine Anhaftung an das Positive oder Negative, das wir gesehen haben - oft ist es ja das Negative -, schaden wir uns letztendlich selbst, denn so werden wir auf einer emotionalen Ebene unfrei. In diesem Fall und wenn wir partout nicht aus der Verurteilungsfalle herausfinden, bieten die Technologien des Herzens - die Akzeptanz, das Verzeihen und das Mitgefühl - (die einzigen) Auswege (vgl. Kapitel *Akzeptanz und Verzeihen als konkrete Schritte auf dem Weg des Mitgefühls* und *Vom Unterschied zwischen Mitleid, Mitgefühl und Empathie und warum das wichtig ist*).

Wir werden, solange wir in einem Körper inkarniert sind, immer urteilen - die Frage ist nur, ob wir die Urteile konstruktiv dazu nutzen, uns selbst zu erkennen und immer wieder ins Herz zurückzukehren, oder ob wir zulassen, dass sich die Urteile schleichend in unserem Energiefeld einnisten und unser Herz und unseren Geist umnebeln - und wir uns am Ende vielleicht sogar noch dafür selbst verurteilen.

Ego oder kreative Individualität

Das Ego wird in spirituellen Lehren oft als störende Entität angesehen, die bekämpft oder aufgelöst werden müsste. Ego meint hier vor allem das Bewusstsein über ein Selbst als unabhängig denkender, fühlender, wahrnehmender und handelnder Mensch, nicht so sehr das „Ego" in Sigmund Freuds Theorien, das zwischen den Trieben und Leidenschaften des instinktgesteuerten „Es", dem moralischen Anspruch des „Über-Ich" und der Realität zu vermitteln versucht.

Ausdrücke wie „jemand hat ein großes Ego" oder Vorwürfe wie „da spricht wohl dein Ego" betonen eher eine negative Grundhaltung gegenüber diesem Anteil unseres Bewusstseins, und meint so oft eher ein übertrieben großes Selbstbewusstsein. Demgegenüber wird die Einheit mit allem was ist, die Verschmelzung mit dem Einheitsbewusstsein in der Spiritualität oft als Idealzustand angesehen, den es zu erreichen gelte.

Und tatsächlich erlebt so mancher in tiefer Meditation oder Hypnose, bei außerkörperlichen Erfahrungen oder Nahtoderlebnissen, mit Hilfe von spiritueller Atempraxis oder sogar ganz spontan diese tiefen Glücksgefühle in Verbindung mit dem Gefühl der Verbundenheit und dem Einssein mit allem was ist. Immer werden diese Erfahrungen mit extrem positiven, fast rauschhaften Gefühlen in Verbindung gebracht[1]. In spirituellen Theorien kommen wir hier unserer Essenz der bedingungslosen Liebe näher, es schwingt das Versprechen mit, dass es möglich ist, zu erleben, was es bedeutet, von allem Leid befreit zu sein - und viele beginnen eine spirituelle Praxis mit genau diesem Ziel.

Auf diese Weise wird jedoch das Ego mit allem in Verbindung gebracht, was uns davon abhält, in dieses glückselige Einheitsbewusstsein zurückzukehren, uns liebevoll und glücklich zu fühlen, angekommen zu sein und die Verbindung mit allem Leben zu spüren. Das ist jedoch eine zu einseitige und damit polarisierte Sichtweise, die dazu führen kann, dass wir das „Ego" als Wurzel allen Übels betrachten, die wir eliminieren müssten. Paradoxerweise führt uns jedoch genau diese Art von Polarisierung von der Einheit eher weg als zu ihr hin.

Der Kampf gegen das Ego führt letztlich zu einem Kampf gegen das Selbst, der nicht zielführend ist - bedeutet doch die Rückkehr ins Einheitsbewusstsein zunächst einmal, dass wir uns aller Anteile des Einheitsbewusstseins zunehmend bewusstwerden, diese als Teil des Einheitsbewusstseins anerkennen und integrieren und uns nicht einzelne Teile davon herauspicken, die uns aus irgendeinem Grund nicht gefallen, um sie als negativ zu klassifizieren oder zu eliminieren. Letzteres stünde im krassen Widerspruch zum Einheitsbewusstsein, in dem wir uns der Ganzheit aller Teile bewusstwerden und uns zunehmend als diese Ganzheit begreifen - statt einzelne Teile von uns abzutrennen. Trotzdem wird Letzteres in spirituellen Lehren manchmal als wünschenswert propagiert.

Wenn es uns schwerfällt, das eigene Ego anzunehmen, und dieses lieber heute als morgen transzendieren würden, können wir uns die wichtigen Funktionen eines „Selbst"-Bewusstseins vor Augen führen - nur ein Ego kann eine Einzelperspektive haben, die für jeden kreativen Prozess unabdingbar ist.

Aus der Einheit heraus kann ohne ein Ego kein Lernen stattfinden, denn Lernen funktioniert nur dann, wenn es Gegensätze gibt oder Dualität, wenn wir also erkennen können, was wir wollen und was wir nicht wollen. Auch dies ist nur dann ein sinnvolles Lernen, wenn ein Ego existiert, das irgendetwas wollen kann. Nur ein Ego kann Präferenzen haben. Und Präferenzen können nur entwickelt werden, wenn es mehr als nur eine Sichtweise gibt, also weitere Egos. Diese Sichtweisen können dann auf ganz neue Art miteinander kombiniert werden - das ist die Grundlage jeder Kreativität.

So ist kreative Individualität auch das Gegenteil von Dogma, da sie unterschiedliche Perspektiven nebeneinanderstehen lassen kann (vgl. Kapitel *Warum ein spiritueller Weg oft nicht viel mit organisierter Religion zu tun hat*). Dogmatismus bedeutet eine Einengung des Fokus auf eine einzige Wahrheit - die Folge ist, dass Menschen, die an ein

Dogma festhalten, weniger aktiv neue Informationen suchen und schon gar nicht Informationen, die ihre Sichtweise in Frage stellen könnten[2]. So wird selektiv herausgefiltert, was nicht zur eigenen Perspektive passt. Das machen wir alle bis zu einem gewissen Grad so, weil es die Komplexität unserer Welt für uns vereinfacht. Kreative Individualität ist jedoch das Gegenteil von extremeren Formen des Dogmatismus, da sie sich eine spielerische Offenheit bewahren kann - in diesem Sinne ist das Ego nicht schädlich, sondern nützlich.

Was bedeutet kreative Individualität also im praktischen Sinne? Es bedeutet, dass jeder Mensch eine einzigartige Sichtweise mit einem einzigartigen Bündel an Talenten und Eigenschaften auf diesen Planeten bringt, mit denen er den anderen Menschen etwas geben kann. Gäbe es diese Form der Individualität nicht und hätte jeder in seiner Einheit mit allem was ist, bereits alles, was er oder sie braucht, wäre es nicht notwendig, in irgendeiner Form mit anderen in Kontakt zu treten, in den Austausch von Ideen, materiellen Gütern oder von Liebe zu gehen oder überhaupt nur zu kommunizieren.

Das wäre deswegen nicht notwendig, weil wir die anderen gar nicht als getrennt von uns selbst betrachten würden - wir hätten keinen Anfang und kein Ende, würden keine Form kennen, denn wir wären alle eins. So würden wir uns stets nur in unserer kollektiven Blase der Glückseligkeit befinden. Daraus ergibt sich jedoch kein kreativer Impuls, kein Lernen, keine Selbsterkenntnis, kein Schaffen von etwas Neuem. Das könnte auf Dauer etwas eintönig werden.

Betrachten wir unser Ego also als Quelle des kreativen Schaffens, als einzigartige Perspektive, die nur wir in das große Ganze einbringen können, mit dem wir etwas beitragen können, was sonst niemand beitragen kann, eben weil jede einzelne unserer Perspektiven so einzigartig ist. Und da wir alle miteinander verbunden sind, gibt es die Gegenstücke zu jedem von uns, das heißt, die anderen Egos, deren Perspektiven wie passende Puzzleteile zu der unseren wirken.

Warum kommt es uns dann aber oft nicht so vor, dass es diese zu uns passenden Puzzleteile gibt, warum fühlen wir uns manchmal einsam und unverstanden, eben nicht verbunden, warum glauben wir manchmal, wir hätten keine Talente, nichts zu geben, nichts, was irgendwen da draußen interessieren, von dem irgendjemand profitieren könnte?

Die Antwort ist oft in den gesellschaftlichen Konditionierungen zu finden, die verhindern, dass wir unsere Einzigartigkeit leben und zum Ausdruck bringen – vielleicht, weil wir früh gelernt haben, dass unsere Perspektive manchen anderen „zu anders", vielleicht zu „albern", „naiv", „utopisch", „träumerisch", „abgehoben" oder „unrealistisch" vorkommt, oder gar nicht erst angehört wird, wir also gelernt haben, unsere Perspektive sei nicht wichtig. Sehr häufig haben wir dann sogar vergessen, was unsere Perspektive eigentlich ist, wir fühlen uns, als hätten wir uns selbst verloren. Und in gewisser Weise ist das auch so.

So können uns allerdings die zu uns passenden oder komplementären Ego-Perspektiven niemals finden, mit denen wir in einen kreativen Schaffensprozess einsteigen könnten, oder denen wir etwas zu geben hätten - was jedes Mal ein herber Verlust für diese Welt ist. Nicht nur für die potenziellen Empfänger unserer spezifischen einzigartigen Talente, sondern auch für uns selbst - denn wir erkennen nicht, dass wir hilfreich sein könnten und wenden uns in der Folge möglicherweise sogar ganz von dieser Möglichkeit ab, ziehen uns zurück oder versinken in Schamgefühlen, weil wir den eigenen Wert nicht mehr erkennen.

Auch dies zeigt uns wieder, warum der spirituelle Prozess ein Suchprozess zum wahren Selbst ist (Was macht uns aus, was macht uns wirklich glücklich, was wollten wir in diese Welt bringen, was ausdrücken?), und warum es oft ein Dekonditionierungs-Prozess ist, also eine Befreiung von gesellschaftlichen Gefängnissen, die diese Selbst(wieder-)entdeckung (noch) massiv behindern.

Dabei geht es gar nicht immer um die großen Talente, es geht also nicht darum, sich selbst unter massiven Druck zu setzen, irgendein bestimmtes „Talent" im Außen in die Welt zu bringen - auch dies kann wieder eine Falle sein, in die wir uns verrennen können, die wieder dazu führen kann, dass wir Scham- und Schuldgefühle entwickeln, weil wir nicht wissen, wer wir sind oder was wir können, oder zu grandiose Vorstellungen davon haben, wie eine Lebensaufgabe auszusehen hat.

Nicht nur gibt es viele Möglichkeiten, auf welchen Wegen man die eigenen Talente ausdrücken kann - es ist eigentlich nie so, dass wir unseren Lebenszweck vollständig verfehlen, nur weil wir irgendwo auf dem Lebensweg eine Abzweigung verpasst haben - jede Abzweigung, jeder vermeintliche Umweg ist ein Lernprozess, so dass viele spirituelle Meister immer wieder betonen, dass es keine falschen Entscheidungen im Leben gibt, da ohnehin am Ende alle Wege wieder nach Rom führen.

Auch fallen Lebensaufgaben nicht immer durch großartige Taten im Außen auf, oftmals ist es vielmehr die subtile Ausstrahlung, die ein Mensch in jede Interaktion mit anderen Menschen einbringt, die Art und Weise, wie die Energie eines Menschen einen anderen Menschen berührt. Vielleicht strahlt dieser Mensch eine Akzeptanz aus, die für manche wie Balsam auf der Seele wirkt, da diese sich im Leben nie akzeptiert gefühlt haben. So werden diese Menschen dann auf eine Weise berührt, die selten offensichtlich ist, ihnen jedoch eine Erinnerung schenkt an das, was möglich ist und vielleicht den Funken der Selbstliebe wieder entzünden kann, die sie so dringend gesucht haben - oft ohne es zu wissen.

Verantwortung oder Schuld

Aus der Verwirrung, die sich aus der individuellen Sicht des Ego Mind ergeben kann, wenn wir versuchen, uns der Vorstellung eines Kollektiv- oder Einheitsbewusstseins anzunähern, ist die Frage nach der individuellen Schuld oder Verantwortung. Aus der Sicht eines Kollektivbewusstseins, in dem jeder Einzelne wie ein Rädchen im Getriebe ist, das mit allen anderen Rädchen perfekt zusammenwirkt zu einem großen gemeinsam erschaffenen Ganzen, in dem es vor Inkarnation getroffene Absprachen zwischen einzelnen Bewusstseinsteilen oder Ego Minds gibt, welche Rolle man in dieser Lebenslinie spielen wollte, und welche Rolle das Gegenüber, ist die Frage nach individueller Schuld wenig zielführend.

Da alles als Lernprozess begriffen wird und schwierige Rollen wie die eines Verbrechers, eines Täters zum Lernen notwendig sind, übernimmt diese Rolle letztlich einfach jemand. Alles dient der Erfahrung, egal ob diese Erfahrungen glücklich oder schmerzhaft sind. Bedeutet das nun, ein Täter trage keine Schuld, weil alles so sein sollte und perfekt ist wie es eben ist? Auch wenn aus der Perspektive der Einheit tatsächlich alles perfekt und in Harmonie ist, da immer ein Ausgleich geschaffen wird - so gilt dies offensichtlich nicht ganz für unsere physische Realität, in der durch eine negative Tat zwischen zwei Menschen vorübergehendes Ungleichgewicht geschaffen wird. Wie diese beiden Menschen mit dieser Tat umgehen, ist Teil der Lektion.

Fatal wäre es nun anzunehmen, dass beispielsweise ein Verbrechen grundsätzlich vorherbestimmter Teil einer Lektion sei und deswegen aus spiritueller Sicht keine Konsequenzen hätte. Aus der Einheitsperspektive ist das Schuldkonzept tatsächlich wenig sinnvoll, da über größere Zeiträume, über mehrere Lebenslinien und Existenzen in verschiedenen Dimensionen immer ein Ausgleich geschaffen wird und ein solcher Weg letztlich immer mit einem enormen Wachstum verbunden ist, also letztlich immer dem großen Ganzen dient - wir können diesen Ausgleich aus unserer linearen Perspektive nur nicht immer erkennen.

Jedoch hebt diese Tatsache das Prinzip der Verantwortung in unserer physischen Existenz nicht auf. Verantwortung ist jedoch wiederum nicht mit dem stark religiös geprägten Konzept von Schuld und Sühne gleichzusetzen. Verantwortung bedeutet, die Konsequenzen des eigenen Handelns voll zu erkennen und anzuerkennen und diese nicht zu vermeiden, und danach zu handeln, daraus Schlüsse zu ziehen, und sich weiterzuentwickeln. Das könnte beispielsweise bedeuten, die Konsequenz einer in Disharmonie geratenen Beziehung voll anzuerkennen und zumindest den Versuch zu unternehmen, diese Disharmonie zu beheben.

Das Problem mit dem Konzept der Schuld ist, dass es oft in Gefühlen von Scham und Selbstablehnung resultiert. Ein solches Gefühl ist jedoch extrem entmächtigend, es macht machtlos und nimmt uns denn auch jeglichen Handlungsspielraum. Gerade aus einem Gefühl der Scham heraus gelingt es den meisten Menschen nicht, wirkliche Verantwortung für das eigene Handeln zu übernehmen und möglichst konstruktiv die Konsequenzen zu tragen, sondern Scham führt eher dazu, dass wir die eigenen Fehler lieber nicht wahrhaben wollen oder verdrängen müssen, denn sie bedrohen ja das eigene Selbstkonzept.

Die Kunst besteht nun darin, Verantwortung zu übernehmen, ohne in die Schuldfalle zu tappen, ohne sich in Schamgefühlen zu verlieren, oder, wenn sich doch Schamgefühle einstellen, diese als Signal zu werten, dass das eigene Handeln ein Fehler war - mit all seinen Konsequenzen - wir jedoch jederzeit die Möglichkeit haben, einen neuen Weg zu wählen, in gewisser Weise also lediglich ein Signal zur Änderung der Vorgehensweise. Oft erfordert das jedoch, dass wir uns selbst verzeihen können (vgl. Kapitel *Akzeptanz und Verzeihen als konkrete Schritte auf dem Weg des Mitgefühls*).

Fälschlicherweise wird oft angenommen, Verzeihen bedeute, dass wir das eigene Handeln nicht mehr als schwerwiegend betrachten müssten, oder dass wir nicht mehr ernst nehmen müssten, was wir getan oder nicht getan haben, dass wir zu leicht davonkämen. Diese Fehlannahme trägt jedoch zu einem machtvollen Glaubenssystem bei, das uns jahrelang in einem selbsterschaffenen Gefängnis aus Schuld und Scham festhalten kann - was letztlich niemanden weiterbringt.

Anhaftungen an Gefühle der Scham und Schuld - wenn diese sich also erst einmal festgesetzt haben - nutzen der „anderen Seite", die „Opfer" unserer Handlungen wurden, herzlich wenig. Wohl aber ein aus tiefstem Herzen kommender Versuch, selbst verursachtes Unrecht wiedergutzumachen. Ein solcher Versuch kann nur aus einer ernsten Auseinandersetzung mit der Tat resultieren, welche wiederum Teil der Verantwortungsübernahme ist. Eine solche wird durch Schamgefühle und die mangelnde Fähigkeit, sich verzeihen zu können, oft verhindert. Ob die Gegenseite, das „Opfer", verzeihen kann, spielt für den weiteren Weg des „Täters" in der Dynamik im Prinzip keine Rolle - dies liegt dann in der Verantwortung und Lernerfahrung des Opfers.

Dieses Prinzip kann sich beispielsweise in Organisationen darin zeigen, ob es eine gelebte Fehlerkultur gibt: werden hier Fehler als Lernmöglichkeit wahrgenommen und aktiv, offen und transparent besprochen, ohne Heimlichtuerei und gegenseitige Schuldzuweisungen? Oder herrscht gegenseitiges Misstrauen vor, werden Fehler möglicherweise als Schwäche betrachtet und das Zugeben solcher vielleicht sogar drakonisch bestraft? Hier zeigt sich, ob ein Prinzip der Schuld vorherrscht oder ein Prinzip der Verantwortungsübernahme.

Ersteres ist destruktiv und öffnet den Raum nicht für Lösungen, während zweiteres für ein konstruktives Miteinander unabdingbar ist. Das Prinzip der Schuldlosigkeit, dass aus Sicht des Einheitsprinzips zwar gültig ist, bedeutet gleichzeitig also nicht Verantwortungslosigkeit, denn letztere steht einem harmonischen Miteinander in dieser chaotischen dreidimensionalen Welt voller Fehler im Wege statt dieses zu fördern. Als spirituelle „Reife" getarnte Verantwortungslosigkeit ist leider trotzdem häufig anzutreffen und ist nur eine weitere Form der weit verbreiteten spirituellen Flucht („spiritual escapism"), also der Tendenz, abstrakte spirituelle Konzepte nicht in die gelebte geerdete Praxis zu übertragen oder gar so misszuverstehen, dass die eigenen dysfunktionalen Muster aufrechterhalten, statt angeschaut werden können.

Ermächtigung oder Machtausübung

Macht ist ein seltsames Wort in der deutschen Sprache. Es hat für viele eine eher negative Konnotation und steht scheinbar im Widerspruch zu allem, was wir als liebevoll oder verbindend wahrnehmen würden. Vielleicht liegt das an den Erfahrungen des krassen Machtmissbrauchs in der deutschen Geschichte.

Das englische „power" hat demgegenüber einen - für mich persönlich - weniger negativen Klang. So wird „personal power" (persönliche Macht) oder „empowerment" (Ermächtigung) als eher positiv wahrgenommen, bedeutet es doch, dass eine Person in ihre Kraft und Stärke gelangt und diese annimmt und einsetzt, um ihr Leben aktiv zu gestalten. In diesem Sinne bedeutet Macht eher die Übernahme von Verantwortung für das eigene Leben und den aktiven Gestaltungswillen. Dementsprechend ist die Bedeutung des Wortes „Macht" an sich zunächst wertneutral. Wofür man diese einsetzt ist das, was letztlich ein Werturteil erlaubt.

Vielleicht liegt es an diesem schlechten Ruf, dass es eine so große Vielzahl an Wegen gibt, auf denen Menschen ihre Macht abgeben - an eine Person, eine Situation, der sie sich hilflos ausgesetzt fühlen, in der sie sich möglicherweise sogar als Opfer wahrnehmen, oder gleich an ganze Gruppen von Personen oder Institutionen, sehr verbreitet auch an „die Politik", „die Regierung", ein Medikament, oder einen Arzt, der doch bitte die Entscheidung treffen und die Verantwortung übernehmen möge.

Tatsächlich gibt es Studien, die belegen, wie ungern Menschen zentrale Entscheidungen, die ihre eigene Gesundheit betreffen, selbst treffen wollen, und wie gern sie diese und die damit verbundene Verantwortung am liebsten einer hoffentlich wissenderen Person überlassen würden. Das ist selbst dann der Fall, wenn, wie so oft, derartige Entscheidungen ein Abwägen von Risiken und Unsicherheiten beinhalten, und selbst bei optimalem Wissensstand keine Eindeutigkeit zulassen[1] (vgl. Kapitel *Verantwortung oder Schuld)*.

Oftmals haben wir uns auch gar nicht durch die konkrete Beziehung zu einem Menschen oder einer Institution selbst entmächtigt, sondern haben konditionierte Ideen übernommen, die uns „in Schach" halten, bestimmte Glaubensmuster und Vorstellungen, die uns wie in einem mentalen Gefängnis einsperren können - bis wir uns dafür entscheiden, aus diesem Gefängnis auszubrechen. Das kann der Sohn aus einer Arztfamilie sein, der eigentlich lieber Schauspieler werden würde, diesen Gedanken jedoch gar nicht erst zulässt, da es in seiner Familie nicht üblich oder erwünscht ist, diesen Beruf zu erlernen, und so ein Medizinstudium beginnt. Oder es ist die homosexuelle Frau, die nach außen hin in einer perfekten Ehe mit ihrem Mann lebt - bis die innere Stimme sich doch Bahn bricht.

Das bedeutet nicht, dass wir unsere Macht bereits abgeben, wenn wir uns lediglich Rat und Unterstützung suchen, oder dass wir keinem Lehrer oder Guru folgen dürfen, der vielleicht etwas gemeistert hat, was wir selbst noch lernen möchten - egal in welchem Bereich. Es bedeutet auch nicht, dass wir immer „stark" sein müssten - also die Zähne zusammenbeißen und weitermachen, auch wenn wir uns ganz elend fühlen und Hilfe wirklich bräuchten (vgl. Kapitel *Schwäche oder Verletzlichkeit*).

Doch niemals sollten wir die eigene Entscheidungsmacht völlig jemand anderem überlassen. Eine zentrale Aufgabe auf dem spirituellen Weg besteht gerade darin, zu erkennen, auf wie vielen Wegen wir uns selbst klein und abhängig gemacht haben, und dass wir mächtig genug sind, eigene Erfahrungen zu machen, eigene Entscheidungen zu treffen und so die ganz eigene Individualität auf diesen Planeten bringen wollten. Für viele besteht ein ganz zentraler Lernprozess auf dem spirituellen Weg darin, sich aus selbstauferlegten Abhängigkeiten zu befreien und das eigene Leben in die Hand zu nehmen.

Warum dies so wichtig ist, zeigt sich auch an den Implikationen, die es hat, wenn ein Mensch nicht in seiner individuellen Kraft angekommen ist - sie führt zu Dynamiken, in denen wir den Illusionen der Machtausübung - im Sinne von „Macht über andere" - viel schneller erliegen. Diese Dynamiken haben sich (nicht nur) in der deutschen Geschichte sehr deutlich gezeigt, jedoch dürfen wir uns hier keinen Illusionen hingeben - sie sind - im Kleinen wie im Großen - verbreitet wie eh und je.

Dynamiken des Machtungleichgewichts, die auf einer Hierarchie der Macht beruhen und damit instabil und chaotisch sein müssen, sind so tief in unserem Bewusstsein verankert, dass wir an diesem Scheideweg unseres Bewusstwerdungsprozesses wieder lernen müssen, diese zu erkennen – in uns und anderen. Hier steht uns ein massiver Dekonditionierungs-Prozess bevor, der uns alle angeht – es ist absolut nicht nötig, mit dem Finger auf politische Führungspersönlichkeiten zu zeigen, die letztlich ein Ausdruck und damit Spiegel des kollektiven Bewusstseinsstands sind. Gleichzeitig ist dieses Bewusstwerden und Dekonditionieren sehr wichtig, wenn wir wieder in Harmonie mit uns selbst und dem Kollektiv gelangen wollen.

Wie sieht eine solche Dynamik des Machtungleichgewichts nun praktisch aus - also in unseren Beziehungen? Wenn wir uns beispielsweise im Recht wähnen oder anderweitig überlegen fühlen, erwächst daraus eine Illusion der Macht über andere, eine Art Adrenalinrausch, der uns kurzfristig dafür belohnt, wenn wir eine andere Person beispielsweise verbal oder auch nur gedanklich in eine Machthierarchie einordnen, indem wir sie herabsetzen (vgl. Kapitel *Verurteilung oder Beurteilung*). Nicht viel nützlicher ist unsere Angewohnheit, bestimmte Menschen in einer Art Personenkult oder als Ergebnis eines nicht integrierten Vater-/Mutterkomplexes zu überhöhen.

Das ist ein Vorgang, der durchaus Suchtpotential hat, und gerade deswegen so schwer zu dekonditionieren, also umzulernen ist. Letztendlich handelt es sich dabei oft nur um den Versuch, sich das eigene Gefühl der Macht- und Hilflosigkeit nicht eingestehen, es nicht anschauen und damit arbeiten zu müssen. Denn anschauen müssen wir uns dieses Gefühl, um in die wirkliche eigene Kraft gelangen zu können, denn Bewusstwerdung ist immer der erste Schritt zur Veränderung.

Ein Gefühl der Macht über andere muss immer illusorisch sein und wird durch die Illusion aufrechterhalten, man sei aufgrund der eigenen Meinung, des eigenen Wissens, der eigenen Erfahrung oder sogar einfach nur aufgrund der Zugehörigkeit zu einer bestimmten Gruppe irgendwie überlegen. Denn ein solches Gefühl der Macht ist auf die anderen, die Unterlegenen angewiesen, und darauf, dass diese unterlegen bleiben. Darin besteht die Achillesferse der Ausübung einer Macht, die letztlich auf Gefühlen von Unzulänglichkeit oder Hilflosigkeit beruht, der ultimativen Selbstablehnung und damit Ablehnung des Wirkens von Spirit durch das Selbst.

Auf der anderen Seite ist das Gefühl der Unterlegenheit oder die Mentalität eines Opfers genauso wenig hilfreich - ist diese Haltung doch nur die andere Seite der Medaille, die demselben Gefühl der Unzulänglichkeit entspringt und nur durch ihr polarisiertes anderes Extrem ausgedrückt wird. Eine solche Haltung kann sich sogar zu moralischen Überlegenheitsgefühlen weiterentwickeln („Ich bin das Opfer, aber dafür sind die anderen die moralisch verwerflichen Täter"), die nichts anderes sind als ein mehr oder weniger bewusster Versuch, den eigenen Selbstwert wiederherzustellen. Opfer-Täter-Dynamiken sind somit ein weiteres Beispiel dafür, wie eine Kultur der Machtdynamiken, die auf Hierarchien von besser-schlechter basiert, aufrechterhalten wird - sowohl auf kollektiver als auch individueller Ebene.

Hier wird auch deutlich, warum Schuld- und Schamzuweisungen Einzelnen genauso wie Gruppen gegenüber und die damit verbundenen Gefühle langfristig ebenfalls wenig hilfreich sind, denn sie befeuern lediglich Machtdynamiken und gehen selten mit echten Entwicklungsschritten einher, denn die durch das Ego Mind entstandenen Machtdynamiken können in solchen Situationen nur durch Technologien des Mitgefühls und des Verzeihens durchbrochen werden (vgl. Kapitel *Vom Unterschied zwischen Mitgefühl, Mitleid und Empathie und warum das wichtig ist* und *Verantwortung oder Schuld*).

Hinter dem Streben nach Macht stehen denn auch oft ganz andere Bedürfnisse. Dies kann zum Beispiel das Bedürfnis nach Sicherheit sein - haben wir traumatische Erfahrungen machen müssen, die unser Sicherheitsgefühl nachhaltig verletzt haben, haben wir vielleicht auch gelernt, dass wir uns plötzlich stark und unangreifbar fühlen, wenn wir Macht über andere ausüben - egal ob wir dies dann auf offensichtliche oder subtile Weise tun. Diese Macht über andere vermittelt dann vielleicht das Gefühl, wir könnten uns schützen und seien nun gegen weitere traumatische Erfahrungen immun. Letztendlich ist Machtausübung in diesem Fall jedoch nur ein Versuch, die Umwelt so zu kontrollieren, dass wir sie wieder als sicher empfinden können - ein Akt der extremen Anstrengung, die letztlich auch nur unfrei macht.

Ein weiteres Bedürfnis hinter Formen der Machtausübung ist paradoxerweise das Bedürfnis danach, gesehen und akzeptiert zu werden. Dieses Bedürfnis kann zum Beispiel dahinterstehen, wenn wir unbedingt Recht behalten und dieses um jeden Preis in einer Unterhaltung durchsetzen möchten, was eine Form der Machtausübung ist.

Hier kann die Erfahrung dahinterstehen, dass die eigene Meinung oder Persönlichkeit nie ernst genommen wurde oder wir nie gut genug waren. Ein auf diese Weise antrainiertes geringes Selbstwertgefühl resultiert dementsprechend natürlich in allen möglichen Verhaltensformen der Kontrolle, die diesen Selbstwert wieder herstellen sollen. In jedem Fall kosten all die Versuche, die Umwelt auf diese Weise zu kontrollieren, Unmengen an Energie.

In beiden Fällen - dem Bedürfnis nach Sicherheit und dem Bedürfnis danach, akzeptiert zu werden, handelt es sich um Grundbedürfnisse des Menschen. Diese sind letztlich nur ein Zeichen dafür, dass wir die eigene Verbindung mit Spirit, der Einheit, der Quelle allen Seins vergessen haben. Auf diese Weise können wir nicht mehr fühlen, dass diese Verbindung mit der Quelle selbst Sicherheit oder Akzeptanz bedeutet. Mehr noch, wir erinnern uns nicht mehr daran, dass wir als Teil dieser Quelle all diese Qualitäten der Sicherheit, der Akzeptanz, des

Vertrauens - letztlich Ausdrucksformen der Liebe - bereits selbst verkörpern und so jederzeit wieder Zugang zu ihnen haben können.

Alle Bedürfnisse, die ein Mensch wirklich haben kann, sind letztlich Bedürfnisse nach dieser Rückverbindung mit der Quelle, an die wir uns nur so oft nicht mehr erinnern können. Vielleicht kann uns das Bewusstsein über diese Bedürfnisse auch mit scheinbar machtgierigen oder manipulativen Menschen versöhnen, die sich letztlich nur am Allerweitesten von der Quelle entfernt haben (vgl. Kapitel *Akzeptanz und Verzeihen als konkrete Schritte auf dem Weg des Mitgefühls*). Und vielleicht kann es uns auch zur Erkenntnis verhelfen, in wie vielen Situationen im Umgang mit anderen Menschen wir auch selbst zuweilen eher machtmotiviert handeln, nicht motiviert durch Liebe – wie oft wir uns also dazu entscheiden, nicht im Einklang mit der Quelle zu handeln - um letztlich ein Bedürfnis in uns zu befriedigen.

Echte Ermächtigung sieht also anders aus. Die Macht, die mit der Rückverbindung an die Quelle einhergeht, ist nicht dependent, also abhängig von bestimmten Umweltbedingungen oder Personen, die krampfhaft kontrolliert werden müssten, sondern interdependent, also mit allen Gliedern des Systems verbunden. Hier wird auch deutlich, warum es nicht automatisch Machtlosigkeit bedeutet, wenn wir uns Hilfe und Unterstützung suchen, oder automatisch Machtausübung, wenn wir diese Hilfe anderen gewähren - ein solcher Austausch ist Zeichen unserer Verbundenheit, denn niemand ist so unabhängig und autark, dass er oder sie alles selbst wissen, können oder meistern müsste. Zudem hätten wir so auch keine Möglichkeit, der Liebe und Verbundenheit praktischen Ausdruck zu verleihen. Jedoch ist der interdependente, gleichberechtigte Austausch auf Augenhöhe zwischen uns Menschen ein Balanceakt, der gelernt sein will, so dass sich eben keine Machtdynamiken ausbilden.

Echte Ermächtigung erkennt das Wirken von Spirit nicht nur durch das Selbst, sondern auch durch andere an, und damit deren absolute Gleichstellung. So wirken alle Glieder des Systems, die in ihrer Kraft und mit Spirit verbunden sind, perfekt zusammen. Ein solches System von miteinander verbundenen in ihrer vollen Kraft stehenden Menschen ist stabil, harmonisch und damit nachhaltig. Echte Macht benötigt damit keinen Vergleich zwischen dem Selbst und anderen, keinen Kampf darum, wer besser, intelligenter, gebildeter oder sonst irgendwie talentierter ist, sondern echte Macht erkennt das Talent in jedem Gegenüber - genauso wie im Selbst.

Das ist der Grund, warum echte Macht auch nicht verteidigt werden muss, denn diese Form der Ermächtigung, die aus der Verbindung mit dem wahren Selbst und damit Spirit herrührt, kann es zulassen, dass andere Ausdrucksformen der Macht neben ihr existieren, da diese keine Bedrohung der eigenen Machtstellung darstellen. Warum nicht? Da die eigene Machtstellung niemals eine Vormachtstellung ist, die sich aus einem Vergleich ergibt, sondern die einfach aus sich selbst heraus existiert. Das ist ungemein entspannend, denn wahre Macht kann somit sowohl *Sein* als auch *Sein lassen*, sie muss nichts verändern oder um etwas kämpfen. Eine solche Energie ist nicht aufgeregt, angestrengt, dominant oder laut. Sie ist ruhig, still, wie ein Fels in der Brandung.

Der spirituelle Weg beinhaltet also auch, sich von allen macht-begrenzenden Konditionierungen frei zu machen. Er bedeutet ein Umlernen und Neuerkennen, wer wir eigentlich sind und was für eine Macht wir eigentlich besitzen. Diese folgt direkt aus dem Gesetz der Anziehung - selbst in der restriktivsten Diktatur, selbst in einem tatsächlichen Gefängnis oder einer aussichtslosen Situation, in der wir uns als unfrei erleben können - die (unausgesprochenen oder unaufgeschriebenen) Gedanken sind und bleiben frei. Und diese sind der Schlüssel zu unserer Realität (vgl. Kapitel *Das Gesetz der Anziehung, die positive Psychologie, und was das in einer Welt der Dualität praktisch bedeutet*).

Abschottung oder Grenzziehung

Wenn wir uns auf eine spirituelle Suche begeben, machen wir häufig zunächst einen Entwicklungsschritt durch, bei dem wir versuchen, in unserem Leben das irrtümliche Ideal zu verwirklichen, uns stets offen und liebevoll anderen Personen gegenüber zu verhalten. Dies entspringt dem Irrtum, basierend möglicherweise auf falschen Vorstellungen vom Konzept der Liebe oder sogar „bedingungslosen Liebe", diese sei immer „nachgiebig", „selbstlos", oder bedeute, die Wünsche einer anderen Person stets zu erfüllen.

Solche Verhaltensweisen können auch einem bislang nicht bewusstgemachten und integrierten Idealbild einer „spirituellen Person" entspringen, oder der Vorstellung, auf dem Weg ins Einheitsbewusstsein, in dem wir ja schließlich alle Teil eines großen Ganzen sind, dürfe man sich nicht von anderen abgrenzen oder abschotten, sondern müsse im Gegenteil deren Nähe suchen – um jeden Preis.

Dies kann zu der fatalen Annahme führen, das Setzen von Grenzen stehe im Widerspruch zum alles verbindenden Einheitsbewusstsein, und damit einer spirituellen Lebensweise oder einem liebevollen Umgang mit anderen. Fatal ist diese Annahme aus dem Grund, da sie zu allerlei Problemen führen kann, insbesondere wenn unser Gegenüber unsere spirituellen Ideale nicht teilt oder sogar ausnutzt. Gerade Menschen mit einem hohen Maß an Empathie geraten so gern in Dynamiken mit Narzissten oder Energievampiren, die als sogenannte „Trauma-bonding-Dynamiken" bekannt sind.

Menschen, die aufgrund nicht integrierter Anteile dazu neigen, sich der Liebe anderer durch Manipulation anstelle offener Verletzlichkeit zu versichern (vgl. Kapitel *Warum Liebe eben nicht nur eine schöne Nebensache ist*), können immensen Schaden anrichten, wenn sie auf eine Person treffen, die das Konzept der bedingungslosen Liebe zu wörtlich nimmt. Gleichzeitig teilen beide Partner in einer solchen

Beziehung sehr wahrscheinlich dieselbe Kernwunde – beide haben nicht gelernt, dass sie Liebe verdienen, einfach weil sie existieren.

Das trifft auf einen Großteil der Menschen zu und führt immer zu Dynamiken der Ko-Abhängigkeit. Sind wir also nicht davon überzeugt, dass wir Liebe einfach verdienen, weil wir „sind", nicht weil wir etwas „tun", kann das Konzept der bedingungslosen Liebe ein gefundenes Fressen sein, das wir wahlweise als Waffe gegen andere einsetzen („Du liebst mich nicht wirklich, wenn....") oder aber als Instrument der Selbstablehnung missbrauchen („Ich bin kein bedingungslos liebender Mensch, wenn ich nicht....").

Ein Mensch, der den Grundirrtum der mangelnden Liebenswürdigkeit mit sich herumträgt, wird wohl zu beiden Ansätzen neigen, während zwei Menschen mit dieser Überzeugung, die in einer Beziehung aufeinandertreffen, in eine Machtdynamik einsteigen, die für beide im besten Fall stagnierend, im schlechtesten Fall zerstörend wirken kann. Trotzdem ist dies eine extrem häufige Beziehungsform, da die irrtümliche Grundannahme, man sei nicht liebenswert und müsse das durch irgendwelche Äußerlichkeiten oder Verhaltensweisen wettmachen, so weit verbreitet ist.

Natürlich gibt es auch Abstufungen in der Intensität und Wirkungsbreite dieser Grundannahme – vielleicht lehnen wir nur einige wenige Aspekte des Selbst ab, vielleicht gelingt es uns auch immer wieder, uns selbst bestimmte wahrgenommene Unzulänglichkeiten zu verzeihen oder Mitgefühl für uns oder den anderen aufzubringen (vgl. Kapitel *Vom Unterschied zwischen Mitgefühl, Mitleid und Empathie und warum das wichtig ist*). In einem solchen Fall ist die Beziehung weniger dramatisch oder zerstörerisch. In allen Fällen jedoch sind solche Beziehungen ein machtvolles Instrument des Lernens - wenn wir sie als solches erkennen und die Erfahrungen entsprechend nutzen.

Warum ist es aber nun Teil eines spirituellen Weges, diese Dynamiken zu erkennen und sich gegebenenfalls zu befreien? Wie gelingt dies und kann trotzdem liebevoll sein und im Einklang mit spirituellen Idealen von der bedingungslosen Liebe stehen? Zum einen übersieht eine

Herangehensweise, bei der wir dem anderen „alles Recht zu machen" versuchen oder bei der wir falsch verstandene Akzeptanz und Güte den toxischen Verhaltensweisen des Anderen gegenüber zeigen - beides leicht mit Liebe zu verwechseln! -, dass auch wir selbst Teil des Einheitsbewusstseins sind - es also mindestens ebenso um die Selbstliebe wie die Liebe zu anderen geht.

Aufopferung oder die Angewohnheit, toxische Verhaltensmuster anderer Menschen uns selbst gegenüber einfach auszuhalten, da es die andere Person ja „nicht besser weiß", „es noch nicht gelernt hat", oder „sich schon noch ändern wird", hat mit Selbstliebe wenig gemein. Letztendlich handelt es sich hier auch meist um Selbstbetrug, denn hinter der augenscheinlich selbstlosen Aufopferung stecken oft ganz andere Ängste oder Motive, wie beispielsweise die Angst davor, ganz allein dazustehen, wenn wir uns beispielsweise aus einer toxischen Beziehung befreien.

Zusätzlich können Gefühle der Überlegenheit und Macht dem anderen gegenüber entstehen, der ja „noch nicht so weit ist" oder dem wir helfen, den wir gar vor sich selbst retten müssen. Selbstbetrug wiederum hat nichts mit Liebe zu tun. Liebe bedeutet auch, authentisch zu sein, und die eigene Wahrheit zu erkennen, im richtigen Moment auszusprechen und durchzusetzen. In diesem Sinne bedeutet Selbstliebe und Liebe anderen gegenüber auch, in die eigene Kraft und Macht zu gelangen. Nur so können Kreisläufe ko-abhängiger, toxischer oder sogar von Gewalt und Missbrauch gekennzeichneter Beziehungsdynamiken durchbrochen werden (vgl. Kapitel *Warum Liebe eben nicht nur eine schöne Nebensache ist*).

Liebe bedeutet also auch nicht unbedingt, einer Person stets das zu geben, was diese will. Es ist manchmal Ausdruck von Liebe sich selbst gegenüber - ebenso wie der anderen Person gegenüber, die ja ebenfalls ein Lernpartner in einer solchen Situation ist! -, auf oben genannte Beziehungsmuster ein Licht der (eigenen) Wahrheit scheinen zu lassen, und diese Muster so zu durchbrechen und zu verändern, auch wenn dies zunächst weh tun mag.

Liebe ist also nicht immer augenscheinlich freundlich, nett oder „weich" und „nachgiebig". Dies wird auch deutlich, wenn wir erkennen, dass wir in der menschlichen Hülle, die wir hier auf dem Planeten bewohnen, Liebe zum Ausdruck bringen wollten in all ihren Facetten, nicht nur einem winzigen, zufällig sozial akzeptierten Ausschnitt davon. Dies schließt alle Ausdrucksformen der Liebe mit ein, zu denen auch Wahrheit, Authentizität und (innere) Stärke zählen (vgl. Kapitel *Yin und Yang - Von den männlichen und weiblichen Prinzipien im Einklang*).

Dass wir es mit Liebe zu tun haben, können wir immer daran erkennen, dass Liebe in einer Beziehung langfristig verbindend und vertrauensfördernd wirken sollte. Führt eine falsche Vorstellung davon jedoch zu Gefühlen von Misstrauen, Heimlichtuerei oder Überlegenheit, dann wirkt dies trennend und hat mit Liebe nichts zu tun. Das Gegenteil von ko-dependenten Verhaltensweisen besteht also nicht darin, sich völlig unabhängig zu machen (engl.: „independence"), sondern in der Erkenntnis, dass wir alle untrennbar miteinander verbunden sind (engl.: „interdependence"), und hier Wege finden wollten, dies auszudrücken. Misstrauen oder Machtdynamiken drücken offensichtlich jedoch keine Verbundenheit aus. Diese Dynamiken also zu erkennen ist wichtig, damit wir Grenzen setzen und ungesunde Dynamiken so durchbrechen können.

Eine Frage, die wir uns immer dann stellen können, wenn wir nicht sicher sind, ob wir gerade eine gesunde Grenze ziehen oder uns ganz einfach nur lieblos verhalten, ist: „Bin ich gerade hart zu der anderen Person, oder bin ich eher hart zum Ego dieser Person, also zu ihren Mustern, die niemals die Person selbst als Ganzes sind?" Zweiteres mag genau die richtige - nämlich konstruktivste - Strategie sein, und ein Ausdruck von Liebe - auch wenn unser Gegenüber möglicherweise versuchen wird, uns Gegenteiliges einzureden.

Gesunde Grenzen zu setzen ist also nicht gleichbedeutend mit Abschottung und Trennung, denn Grenzen können ein Ausdruck von Liebe sein, was langfristig immer vertrauensfördernd und verbindend wirkt, weil es authentisch und echt ist. Selbst wenn sich eine solche (langfristige) Wirkung mit dem Gegenüber in dieser jetzigen Lebenslinie nicht mehr zeigen mag und es zu einer Trennung von Lebenswegen kommt, so stärkt es doch das Vertrauen und die Verbindung mit dem Selbst. Die Lernerfahrung - konstruktiv genutzt - führt zu einer erhöhten Liebesfähigkeit, einen Schritt näher zu dem Ideal der gelebten echten bedingungslosen Liebe, denn es fördert ja die Fähigkeit zu beurteilen (nicht zu verurteilen, vgl. Kapitel *Verurteilung oder Beurteilung*), was Liebe am Ende wirklich ist.

So geht es beim Setzen um Grenzen auch nicht um „richtige" und „gute" gegenüber „falschen" und „schlechten" Verhaltensweisen. Allgemeingültige Regeln von „richtig" und „falsch" sind oft nicht hilfreich, da sie zu Dogmatismus und Starrheit führen können, der individuellen Situation oft nicht gerecht werden und die Selbstliebe nicht gerade fördern, da sie zu destruktiver Selbstverurteilung führen können. Beim Setzen von Grenzen geht es nicht darum, allgemeingültige Grenzen durchzusetzen, sondern darum, die eigenen, ganz individuellen Vorlieben erspüren zu lernen - das zu erspüren, was wir in unser Leben lassen möchten und was nicht. Zudem erhalten wir die Chance, die Gründe für diese Vorlieben, die die Essenz der eigenen Seele ausmachen, zu erkennen und anzunehmen. Erst in einem nächsten Schritt können wir Wege erproben, diese Präferenzen liebevoll durchzusetzen. Es geht hier also wieder einmal um die Selbsterkenntnis und daraus folgende Wege in die eigene Authentizität.

Abschließend gesagt - wann und warum braucht es also Grenzen? Ab einem gewissen Punkt brauchen wir sie vielleicht nicht mehr, wenn wir gelernt haben und die notwendige Sicherheit im Innen ebenso wie im Außen aufgebaut haben, zu hundert Prozent authentisch zu sein - also einfach so sein und uns so ausdrücken zu können, wie wir im Kern wirklich sind, egal, in welcher Situation wir uns befinden. Wenn wir so mit uns selbst und unserer authentischen Kraft verbunden sind, braucht es keinen Schutz, keine Grenzen mehr.

Diese sind lediglich ein Hilfsmittel, eine Art Hilfskonstruktion, die wir zeitweise brauchen, damit wir den sicheren Raum um uns schaffen können, in dem wir in unsere eigene Kraft und Authentizität finden können. Dieser Raum ist wie ein Kokon, der alles von uns fernhält, was diesen Prozess noch behindert oder ihm nicht dient - dann, wenn es nötig ist. So verstanden wird auch deutlich, warum Grenzen ein Ausdruck von Liebe sind - nicht ein Ausdruck von Kampf, Wut oder Vorbehalten einer anderen Person gegenüber. Denn sie schaffen die Sicherheit, innerhalb der jeder von uns in den eigenen authentischen Selbstausdruck finden lernt.

Die Grenzen zu respektieren, die jemand anderes uns möglicherweise setzt, ist also ebenfalls ein Ausdruck von Liebe dieser Person gegenüber, die für sich diesen Raum einfordert. Dabei spielt es keine Rolle, ob wir selbst diese Grenze kennen oder nachvollziehen können. Liebe bedeutet hier, den Raum des anderen zu achten. Liebe ist so immer hilfreich, nicht hinderlich.

Letztlich sind Grenzen also auch der Ausdruck einer Suche nach der Mitte, der echten Verbundenheit, die wir irgendwo zwischen völliger (Ko-)Abhängigkeit und völliger Unabhängigkeit oder gar Selbstabschottung finden können. In einer Gesellschaft, die diese Mitte gefunden hat und vollständig lebt, in der die individuellen Bedürfnisse im Einklang mit dem Wohl der Gemeinschaft in allen Formen berücksichtigt werden, sind Grenzen nicht notwendig.

Schwäche oder Verletzlichkeit

Stärke wird in unserer Kultur oft mit der Fähigkeit gleichgesetzt, die Zähne zusammenzubeißen und durchzuhalten. Eine Durchhaltementalität ist zu einem Idealbild geworden, das tief verankert ist in der Art und Weise, wie wir unserer Arbeit nachgehen und auch wie wir im privaten Bereich mit Schwierigkeiten umgehen.

Das Problem mit einem solchen Konzept von Stärke besteht darin, dass es die authentische Reaktion unseres Körpers, unserer Emotionen, kaschiert - diese läuft jedoch trotzdem ab. Wieder einmal wird hier versucht, etwas Unerwünschtes - das, was in unseren Köpfen zu häufig noch als Schwäche bezeichnet wird, jedoch viel eher mit Verletzlichkeit oder Durchlässigkeit bezeichnet werden sollte - einfach zu ignorieren, zu übergehen oder wegzudrücken.

Letztlich handelt es sich hier um ein archaisches Konzept von Stärke, das in unseren Köpfen jedoch immer noch wirksam ist, wenn wir beispielsweise bei einem Verlust darauf bestehen, unsere Trauer nicht zu zeigen, wenn wir ein Lächeln aufsetzen, obwohl wir wütend sind, wenn wir die Zähne zusammenbeißend weiterarbeiten, obwohl wir ausgebrannt sind, wenn wir andere Menschen lächelnd unsere Grenzen übertreten lassen, weil es uns unangemessen und schwach erscheint, diese Grenzen zu kommunizieren.

Möglicherweise reden wir uns in diesen Fällen ein, dass es ja „nicht so schlimm ist", die Situation ja „bald ein Ende hat" oder wir vielleicht auch nicht das Recht haben, uns zu beschweren, denn „dem anderen geht es ja noch viel schlechter" oder - noch fataler - wir selbst seien das Problem, seien zu „zimperlich", würden uns einfach „zu sehr anstellen" oder „müssten stark bleiben für wahlweise den Partner, die Kinder, die Großmutter, den Arbeitgeber, die Organisation, die Gesellschaft als Ganzes oder die Katze".

In Wahrheit übertreten wir jedes Mal eine eigene Grenze, die uns unser Gefühl, unsere Intuition oder manchmal auch viel deutlicher unsere Körperreaktionen aufzeigt. Damit schwindet jedoch Stück für Stück das Vertrauen unseres eigenen verletzlichen Anteils in die restlichen Anteile von uns selbst, dass wir unsere Bedürfnisse erfüllen, unsere Grenzen einfordern, kurz gesagt - einfach für uns selbst da sein können. Wir verstärken so immer und immer wieder die Idee, dass unsere Bedürfnisse nicht so wichtig seien, unser authentischer Selbstausdruck in dieser Welt keine Rolle spiele, es niemanden interessiere oder wir selbst ohnehin keinen Einfluss hätten. Wir verspielen Stück für Stück das Vertrauen in uns selbst, und letztlich verlieren wir uns so selbst.

Ein wenig ist es so, als würde man ein Baby einfach schreien lassen - ab einem gewissen Punkt lernt das Baby, dass niemand kommt und wird aufhören zu schreien - mit fatalen Folgen für sein Selbstkonzept und seine Vorstellungen davon, wie sicher und liebevoll diese Welt ist. Was diese Art von Erziehungsideologie anrichten kann, ist eindrücklich in den gesammelten Autobiografien der NS-Erziehungsideologin Johanna Haarer und ihrer jüngsten Tochter beschrieben[1] - das fatale Ergebnis einer abwegigen Ideologie von Stärke.

Jeder von uns hat verletzliche Anteile, ohne Ausnahme, und diese leugnen und verdrängen zu wollen, ist kein Konzept von Stärke, sondern von Inauthentizität, Härte und zum Teil falschen Vorstellungen von Aufopferung als einem notwendigen Dienst an anderen oder der Gesellschaft. Auch hier wieder findet sich eine Disharmonie zwischen unseren männlichen und weiblichen Anteilen zugunsten der männlichen Anteile, die sich mit Verletzlichkeit und Durchlässigkeit nicht wohl fühlen, möglicherweise nicht sicher genug fühlen, um diese Anteile in uns zulassen und ausdrücken zu können (vgl. Kapitel *Yin und Yang - Von den männlichen und weiblichen Prinzipien im Einklang*). In diesem Sinne ist Härte nur ein Versuch, sich selbst zu schützen vor einer harschen Welt, die Verletzlichkeit sanktioniert. Wenn wir das ändern wollen, müssen wir bei uns selbst beginnen.

Paradoxerweise ist dieses mangelnde Sicherheitsgefühl, das Gefühl, sich schützen zu müssen jedoch ein Ausdruck eines zu schwach ausgeprägten männlichen Anteils in uns, der ja die Aufgabe hat, uns zu beschützen - jedoch nicht dadurch, dass wir die Zähne zusammenbeißen und durchhalten - hierbei handelt es sich um einen Versuch, diese mangelnde echte Stärke auszugleichen -, sondern dadurch, dass wir die eigene Wahrheit ausdrücken, uns authentisch zeigen, die eigenen Grenzen kennen und durchzusetzen vermögen.

Ein männlicher innerer Anteil, der in Harmonie mit dem inneren weiblichen Anteil arbeitet, wertet das Weibliche nicht ab, setzt Verletzlichkeit nicht mit Schwäche gleich, sondern mit Stärke, und bietet den Schutz und die Sicherheit, dass diese sich bei Bedarf frei ausdrücken kann. Dies erfordert unter Umständen Mut in einer Gesellschaft, die dieses harmonische Zusammenspiel zwischen Männlich und Weiblich als Ganzes noch nicht gemeistert hat, und Stärke in Form von Härte in vielen Lebensbereichen propagiert.

Statt mit Härte arbeiten die Anteile untereinander optimalerweise mit Mitgefühl füreinander. Selbstmitgefühl und Mitgefühl sind also die Gegenentwürfe zu einem abwegigen Konzept von Stärke als Härte (vgl. Kapitel *Vom Unterschied zwischen Mitgefühl, Mitleid und Empathie und warum das wichtig ist*), und die Basis jeden authentischen Selbstausdrucks, sowohl auf individueller als auch gesamtgesellschaftlicher Ebene.

Warum Härte sowohl auf individueller Ebene - dem Selbst gegenüber - als auch auf gesellschaftlicher Ebene - keine auf Dauer hilfreiche Strategie sein kann, können wir bereits an unserer Körperreaktion ablesen, wenn wir uns dazu entscheiden, eigene Grenzen zu übergehen, die Zähne zusammenzubeißen oder durchzuhalten: Unser Körper spannt sich an. Unser gesamtes Nervensystem antwortet damit, die Körpersysteme zu unserem Schutz und zur Mobilisierung unserer Kräfte hochzufahren, denn wir bereiten uns ja auf „harte Zeiten" vor. Dass das mittel- und langfristig dem körperlichen und seelischen Wohlbefinden nicht guttut und mitunter in Krankheiten enden kann, wenn dies zum Dauerzustand wird, liegt auf der Hand.

Härte uns selbst und anderen gegenüber kann also tatsächlich physiologischen Stress auf der körperlichen Ebene auslösen. Dies geht auch mit einer Reihe von psychologischen Veränderungen einher - wir sind im emotionalen Ungleichgewicht, können weniger gut mit Schwierigkeiten und belastenden Situationen umgehen, schlafen vielleicht schlechter, unser Blick verengt sich, wir sehen kreative, neue Lösungen nicht mehr und neigen vielleicht auch zu verhärtetem, unflexiblem Denken - alles Dinge, die erweiterte Bewusstseinszustände und eine gute Verbindung mit unserem Spirit-Aspekt ungleich schwerer machen. Zudem hat all dies natürlich auch wieder Auswirkungen darauf, wie wir mit unseren Mitmenschen umgehen.

Ein wichtiger erster Schritt, ist es, sich zunächst einmal bewusst zu werden, in welchen Situationen und wie häufig wir eigentlich mit Härte reagieren - uns selbst und anderen gegenüber. Das Bewusstsein zu schärfen für die vielen Momente, in denen wir uns vielleicht ungeschützt und unsicher, verletzlich, ängstlich oder überfordert fühlen, und aus welchen Gründen wir dann lieber eine Maske aufsetzen, um nach außen „stark" zu wirken. So kann unsere Reaktion in diesen Situationen zu einer bewussten Entscheidung werden.

Parallele Realitäten in einem kreativen Universum

Wir erleben aktuell zu fast allen großen Themen auf der politischen Bühne der Welt eine massive Polarisierung von Meinungen und Perspektiven, die einen differenzierten Diskurs fast unmöglich zu machen scheinen - egal ob es sich eher um nationale oder lokale Themen handelt wie dem Brexit, bestimmten Personenkulten um einzelne politische Persönlichkeiten, neuen Parteien oder Ideen, oder um eher globale Themen wie dem Klimawandel, dem Kohleausstieg oder den Perspektiven zur Corona-Situation von 2020. Immer mehr scheinen sich die Menschen nur noch innerhalb dieser kleinen Meinungsblasen zu bewegen, und die eigene Perspektive wird gegenüber den anderen Meinungsblasen erbittert verteidigt.

Aus der Einheitsperspektive folgt, dass jede einzelne Perspektive eines Teilbewusstseins oder Ego Mind, also unseres Alltagsbewusstseins, nur einen kleinen Ausschnitt aus dem großen Ganzen erkennen kann und es in der Natur einer kreativen von Dualität geprägten Umwelt liegt, dass Wahrheit eher die Gesamtheit aller Perspektiven darstellt, nicht eine einzelne Perspektive. Wahrheit ist aber nicht gleichzusetzen mit der individuellen Wahl, über die jedes Einzelbewusstsein in diesem Experiment des freien Willens verfügt. Die Folge einer kreativen Umwelt, in der jedes Einzelbewusstsein - also jeder von uns - die freie Wahl hat, zu denken und zu glauben und damit auch mitzuerschaffen, was er oder sie möchte, ist die Schaffung von mehreren individuellen Realitäten, die parallel existieren müssen.

Hier wird deutlich, was damit gemeint ist, wenn in der Spiritualität oder Esoterik davon die Rede ist, wir seien von unserer Natur her „multidimensional"[1]. Dies schließt die Existenz von parallelen Realitäten mit ein. Viele dieser Realitäten sollen sich untereinander so ähnlich sein, dass wir es nicht einmal bemerken, wenn wir von einer in die andere

„springen". Dies soll sogar in jeder einzelnen Millisekunde sehr häufig der Fall sein.

Innerhalb dieser Perspektive drücken Wahrscheinlichkeiten weniger das aus, was sich mit einer bestimmten zahlenmäßig ausgedrückten Unsicherheit in der Zukunft ereignen könnte. Wahrscheinlichkeiten drücken viel eher aus, welche Möglichkeiten mit welcher Unsicherheit bereits existieren, also sich bereits ereignet haben. Nicht alle davon werden wir in unserer persönlichen Realität erleben, sie sind nicht einmal unbedingt Teil derselben dimensionalen Realität oder Dichte.

In welcher dieser Realitäten wir uns in jedem einzelnen Moment aufhalten oder in welche wir von Momentaufnahme zu Momentaufnahme als nächstes wechseln, ist natürlich kein Zufall, denn hier kommt unser Bewusstsein ins Spiel, das mit der äußeren Realität interagiert. Die Realität ist so etwas wie eine äußere Projektion unseres Bewusstseins im Innern - hier fließen innen und außen also zusammen. Spirituelle Lehren die von einem Gesetz sprechen, nachdem innen und außen sich entsprechen (zum Beispiel nach Hermes Trismegistos im Kybalion[2]), meinen genau das.

Daraus folgt, dass wir offenbar tatsächlich unsere Realität erschaffen, wie es in vielen spirituellen Lehren immer wieder gesagt wird. Wie aber tun wir das? Und warum merken wir das nicht unmittelbar? Zum einen besitzt die physische Realität um uns herum eine Art Trägheit - sie „reagiert" erst mit zeitlicher Verzögerung auf Veränderungen in unserem Bewusstsein. Zum anderen sind uns große Teile unseres Bewusstseins meist nicht bewusst - sie sind Teil dessen, was wir das Unbewusste nennen, und ohne Bewusstheit über solche spirituellen Gesetze achten wir nicht besonders auf Zusammenhänge zwischen dem Innen und Außen - wenn wir in unserer Welt der zahlreichen Ablenkungen unserem Inneren überhaupt viel Beachtung zukommen lassen.

Das hat zur Folge, dass unser Alltagsbewusstsein ohne die entsprechende Übung ungeordnet von Gedanke zu Gedanke springt, von der Einkaufsliste zu Omas Geburtstag, und wir uns so mit unserer Aufmerksamkeit mal hier, mal dort aufhalten. So lassen wir uns eher von unserem Ego Mind lenken als andersherum. Mit Beginn einer Meditationspraxis fällt es den meisten sehr schwer, ihren Fokus auch nur für einige Sekunden auf einen bestimmten Gegenstand oder ein inneres Bild oder einen Gedanken zu halten - da unsere Energie jedoch der Aufmerksamkeit folgt, ist unschwer erkennbar, warum ein derart zersplitterter Fokus ebenso zersplitterte Ergebnisse bringt, die uns im Außen zurückreflektiert werden. Diese „Ergebnisse" noch unseren teils unbewussten Bewusstseinsinhalten zuordnen zu wollen, ist denn auch meist schwierig. Eine Bewusstheit über die eigenen inneren Prozesse und Bewusstseinsinhalte zu schaffen, ist somit Teil eines spirituellen Weges.

Zudem denken wir, dass unsere Glaubenssysteme das Resultat der Dinge seien, die wir „da draußen" in der Realität wahrnehmen, während es eigentlich umgekehrt ist - unsere bewussten und vor allen Dingen unbewussten, weil übernommenen, vererbten oder einfach nie hinterfragten Glaubenssysteme steuern unsere Realität und bestätigen uns dabei scheinbar immer wieder unsere Glaubenssysteme. Verändern wir diese jedoch bewusst, können wir völlig neue Erfahrungen machen.

Komplizierter wird es in unserer Vorstellung davon, was Multidimensionalität denn nun praktisch bedeutet, wenn mehrere Menschen zusammenkommen. Glauben und erschaffen die dann alle dasselbe? Nicht unbedingt. Wir sind alle miteinander verbunden - auf einer übergeordneten Ebene sind wir ja eine Einheit - das heißt, dass es natürlich Überlappungen unserer Zeitlinien mit denen anderer gibt, ebenso wie Absprachen, Gemeinsames zu erleben, so dass es auch gemeinsam kreierte Situationen und Ereignisse in unserer Realität gibt. Jedoch kann sich unser Erleben in der scheinbar selben Situation teilweise stark voneinander unterscheiden, denn jeder nimmt den ganz individuellen Ausschnitt aus der Realität wahr, der den eigenen Glaubenssystemen entspricht. Jeder sieht die Welt durch den ganz individuellen Filter des Ego Mind.

Wenn wir beispielsweise gemeinsam mit einem Freund eine Party besuchen und uns im Anschluss über das gemeinsam Erlebte unterhalten, können die Erfahrungen und Interpretationen recht unterschiedlich ausgefallen sein. Vielleicht amüsierte sich der eine und schwärmt hinterher von den tollen humorvollen Menschen, die er oder sie kennengelernt hat, während der andere sich langweilte und keine Menschen mit Humor kennengelernt hat. Vielleicht haben beide fundamental unterschiedliche Einstellungen zu Partys oder Menschen auf Partys im Allgemeinen, und die jeweiligen Glaubenssysteme bestätigen sich auf diese Weise. Vielleicht ist es der gelangweilten Person auch nicht bewusst, dass sie beispielsweise ein eher negatives Menschenbild hat, oder dass sie irgendwann die Überzeugung übernommen hat, dass Menschen sich auf Partys ohnehin nur verstellen.

Unsere Interpretation des Wahrgenommenen - dessen also, was in der Regel nur das Ergebnis unserer bisherigen Interpretationen ist - erschafft wieder unsere nächsten Wahrnehmungen. Dabei erschafft hier nicht nur der bewusste Anteil unseres Ego Mind, sondern auch unser Spirit-Aspekt, mit dem wir ko-kreieren, der uns aber nicht immer so bewusst ist. Deswegen haben wir oft wenig Anhaltspunkte dafür, dass wir tatsächlich die Realität erschaffen. Noch komplexer wird es, wenn wir bedenken, dass wir auf einer übergeordneten Ebene alle „eins" sind, aus einem Einheitsbewusstsein heraus gemeinsam - mehr oder weniger bewusst - erschaffen. Hier bekommt Carl Jungs kollektives Unterbewusstes, das die Gemeinsamkeiten zwischen den Bewusstseinsinhalten der Menschen beschreibt, eine ganz neue Interpretation.

Wenn wir die Vorstellung von den parallelen, nur teilweise überlappenden Realitätsebenen zu Ende denken, könnte diese eigentlich das Mitgefühl und das Verständnis für die Perspektiven anderer Menschen erhöhen. Denn für denjenigen, der eine bestimmte Perspektive zum Ausdruck bringt, beschreibt diese ja nur eine Realität, die sich dieser Person immer und immer wieder im Außen zeigt und die Perspektive so bestätigt. Zudem müssen wir nicht fürchten, dass die Realität einer anderen Person, die wir nicht teilen, zu der unsrigen wird. Jedoch haben wir oft die Angewohnheit, unsere individuelle Perspektive erbittert zu verteidigen, denn wir halten sie ja für eine korrekte Beschreibung der einzig wahren Realität (vgl. Kapitel *Wer hat denn nun Recht? Die „Wahrheit" aus spiritueller Sicht*).

Zudem haben wir wohl manchmal das Gefühl, dass wir die Nähe zu anderen Menschen erst (wieder-)finden können, wenn wir dieselbe Sichtweise auf die Welt teilen. Vielleicht hoffen wir auf diese Weise, dem Einheitsbewusstsein näher zu kommen. Vielleicht ist der Wunsch, einer Meinung mit anderen zu sein, auch Ausdruck davon, dass wir uns an das Einheitsbewusstsein und damit die Verbindung mit unseren Mitmenschen auf einer sehr tiefen Ebene erinnern und wir den Schmerz darüber erleben, wenn andere sich scheinbar so anders, nämlich von uns weg orientieren.

Hier handelt es sich jedoch um eine falsche Vorstellung von dem, was Nähe und Verbundensein bedeutet. Beides kann absolut auch von zwei oder mehr Menschen erlebt werden, die unterschiedliche Perspektiven von der Welt haben, sofern alle Beteiligten die jeweils andere Sichtweise akzeptieren können und in der Lage sind, auf der praktischen Ebene Kompromisse einzugehen - denn das uns verbindende Element ist nicht unsere Sichtweise auf die Welt (vgl. Kapitel *Akzeptanz und Verzeihen als konkrete Schritte auf dem Weg des Mitgefühls*).

Liegen die Perspektiven von dem, was Realität ist, jedoch zu weit auseinander, kann dies auch dazu führen, dass wir ab einem gewissen Punkt keine gemeinsame Realität mehr teilen, wir uns im wahrsten Sinne des Wortes also soweit auseinanderleben, dass wir uns in dieser physischen Realität schlicht und ergreifend nicht mehr begegnen. So birgt die Multiperspektivität auf diesem Planeten ein gewaltiges Potenzial zur Weiterentwicklung, aber eben auch eine große Herausforderung.

Es gibt also Perspektivenüberlappungen mit anderen Menschen, die mal größer, mal kleiner ausfallen können. Weiterhin gilt, dass je unterschiedlicher der Bewusstseinsstand zweier Menschen ist, sich die Realitäten dieser beiden Menschen umso mehr voneinander unterscheiden dürften. Wichtig ist jedoch auch, dass die exakt deckungsgleiche Perspektive keine zwei Menschen auf dieser Welt teilen, da jede individuelle Perspektive einzigartig ist. Das macht die Kreativität unserer Welt, wie wir sie kennen, aus, und sie ist wichtig, damit Neues entstehen kann. Perspektiven müssen sich so zwangsweise auch einmal aneinander „reiben" können, sonst wäre kein Lernen, kein Fortschritt, keine Vielfalt, keine Kreativität möglich. Es gäbe wenig wirklich inspirierende Kunst, neue Erfindungen, revolutionäre Ideen. Es gäbe auch keine wirklich kreativen „Teams" am Arbeitsplatz.

Die Idee, dass es parallele Realitäten geben könnte, ist auch der Wissenschaft nicht ganz fremd. Im Bereich der Physik wird sie diskutiert als eine Theorie, die sich rein formal durchaus ableiten lässt und in der „Many worlds"-Interpretation ihren Ausdruck findet, also in der Theorie der vielen Welten[3], die jedoch bislang nicht experimentell überprüft oder widerlegt werden kann. Laut dieser Theorie kommt es immer wieder zur Abspaltung neuer Realitäten oder Welten in jedem Moment, in dem ein Ereignis mehrere mögliche Ausgänge haben kann. Auch auf der Basis anderer Wissenschaftsdisziplinen kann die Möglichkeit paralleler Realitäten hergeleitet werden[4]. Hier zeigt sich, dass sich spirituelle Prinzipien und wissenschaftliche Überlegungen nicht zwangsläufig ausschließen müssen (vgl. Kapitel *Warum Spiritualität sehr viel mit Wissenschaft zu tun hat, und uns die Logik hier trotzdem nicht weiterhilft*).

Ein weiterer Aspekt, der sich aus einer multidimensionalen Perspektive von Realität ableitet, kann uns einen Hinweis geben, worum es auf einem spirituellen Weg eigentlich geht. Da auch die lineare Zeit, wie wir sie hier erleben, außerhalb unserer Realität nicht in dieser Form existiert, verläuft alles Leben in allen parallelen Realitäten von außen betrachtet gleichzeitig, auch die Existenzformen unseres Selbst, die wir als zukünftig oder vergangen betrachten würden.

Wenn wir unser Bewusstsein durch Inkarnation in einen physischen Körper auf unsere Existenz in dieser Realität fokussieren, bedeutet das zudem, dass wir bewusst unseren Fokus auf diesen Ausschnitt der Realität ausrichten. Das bedeutet dann auch, dass es einen weitaus größeren Teil von uns geben muss, der in vielen parallelen Realitäten gleichzeitig präsent ist - es ist uns im normalen Alltagsbewusstsein nur nicht bewusst - viele Menschen auf einem spirituellen Weg erhalten jedoch zunehmend Einblicke in diese anderen Anteile des Selbst geschenkt, kleine Erinnerungsstücke daran, dass wir tatsächlich multidimensionales Bewusstsein sind.

Was sich daraus folgern lässt, ist, worum es bei einem spirituellen Weg nicht geht: darum, dass wir irgendetwas erreichen müssten, was wir nicht bereits sind - denn alles existiert ja gleichzeitig. Stattdessen integrieren wir Stück für Stück die weiteren Anteile von uns, entdecken diese also wieder wie bei einer Schatzsuche - und erkennen unsere unbegrenzte Natur.

Wir erobern uns letztlich Stück für Stück die Realität zurück, von der wir eine Zeit lang nur einen kleinen Ausschnitt wahrnehmen konnten - bis wir irgendwann unser vollständiges Wesen begreifen, das das Bewusstsein aller anderen Menschen und Lebewesen miteinschließt. So ist ein Erwachen eigentlich vielmehr eine Wahrnehmungsverschiebung hinein in ein umfassenderes Bewusst-sein, als ein Weg der „Selbstverbesserung" oder „Selbstoptimierung" - ein Weg zurück zu einem Selbst, das wir in Wahrheit bereits verkörpern. Anders ausgedrückt: wir sind bereits alles, was wir suchen. Alle spirituellen Modalitäten und Praktiken, alle Heil- und Integrationstechniken sind letztlich Trittsteine auf dem Weg der Erinnerung an diese simple Erkenntnis.

Licht und Dunkel aus Sicht der Einheit - gibt es „das Böse" und wenn ja, welche Seite ist „mächtiger"? Eine Frage der Perspektive

Seit jeher sind wir fasziniert von den Geschichten, in denen das „Gute" gegen das „Böse" kämpft und sind (zumeist) erst dann zufrieden, wenn das Gute „gewonnen" hat. Doch gibt es das Böse überhaupt oder ist das eben der Stoff, aus dem wahlweise die berühmten Weltraum-, Fantasy-, oder Kindermärchen sind? Die Antwort ist, wie so oft in der Spiritualität, eine Frage der Perspektive.

Aus Sicht der Einheit, mit allem was ist, ist das Böse eine Illusion, der wir uns - teilweise höchst erfolgreich - in kreativen Lernumwelten wie der Erde - hingeben können - oder eben nicht. Das Böse ist die Entscheidung, sich sehr weit, teilweise extrem weit, von unserem göttlichen Ursprung zu entfernen. Hier kommt auch das so oft zitierte Karma ins Spiel. Karma ist letztendlich das, was entsteht, wenn wir uns - in diesem Experiment des freien Willens - von unserem göttlichen Willen entfernen.

Karma ist also praktisch die Differenz zwischen dem göttlichen Willen des großen Ganzen und dem individuellen, freien Willen. Mit dem göttlichen Willen ist im Übrigen nicht der Wille eines strengen, von uns abgetrennten und hierarchisch über uns stehenden Gottes gemeint, der uns von außen beobachtet und bewertet - da wir ja ein Teil dieses großen Ganzen sind, ist es letztendlich unser aller Wille, eben nur aus der Sicht eines etwas erweiterten oder „höheren" Bewusstseins. Der individuelle, freie Wille kann sich temporär sehr weit vom göttlichen Willen entfernen - Beispiele hierfür gibt es in der Menschheitsgeschichte zuhauf -, kehrt aber immer wieder zu diesem zurück. Auch wenn das in manchen Fällen etwas länger dauert (vgl. Kapitel *Vom Karma, dem Einssein und dem göttlichen Willen – gibt es den freien Willen?*).

Das Böse, Dunkle, kann bisweilen eine große Faszination ausüben - zahlreiche Beispiele aus Kunst und Kultur zeigen uns, dass beispielsweise ein Theaterstück oder ein Film erst dann spannend wird, wenn es irgendeinen Konflikt, einen menschlichen Abgrund zu bestaunen gibt. Woran liegt das? Negative Energie, das „Böse", dunkle Kulte, sie alle basieren auf Emotionen, die sich sehr „stark" anfühlen, und einen bisweilen gewaltigen Sog ausüben können, insbesondere wenn sie eine Entsprechung in unserem Inneren - einen unintegrierten Schattenanteil - finden, was bei fast jedem Menschen der Fall ist - denn diese Entsprechung entsteht durch Trauma, welches sowohl in diesem als auch parallelen Leben entstanden oder in der physischen Linie vererbt worden sein kann.

Auch sind wir oft fasziniert und gleichzeitig abgestoßen, wenn Grenzen überschritten, Regeln der Gesellschaft gebrochen werden. Immer führt dies zu einer Auseinandersetzung mit dem Schatten. Und das ist gut und richtig so, denn wir befinden uns in einer Lernumwelt, wir wollten explorieren, was das Gegenteil ist von dem, was wir kennen, was den Menschen in seinem Ursprung letztendlich immer ausmacht - sein göttlicher Ursprung - oder, für diejenigen die das Wort „Gott" nicht mögen, sein Ursprung in dem großen Ganzen, der Quelle oder den höheren Dimensionen des Bewusstseins, in dem „Angst" und „Hass" Fremdworte sind. Angst und Hass sind letztendlich also Schöpfungen in einer kreativen Lernumwelt. Deswegen sprechen so viele spirituelle Lehren davon, dass Angst letztendlich eine Illusion ist, und nicht wirklich existiert.

In unserer momentanen Lernumwelt fühlt sich Angst jedoch sehr real an, was beispielsweise jeder Spritzenphobiker bestätigen kann, der wegen einer chronischen Morbus-Crohn-Erkrankung eine medizinisch notwendige Cortisol-Spritze erhalten soll. Die irreale Angst davor, an der Reaktion auf die Spritze zu sterben wird sich für diesen Menschen sehr real und greifbar anfühlen.

So machtvoll fühlt sich „das Dunkle" an. Es hat einen gewaltigen Sog. Dunklere, schattenvolle Emotionen, die im Ursprung immer Angst sind, haben diese Angewohnheit. Vielleicht ist das so, damit sie uns sehr effektiv zeigen können, dass wir uns umentscheiden dürfen, dass das, was wir gerade fühlen nicht in Übereinstimmung mit dem ist, wer oder was wir sind, und was wir eigentlich gerade erreichen und erschaffen wollen. So ist Angst eigentlich unser bester Freund, denn sie ist immer ein Signal.

Manchmal warnt dieses Signal uns vor einem tatsächlich existierenden Fressfeind, dem sprichwörtlichen Säbelzahntiger etwa, vor dem wir uns tatsächlich in Acht nehmen sollten - wobei es auch hier Menschen gibt, deren Bewusstseinsstand ihnen erlaubt, in einer solchen Begegnung mit einem wilden Tier in den friedvollen Kontakt statt in die Angst zu gehen. Viel häufiger heutzutage ist Angst jedoch einfach ein Signal, dass die eigenen Gedanken sich nicht in Übereinstimmung mit dem wahren Selbst befinden, und man diese doch bitte überdenken möge. In anderen Worten: Angst ist eine Einladung, eine andere Wahl zu treffen.

Nun haben die sogenannten negativen Emotionen also eine intensive Sogkraft. Dies könnte den Schluss nahelegen, das Dunkle sei mächtiger als das Helle, quasi zu überwältigend - ein Thema, das in vielen, vielen dieser Märchen und Geschichten vom Kampf des Guten gegen das Böse aufgegriffen wird. Die negativen Emotionen fühlen sich intensiv an, und können daher fast süchtig machen - tatsächlich haben sie eine starke Angewohnheit, sich festzusetzen und zu einer schwer veränderbaren Gewohnheit zu werden - jeder Therapeut kann das bestätigen.

Vielleicht ist das auch so, weil sie immer einen Kampf gegen den Strom bedeuten, und sich dadurch irgendwie kraft- und machtvoll anfühlen müssen. Zumindest, bis wir ganz erschöpft von all der Negativität sind. Diese Emotionen haben also nicht die Angewohnheit, uns zu nähren, zu inspirieren, uns in die Kreativität oder Schöpferkraft zu bringen, oder uns eben mit nachhaltiger Energie zu versorgen.

Die durch Abtrennung von unserem wahren Selbst entstandene Negativität kann uns höchstens kurzfristig mit intensiver Energie versorgen, die sich letztlich immer erschöpfen wird. Dadurch, dass sie ja mit einer Trennung von unserem Spirit-Aspekt einhergeht, also von der Quelle unserer Lebensenergie, kann nur durch eine Rückanbindung an diese Quelle neue Energie hinzugefügt werden. Suchen wir die aktive Rückanbindung an Spirit aus uns selbst heraus nicht, müssen wir uns etwas im Außen suchen, etwas, das von außen zugeführt werden muss. Dies kann ein anderer Mensch sein, mit dem wir in einen einseitigen Energieaustausch treten können - was meist unbewusst geschieht - oder aber auch eine Substanz oder andere Dinge, Situationen oder Tätigkeiten mit Suchtpotenzial: die Intensität muss stets von außen, vom Gegenstand der Sucht, neu befeuert werden, daher ist sie im Kern nicht nachhaltig.

Das, was wir das Böse nennen, ist energetisch gesehen also eine Illusion des Machtvollen, denn die Energie wird nicht von innen heraus genährt, sondern, um sie zu erhalten, muss etwas von außen herbeigeführt werden (vgl. Kapitel *Ermächtigung oder Machtausübung*). Daher hat das Böse die Idee vom Vampirhaften erhalten, die wir aus Geschichten kennen. Da es sich nicht selbst nähren und aufrechterhalten kann, ist es sogar auf die positive Macht oder Energie angewiesen, die uns letztendlich ausmacht, aus der wir natürlicherweise alle stammen und die wir damit verkörpern, wenn wir uns nicht von ihr abtrennen.

Das Dunkle ist somit immer eine Perversion, eine Verzerrung oder Verdrehung dessen, was uns eigentlich ausmacht. Das Dunkle kann ohne das Helle auch nicht existieren, denn es verfügt ja nicht über ureigene Energie, um sich aufrechtzuerhalten. Es muss diese vampirhaft dem Hellen wegnehmen, durch Dominanz, Unterdrückung oder Kontrolle.

Negative Emotionen sind in ihrem Kern auch nicht konstruktiv, sondern destruktiv. Das ist an sich zunächst nichts Negatives (was ihre Bedeutung angeht). In manchen Fällen ist Destruktivität absolut notwendig, wenn wir uns beispielsweise in einem Streit unserem Ärger „Luft machen" müssen, wenn eine lange unterdrückte Wahrheit ans Licht kommen und ausgesprochen werden muss, oder eine Idee, die nicht funktioniert, durch eine neue ersetzt werden muss. Destruktivität ist an sich also erst einmal wertneutral.

Eine Idee, eine Situation, ein System, die oder das sich nicht bewährt, muss manchmal einer besseren Idee oder Situation, einem besseren System weichen. Das ist Lernen nach dem Prinzip „Versuch und Irrtum" oder ganz einfach Weiterentwicklung. Lernen funktioniert nur, wenn Fehler gemacht werden, und wir uns diese so zu eigen machen können, dass daraus die folgerichtigen Schlüsse gezogen und Veränderungen angestoßen werden können. Ein wichtiges spirituelles Prinzip ist so auch das zyklische Prinzip vom Werden und Vergehen - es findet sich zum Beispiel in der indischen Kultur wieder mit Brahma, dem Schöpfergott, und seinem Gegenspieler Shiva, dem Vernichter, während Vishnu das, was sinnvoll und hilfreich ist, bewahrt.

Letztlich ist auch das Böse lediglich ein Gegenspieler des Guten, der automatisch aus der Erschaffung einer dualistischen Lernumwelt aus der Einheit hervorgeht. Ohne die Erfahrung des Bösen wüssten wir nicht, was das Gute ist, wir hätten keinen Bezugspunkt zu diesem Konzept. Aus diesem Grund ist die Erfahrung von Dualität, von Gut und Böse aus Sicht der Spiritualität ein machtvoller und notwendiger Lehrmeister, den es nicht zu „bekämpfen" oder zu „vernichten" gilt – dies entspräche wieder einer Mentalität der Machtausübung oder der Machthierarchie von „Macht über etwas haben" oder „unterlegen und machtlos" sein. In diesem Sinne ist die Frage danach, welche Seite die Machtvollere sei, also eigentlich gar nicht relevant. Vielmehr geht es um die Erkenntnis, dass wir kraft unserer erlernten Urteilsfähigkeit die Wahl haben und sie treffen sollten (vgl. Kapitel *Verurteilung oder Beurteilung*).

Nun fühlt sich also die positive, liebevolle Energie im Vergleich mit der dunklen manchmal eher subtil an. Die positive Energie ist kein Kampf - da sie unseren natürlichen Ursprung ausmacht, können wir uns mit ihr eigentlich nur durch das Loslassen von all jenem, was ihren Fluss behindert, verbinden. Das bedeutet auch hier wieder, dass es um eine einfache Wahl geht, eine Ausrichtung des Fokus, nicht um Kampf oder ein aktives Erreichen eines Zustandes, den wir nicht bereits verkörpern würden - die positive, nährende Energie muss nicht mühselig erkämpft werden - sie ist immer da, verfügbar, nährt uns in jedem Moment - wenn wir das zulassen.

Dieses Konzept des Zulassens - das, was gerade in buddhistischen Schulen häufig mit „loslassen" bezeichnet und doch so oft missverstanden wird - ist etwas, was wir in einer Gesellschaft, in der es stets darum geht, irgendetwas zu erreichen, verlernt haben. Und doch ist diese innere Kraft jederzeit verfügbar, sie flüstert mit leiser Stimme der Erinnerung in unser Ohr, solange, bis wir erschöpft sind von dem langen Kampf mit der Dunkelheit, und begreifen, dass wir uns dieser positiven Kraft, die uns ausmacht, jederzeit wieder hingeben und einfach überlassen können.

Diese Energie ist nachhaltig, konstruktiv, lebensspendend, sie ist das, was Leben letztendlich ausmacht. Es ist eine Energie, die mehr über das *Sein* zu erspüren ist als über das *Tun*. Auch dies ist wieder ein Aspekt, der in vielen spirituellen Lehren zwar wieder und wieder betont, und doch erfahren werden muss, um verstanden zu werden.

Licht und Dunkel aus Sicht der Einheit - gibt es „das Böse" und wenn ja, welche Seite ist „mächtiger"? Eine Frage der Perspektive

Das Gesetz der Anziehung, die positive Psychologie und was das in einer Welt der Dualität praktisch bedeutet

Die Art und Weise, wie das durch das Buch „The secret"[1] bekannt gewordene Gesetz der Anziehung oft gelehrt wird, und die Forderungen einer Forschungsbewegung der Psychologie, die „positive Psychologie" genannt wird, haben eines gemeinsam: die Sichtweise, dass wir uns auf das Positive fokussieren sollten, und damit auf die Gegebenheiten, die ein optimales Funktionieren und Wohlergehen, wenn nicht gar Glück und Zufriedenheit in uns Menschen hervorbringen können. Ein solcher Fokus bestimmt unsere Bewusstseinsinhalte, unser Denken, Fühlen, und Verhalten und so letztlich alle Erfahrungen, die wir in unser Leben „ziehen" - und ist damit eine Ausrichtung auf unser Potenzial, nicht auf unsere Defizite.

In der Psychologie entstand die Bewegung vornehmlich, um die besonders im Therapiebereich oftmals vorherrschende Orientierung am Leid, Schmerz und Dysfunktionalen des Menschen auszugleichen und hatte damit eine wichtige Funktion. Vertreter wehrten sich zudem vehement gegen die Kritik, die Bewegung wolle alles durch die rosarote Brille sehen oder das Negative, Schmerzliche ausblenden[2]. Die Wellen, die diese Bewegung geschlagen hat mit ihren Kritikern und ihre Auseinandersetzung mit den Kritikern spiegelt einen wichtigen Punkt wider, der in oberflächlicheren spirituellen Lehren zum Gesetz der Anziehung leider oft übersehen wird: die Wichtigkeit, dass wir auf unserem Weg keinen der beiden Pole, weder das Positive noch das Negative ausblenden dürfen, und es vornehmlich um eine Integration beider Seiten geht.

Laut dem Gesetz der Anziehung ziehen wir aufgrund der Ausrichtung unseres Bewusstseins die Dinge, Erlebnisse und Situationen in unser Leben, die dieser Ausrichtung entsprechen - im Positiven wie im Negativen. Das ist also eine Spezifizierung der Idee, dass sich unser Bewusstsein in ständiger Interaktion mit unserer physischen Realität befindet und nicht unabhängig von dieser existiert. Laut diesem Gesetz sind wir kraft unseres Bewusstseins also verantwortlich für alles, was wir im Außen, in unserer Umwelt, erleben, ob uns das bewusst ist oder nicht.

Eines der Probleme einer einseitigen Betrachtungsweise dieses Gesetzes ist, dass viele unserer Bewusstseinsinhalte „unbewusst" wirken, gerade weil wir sie verdrängen und nicht sehen wollen, und so all unsere Anstrengungen, uns positiv auszurichten, zunichtemachen können. Eine reine Fokussierung auf das Positive ohne einen entsprechenden Grad an Bewusstheit über die andere Polarität in uns selbst hat also seine Tücken und wird nicht zum oftmals gewünschten Ziel führen – der Befreiung von Leiden (vgl. Kapitel *Ist Spiritualität naiv?*). So sind einseitige Lehren zum Gesetz der Anziehung auch - zu Recht - kritisiert worden.

Eine reine Fokussierung auf das Positive ist - wie oft fälschlich angenommen - gar nicht unbedingt der Lernsinn des Gesetzes. Der Lernsinn in einer von Dualität geprägten Umwelt wie der unseren ist die Erkenntnis des Selbst innerhalb der Natur der Dualität mit all ihren Implikationen. Das beinhaltet natürlich nicht nur die Hälfte der Dualität, die uns gefällt, also das, was wir als gut, schön oder positiv bezeichnen. Gleichzeitig befinden wir uns gerade an einem Punkt, an dem wir in einem noch nie dagewesenen kollektiven Ausmaß die Möglichkeit haben, Dualität zu transzendieren. Doch wie kann das gelingen?

Polarität kann niemals in das Einheitsbewusstsein überführt werden, indem beispielsweise eine Seite der Polarität einfach ignoriert, abgelehnt oder eliminiert wird. Das kann deshalb nicht funktionieren, da keine Seite einfach aufhören kann, zu existieren. Wenn beispielsweise aufgrund negativer Erfahrungen in der persönlichen Vergangenheit Gefühle der Ablehnung dem anderen Geschlecht gegenüber existieren, diese Ablehnung jedoch Leid verursacht, da sie vielleicht die Partnersuche erschwert oder existierende Beziehungen zum anderen Geschlecht belastet und damit als negativ empfunden wird, könnte man dazu neigen, diese dadurch (scheinbar) zu eliminieren, dass man sie einfach ignoriert.

Diese Strategie wird höchstens für eine gewisse Zeit funktionieren, denn die aus negativer Erfahrung resultierte Abneigung, die negative Polarität, ist ja nicht verschwunden, der Fokus liegt nur vorübergehend nicht auf ihr. Im Gegenteil, nach dem Gesetz der Anziehung wird es nun eher noch wahrscheinlicher werden, dass die betreffende Person Situationen erlebt, die die Gefühle der Ablehnung zum Vorschein bringen. Das ergibt Sinn in einer Lernumwelt, denn es geht ja darum, dass wir uns unserer Selbst bewusstwerden, einschließlich aller Anteile.

Wenn wir langsam damit beginnen, der Natur unserer Existenz bewusst zu werden, beginnen wir in der Regel auch zu erkennen, dass wir uns so lange die eigenen Lern- und Triggerpunkte in die eigene Realität holen, bis die Lektion gelernt ist - die physische Umwelt ist also keine feindlich gesinnte Welt, die wir kontrollieren müssten, sondern sie wirkt in unserem Sinne, sie arbeitet „für" uns (vgl. Kapitel *Warum Spiritualität sehr viel mit Wissenschaft zu tun hat, und uns die Logik hier trotzdem nicht weiterhilft)*. Man könnte auch sagen, unser Bewusstsein projiziert diese Lernpunkte in die Umwelt als eine Art Spiegel, damit wir uns dieser Triggerpunkte bewusstwerden können.

Damit geht das Gesetz der Anziehung etwas weiter als die wissenschaftlich verwendeten Begriffe der selbsterfüllenden und selbstzerstörenden Prophezeiung, zu denen heute beispielsweise die Placebo- und Nocebo-Effekte gezählt werden. Der amerikanische Soziologe Robert Merton prägte dieses Konzept und bezeichnete damit das Phänomen, das Ereignisse dadurch, dass sie vorhergesagt oder als wahrscheinlich empfunden werden, auch mit höherer Wahrscheinlichkeit eintreten, einfach weil sich durch die Vorhersage unser Verhalten verändert[3].

Das Gesetz der Anziehung geht nicht davon aus, dass diese Erhöhung der Wahrscheinlichkeit allein durch unser Verhalten erfolgt, auch nicht allein durch unsere Emotionen oder Gedanken, sondern durch unseren dominanten Bewusstseinsstand, unseren Spirit-Aspekt, der jenseits von unseren Gedanken und Gefühlen liegt. Dieser dominante Bewusstseinsstand wird uns jedoch durch unsere Gedanken und Gefühle angezeigt. Zum Beispiel ist ein wichtiger Gradmesser, wie wir uns die meiste Zeit über fühlen - empfinden wir in der Regel ein Gefühl von Frieden und Zufriedenheit, haben wir einen „höheren" Bewusstseinsstand und werden entsprechend positivere Erfahrungen einschließlich vermehrter Synchronizitäten, Flow-Erlebnisse und positiver Fügungen und „Zufälle" in unser Leben ziehen können, als wenn wir uns die meiste Zeit über niedergeschlagen und ausgelaugt fühlen.

Eine Beschäftigung mit dem Gesetz der Anziehung kann sich auf der einen Seite ermächtigend anfühlen - denn wenn wir selbst verantwortlich für unsere Erlebnisse sind, halten wir auch selbst den Schlüssel zur Veränderung in der Hand. Bekannterweise ist es ja eine Form von Wahnsinn, immer dieselben Strategien anzuwenden, jedoch unterschiedliche Ergebnisse im Außen zu erwarten. Das trifft den Kern des Gesetzes der Anziehung.

Trotzdem vergessen selbst die geübtesten Anwender gern die Kernbedeutung dieses Gesetzes, wenn sich im Eifer des Gefechts alles vorübergehend wieder vernebelt. So beginnen wir wieder damit, gegen das, was wir wahrnehmen und erleben mit immer denselben Mitteln anzukämpfen. Außerdem kann diese Erkenntnis auch für Unmut sorgen, denn wir können niemandem im Außen mehr die alleinige Schuld in die Schuhe schieben - denn tatsächlich ist alles Ko-Kreation, und wir haben stets einen bedeutenden Anteil an ihr. Ermächtigung geht also immer auch mit Verantwortung einher, und diese übernehmen wir manchmal nicht gern (vgl. Kapitel *Verantwortung oder Schuld*).

So ist laut dem Gesetz der Anziehung die Strategie eigentlich wahnwitzig, so lange unsere Umwelt zu kontrollieren, bis wir uns in ihr wohlfühlen können. Und doch zäumen wir häufig genau in dieser Weise das Pferd von hinten auf, denn so haben wir es gelernt: wir versuchen beispielsweise unsere Mitmenschen dazu zu bringen, sich so zu verhalten, dass wir uns in ihrer Gegenwart wohlfühlen können und nicht getriggert werden, anstatt uns den Trigger bei uns selbst anzuschauen.

Wie eben hergeleitet, ist das Gegenüber, die Situation, eigentlich nie das (alleinige) Problem - wenn wir hier überhaupt von einem Problem reden wollen -, sondern unsere Reaktion darauf. Die eigene Selbsterkenntnis steht also im Mittelpunkt - das beinhaltet meist lediglich eine Veränderung der Perspektive und kann dann erstaunliche Auswirkungen haben. So kann eine in uns selbst vorgenommene Veränderung beispielsweise unserer Perspektive dazu führen, dass wir die zunächst als Triggerpunkte empfundenen Verhaltensweisen gelassen nehmen können oder gar nicht mehr wahrnehmen, oder diese vom Gegenüber sogar nicht mehr gezeigt werden. Das Schöne ist, dass es ohnehin keine Rolle mehr spielt, denn wir haben unseren Trigger ja angeschaut und er macht uns im Idealfall dann keine Angst mehr. Das ist also die Freiheit, die in einem ermächtigten Bewusstsein liegt.

Ein wichtiger Hinweis hierzu: die Tatsache, dass das Gegenüber eigentlich nicht das „Problem" ist, an dem wir uns „abkämpfen" müssen, bedeutet nicht, dass wir uns beispielsweise toxischen Verhaltensweisen anderer aussetzten und diese einfach akzeptieren müssten, bis wir unsere Trigger integriert haben. In manchen Fällen ist es essenziell, sich diesen Verhaltensweisen - wie beispielsweise manipulativem oder gar gewalttätigem Verhalten - zu entziehen und Grenzen zu setzen - auch dies kann ein Schritt in die eigene Ermächtigung sein (vgl. Kap. *Abschottung oder Grenzziehung*). Die eigene Heilung steht in diesem Fall im Vordergrund.

In solchen Situationen ist das Setzen von Grenzen selbst die Lektion. Jedoch steht auch hier wieder das Selbst in Interaktion mit Dualität, in diesem Fall einer wirklich negativen, polarisierten Form davon. Im Vordergrund steht also nicht das Gegenüber, das verändert werden müsste. In diesem Sinne arbeiten wir mit dem Gesetz der Anziehung nicht mittels Kontrolle der Umwelt, sondern mittels der eigenen Bewusstwerdung darüber, wer wir in jedem einzelnen Fall sind und was wir im Einklang mit unserem Spirit-Aspekt wirklich möchten - und handeln danach. Hier wird deutlich, dass der Nutzen des Gesetzes der Anziehung für uns nicht in der Kontrolle und Perfektionierung unserer Umwelt besteht - wie es oft missverstanden wird -, sondern vielmehr in der ehrlichen Auseinandersetzung mit dem Selbst.

Eine weitere in diesem Zusammenhang wichtige Erkenntnis besteht darin, dass die eigenen Emotionen eine Art Wegweiser zur Selbsterkenntnis sind. Die eigene Gefühlswelt ist nicht - wie oft fälschlicherweise angenommen - eine direkte Folge oder natürliche Reaktion auf die Umstände, auf die wir in unserer Umwelt treffen - beispielsweise auf die Beleidigung des Kollegen oder die freundlichen Worte der Nachbarin. Sie sind die Folge unserer Interpretation des Erlebten durch den Filter unseres individuellen Ego Mind, und damit unserer Gedanken, die uns oft nicht bewusst genug sind, als dass wir gelernt hätten, sie bewusst zu steuern. So erlauben wir ihnen oft, wild durcheinanderzugehen und ganze Gefühlsmixturen hervorzubringen (vgl. Kapitel *Vom Umgang mit Emotionen*).

Dies verdeutlicht, dass eine starke emotionale Reaktion für uns immer ein Zeichen ist, unsere Aufmerksamkeit auf den Auslöser zu legen - nicht unbedingt auf die Situation, der wir sie zuschreiben, sondern unserer gedanklichen Bewertung dieser Situation. Das bedeutet auch, dass ein emotionaler Trigger immer etwas mit uns persönlich zu tun hat, und so eine Feedback-Funktion für uns erfüllt oder der Selbsterkenntnis dient - letztlich also nur eine Information ist, die wir nutzen können.

Daraus folgen zwei Dinge: Erstens, ein Trigger ist keine Strafe, sondern Weg zur Selbsterkenntnis. Zweitens, wir sind diesem Trigger niemals hilflos ausgeliefert, denn durch Bewusstheit und ermächtigte Wahl können - und sollen - wir ihn verändern, bevor er sich verfestigt. Dass sich emotionale Trigger für uns oft verfestigen, liegt daran, dass wir sie eben nicht als Aufforderung zum Hinsehen und Bewusstwerden verstehen, sondern sie lieber verdrängen, unterdrücken und vergessen wollen.

Kurz, wir bauen Widerstand gegen sie auf, was der sicherste Weg ist, ähnliche Situationen mit denselben Triggern wieder zu erleben und die emotionale Reaktion, die wir nicht mehr fühlen wollten, in uns zu verfestigen. Hier wird deutlich, warum Akzeptanz ein so wichtiger erster Schritt im Umgang mit solchen Triggern ist (vgl. Kapitel *Akzeptanz und Verzeihen als konkrete Schritte auf dem Weg des Mitgefühls*) - nicht, weil wir unsere Reaktion beibehalten wollen, sondern weil die Akzeptanz ein wichtiger erster Schritt zur Veränderung ist, der unseren automatischen Widerstand gegen einen emotionalen Trigger umgeht.

Wenn wir also das Polarisierende eines für uns negativen Triggers transzendieren und uns damit der Erfahrung der Einheit und der Unendlichkeit unserer Natur näherbringen wollen, dies aber nicht dadurch erreichen, dass wir die ungewollten Aspekte einfach ignorieren, wie können wir dann damit arbeiten? Wenn nicht nur das Gesetz der Anziehung in dieser Lernumwelt wirksam ist, sondern auch das Gesetz der Einheit, dann folgt daraus, dass im Einheitsbewusstsein immer beide Polaritäten vereint sein müssen, denn keine der beiden Polaritäten kann in der Einheit einfach aufhören zu existieren. So kann es in einem unendlichen Universum nur *Einheit* geben, denn *Vielheit* ist etwas Endliches[4].

Der einzige Weg, um also mit negativer Polarität umzugehen, und diese zu transzendieren, besteht darin, sie mit der gegensätzlichen Polarität in ein Gleichgewicht zu bringen. Das erfordert in einem ersten Schritt von uns oft, dass wir akzeptieren können, was bereits da ist - oftmals eine negative Polarität, die wir ablehnen. Deswegen wird Akzeptanz in vielen therapeutischen Ansätzen auch zunehmend als wichtige Voraussetzung für Veränderung gesehen[5].

Eine wichtige Voraussetzung für die Rückkehr ins Einheitsbewusstsein ist also die Integration und Balance eines jeden polarisierten Aspekts in uns selbst, sei er positiv oder negativ, mit dem exakt gegensätzlichen Aspekt. Dies erfordert zum einen einen hohen Grad an ehrlicher Selbsterkenntnis, zum anderen - oft der schwierigere Aspekt - Akzeptanz und Mitgefühl aller polarisierten Anteile gegenüber. Doch nicht nur die eigenen polarisierten Anteile können wir auf diese Weise integrieren, auch die polarisierten Anteile in anderen Menschen, und in den von uns geschaffenen Systemen und Situationen dieser Welt (vgl. Kapitel *Vom Unterschied zwischen Mitgefühl, Mitleid und Empathie und warum das wichtig ist*).

Wer hat denn nun Recht? Die „Wahrheit" aus spiritueller Sicht

Gibt es die eine Wahrheit? In Zeiten der „fake news", der Medienkriege um die Deutungshoheit, in denen Verschwörungstheorien Hochkonjunktur haben, sehnen sich viele mehr denn je nach einer letztgültigen Wahrheit, die das Wirrwarr doch endlich auflösen möge. Viele hoffen, diese in der Spiritualität zu finden, und werden hier doch wieder enttäuscht - die spirituellen Richtungen und Sichtweisen sind hier ebenso vielfältig wie in jedem anderen Lebensbereich auch.

Insbesondere in der Lehre von der Einheit, die in vielen mystischen Schulen vertreten wird, ruht doch Hoffnung - bedeutet nicht, wenn alles eins ist mit allem was ist, und wir uns auf dieses Einheitsprinzip zu-, oder in ein Einheitsbewusstsein zurückbewegen, dass wir uns doch auf eine Perspektive einigen könnten, ja sogar müssten?

Es ist ein häufiges Missverständnis, dass Einheit Gleichförmigkeit bedeutet. Einheit ist eher der Ausgangspunkt und die Wiederzusammenkunft aller Perspektiven, sie umfasst diese also vollständig - und gibt damit allen Perspektiven einen Raum. Die kreativen Unterschiede werden im Einheitsbewusstsein also nicht gleichgeschaltet, wenn sie hier lediglich wieder zu einem Ganzen, Vollständigen zusammengeführt werden - und in der Gesamtschau dann mehr bilden können als die Summe ihrer Teile.

In einem Universum, in dem das Bewusstsein einschließlich all unserer Ideen und Denkinhalte, Überzeugungen und Philosophien die Realität formt, kann es zudem nicht die eine Wahrheit geben, denn alles, was erdacht werden kann, existiert - in der ein oder anderen Dimension oder Realitätsebene. Kurz gesagt, Wahrheit in einem kreativen Universum ist die Summe aller Perspektiven. Einheit bedeutet ganz einfach, dass im großen Ganzen alle Perspektiven ihren Platz haben, und auf einer übergeordneten Ebene oder Dimension diese Perspektiven alle wieder zusammenfließen. Doch sie fließen nicht in die Gleichförmigkeit - sondern in ein Kaleidoskop von Erfahrung, reicher denn je zuvor.

Mit einer übergeordneten Ebene oder Perspektive ist aus Sicht der Ganzheit grundsätzlich auch nie eine Hierarchie im Sinne von „besser" oder „schlechter" gemeint. Keine Perspektive ist an sich „besser" oder „schlechter", denn sie alle sind das Ergebnis bestimmter Erfahrungen. Wenn in der Spiritualität also von einer höheren Perspektive die Rede ist, dann sollte damit nicht „besser" im Sinne einer Bewertung, sondern eher „breiter" oder „umfassender" gemeint sein.

Was bedeutet also eine Rückkehr ins Einheitsbewusstsein? Es bedeutet nicht, eine „höhere" im Sinne von „bessere" Perspektive einzunehmen oder Wissen anzuhäufen, das in irgendeiner Weise „eingeweihter" oder geheimnisvoller ist als das, was wir bereits zu wissen glauben. Es bedeutet nicht einmal, dass wir dauerhaft eine umfassendere Perspektive einnehmen müssten.

Solange wir in einem physischen Körper inkarniert sind, bedeutet eine Rückkehr ins Einheitsbewusstsein eher, die Flexibilität und Bandbreite zu besitzen, in jedem Moment die Ebene des Bewusstseins frei wählen zu können, die für die Situation die passende ist. Es bedeutet also, dass wir uns die Freiheit der Wahl zurücknehmen, und so lediglich die Bandbreite an Ebenen und Perspektiven erhöhen, aus der wir auswählen können - einfach durch die Erkenntnis, dass diese Bandbreite schon immer existiert hat und in uns angelegt ist.

Es bedeutet also, dass sich die Bandbreite an Perspektiven, die wir zulassen können, da wir sie bereits integriert haben, erhöht. Das Einheitsbewusstsein bezeichnet also nicht die eine „richtige" und „wahre" Perspektive. Aus der Perspektive eines unendlichen Bewusstseins, das keine Begrenzungen kennt, macht das Konzept einer einzig wahren Perspektive wenig Sinn.

Eine Rückkehr in dieses unbegrenzte, freie Einheitsbewusstsein bedeutet also nicht nur die Freiheit der Wahl der Perspektive, sondern auch auf einer ganz praktischen Ebene in unserer Realität zunehmend die Fähigkeit, viele Perspektiven gleichzeitig als individuelle Wahrheiten zulassen und akzeptieren zu können, ohne sich in jedem Fall auf eine dieser Wahrheiten ausschließlich festlegen zu müssen.

Die viel sinnvollere Frage gegenüber der Frage, ob jemand mit einer bestimmten Sichtweise „Recht hat" ist also eher „Nützt sie mir persönlich?" Eine solche Perspektive erübrigt im Grunde jeden Streit. In der Praxis wird es natürlich immer dann trotzdem schwierig, wenn sich zwei Menschen einig werden müssen - hier ist dann oft Kreativität und Kompromissbereitschaft gefragt.

Problematisch wird es dann, wenn wir glauben, andere um jeden Preis von unserer Wahrheit - die letztlich nur ein Ausschnitt aus der Realität sein kann - überzeugen oder ihnen diese sogar mit Gewalt aufzwingen zu müssen. Damit untergraben wir den freien Willen des anderen, die eigene Realität kreativ zu erschaffen. Ob eine Perspektive dabei „nützlich", „moralisch", „liebevoll", „friedvoll" oder „destruktiv", „feindselig" und „egoistisch" ist, spielt dabei zunächst einmal keine Rolle.

Diese Adjektive nutzen wir, um Perspektiven als für uns persönlich sinnvoll einzuschätzen oder nicht. Sie dienen der Selbsterkenntnis und damit der eigenen kreativen Wahl, nicht dazu, andere einzuschränken, zu gängeln, zu verurteilen oder zu überbieten. Sie helfen uns, in dieser kreativen Umwelt eine Wahl zu treffen, wie wir leben möchten, was wir persönlich für wichtig erachten. Mehr aber auch nicht.

Grundsätzlich setzt der Umgang mit den vielen verschiedenen Perspektiven im eigenen Umfeld eine gewisse Flexibilität voraus und die Erkenntnis, dass alle Perspektiven ihre Relevanz und ihren Platz im großen Ganzen haben - und dass eben auch andere Menschen mit ihrem Teilbewusstsein hier die Freiheit der Wahl haben wollten, um daraus zu lernen und sich selbst zu erkennen.

Andere Perspektiven zu akzeptieren bedeutet also weder, die eigenen Präferenzen zu ignorieren, noch sich auf eine Perspektive festzulegen, weil wir endlich die Wahrheit für uns gefunden zu haben glauben. Es geht um die Freiheit der *dynamischen* Wahl, also einer Wahl, die sich mit dem neu Dazugelernten auch wieder ändern kann - nur eben gilt diese Freiheit nicht nur für Einzelne, sondern für jedes Teilbewusstsein, jeden Menschen auf diesem Planeten. Diese Freiheit auch anderen zugestehen zu können, ohne sich selbst bedroht zu fühlen, ist ein Zeichen spiritueller Reife (vgl. auch Kapitel *Akzeptanz und Verzeihen als konkrete Schritte auf dem Weg des Mitgefühls*).

Die Freiheit der dynamischen Wahl einer Meinung oder Perspektive bedeutet also notwendigerweise auch die Flexibilität, aufgrund neuer Erfahrungen oder Erkenntnisse die eigene Perspektive ändern zu können. Zentral ist also, dass wir diese Wahl in jedem Moment neu treffen können und nicht auf eine festgelegt sein müssen. Diese Flexibilität ist Voraussetzung für Lernen, und jede Form von Weiterentwicklung oder Kreativität in unserer physischen Realität.

An diese Wahlmöglichkeit und Freiheit müssen wir uns lediglich erinnern - erst dann sind wir wirklich frei von den kulturellen Konditionierungen der Gesellschaft, die uns teilweise stark einschränken können bei dem Versuch, die Perspektive zu finden, die uns in jedem Moment wirklich entspricht und die wir in jedem Moment frei ausdrücken wollen - nicht, weil wir einer von außen uns zugewiesenen Rolle zu entsprechen versuchen.

Was an der Erkenntnis, dass die freie dynamische Wahl nicht nur für uns selbst, sondern auch ausnahmslos jeden anderen Menschen gilt, zudem so befreiend ist, ist die Tatsache, dass jegliche Anhaftung an bestimmte Perspektiven nicht notwendig ist und wir das Bedürfnis verlieren dürfen, unsere Perspektiven vor anderen rechtfertigen oder verteidigen, oder andere von der eigenen „Wahrheit" überzeugen zu müssen. Das ist wirkliche Freiheit.

Das Problem entsteht also nicht, wenn wir eine klare Position beziehen - das ist natürlich nicht verboten. Das Problem entsteht erst, wenn wir uns mit dieser Position zu identifizieren beginnen, so dass wir eine Anhaftung an diese Position oder Perspektive entwickeln. Nicht nur, dass erst diese Anhaftung unseres Ego Mind an eine bestimmte Meinung dazu führt, dass wir das Gefühl haben, sie verteidigen oder durchsetzen zu müssen - sie verhindert auch die kognitive und emotionale Flexibilität, die wir dazu benötigen, unsere Position an neu dazugewonnene Erkenntnisse und Erfahrungen anzupassen.

Diese Flexibilität ist es, die verhindern kann, dass wir uns systematisch nur noch die Informationen herausfiltern, die in Übereinstimmung mit unserem Weltbild stehen oder die uns gefallen. Dabei handelt es sich um eine sehr weit verbreitete Verzerrung unseres Denkens - den sogenannten Bestätigungsfehler („confirmation bias")[1]. Nun könnte man einwenden, dass dies in einem Universum, in dem wir unsere Realität kraft unseres Bewusstseins und unserer mehr oder minder bewussten Präferenzen selbst erschaffen, ja durchaus keine schädliche Eigenschaft sein muss - denn so bekräftigen wir ja einfach nur „unsere" Realität. Jedoch bezeichnet der Bestätigungsfehler eine unbewusste Verzerrung unseres Denkens, so dass die meisten Menschen eher Opfer eines Mechanismus werden, der sie blind macht für die Realitäten und Perspektiven anderer oder für die Notwendigkeit, die eigene Perspektive neuen Erkenntnissen anzupassen, anstatt als bewusst gewähltes Werkzeug der ermächtigten Wahl zu dienen.

Die Folge kann so rigides, unflexibles Denken bis hin zu Dogma und verhärteten Fronten zwischen den Menschen sowie Neigungen zum Extremismus in all seinen Formen sein. Aber auch in weniger extremen Formen ist das Bedürfnis, die eigene Meinung bestätigen, verteidigen oder durchsetzen zu müssen, oft nur ein Indiz dafür, dass wir uns von unserem Ego Mind kontrollieren lassen - nicht andersherum. Dafür hat unser Ego Mind oft gute Gründe, von denen die, die uns bewusst sind, oft nur die vordergründigen sind. Hinter den Defensivstrategien des Ego Mind liegen meist ungesehene Bedürfnisse, beispielsweise nach Sicherheit, Zugehörigkeit oder Anerkennung.

Praktisch setzt die Freiheit der Wahl - nicht die reaktionäre Kontrolle durch das Ego Mind - also nicht nur voraus, dass wir unser Bedürfnis nach Anerkennung oder Zugehörigkeit aufgrund einer bestimmten Perspektive aufgeben - oder dieses auf andere Weise befriedigen -, sondern ebenso unser Bedürfnis, Dinge dauerhaft festlegen zu müssen. Beide Bedürfnisse verfolgen wir meist aus dem Wunsch nach Sicherheit heraus. So bauen wir uns scheinbare Sicherheiten um uns herum auf, an denen wir uns festhalten können. Solch äußere Sicherheit beginnen wir auf dem spirituellen Weg allmählich mit einer Art inneren Sicherheit zu ersetzen, die aus der Verbindung mit unserem Spirit-Aspekt entspringt.

Die Bescheidenheit eines spirituellen Meisters speist sich so aus der Erkenntnis, dass Wissen immer begrenzt ist, und dass alle Perspektiven perfekt im großen Ganzen zusammenwirken, und damit weder besser noch schlechter sind. Mit diesem Wissen nimmt unsere Bescheidenheit eher zu als ab, da wir ohne viel Wissen und mit eher eingeschränkten Sichtweisen leicht unterschätzen, wie viel wir nicht wissen, wie weit der uns zugängliche Ausschnitt der Realität tatsächlich werden kann, wenn wir die Erweiterung unseres Bewusstseins zulassen.

Diese Art von Bescheidenheit ist nicht gleichzusetzen mit der Idee, wir hätten keine Bedeutung in diesem Universum, oder seien nutzlos und klein. Im Gegenteil, sie erkennt ja gerade das perfekte Zusammenwirken jedes einzelnen Teilbewusstseins, jeder Stellschraube im Getriebe des großen Ganzen an - fehlt nur eines dieser Teile, wird das Ganze ärmer oder kommt ganz zum Erliegen. Nur unser Ego Mind kann schwanken zwischen den Perspektiven der völligen Selbst*über*- und derjenigen der Selbst*unter*schätzung, die wiederum nur zwei Seiten ein und derselben Medaille sind, zwei Polaritäten, die ihre Mitte in der gesunden Bescheidenheit eines spirituellen Weisen finden.

Die Verbindung mit unserem Spirit-Aspekt, aus der eine solche gesunde Bescheidenheit entspringt, geht mit einem zunehmenden Gefühl des Urvertrauens einher, ein Vertrauen, das viele von uns auf unserem Lebensweg irgendwo verloren haben, und das über die Verbindung zum eigenen Herzen wieder kultiviert werden kann. Wir können uns dieses Urvertrauen also wieder antrainieren, so wie wir einen Muskel trainieren würden. Gelingt uns das, können wir äußere Sicherheiten, die zudem nur ein Trugbild sind, Stück für Stück gehen lassen. Dieses Vertrauen lässt dann auch die notwendige Toleranz für Ambiguität entstehen, die wir benötigen, um die verschiedensten Perspektiven nebeneinander stehen lassen zu können.

Toleranz für Ambiguität beschreibt dabei die Fähigkeit, mit uneindeutigen und unsicheren Situationen umgehen zu können und wird in der psychologischen Forschung seit einigen Jahren erforscht. Studien zeigen dabei, dass es sich positiv auswirkt, über diese Fähigkeit zu verfügen: nicht nur geht sie mit einer erhöhten Lebenszufriedenheit, Kreativität und positiven allgemeinen Gefühlswelt selbst bei Herausforderungen, ebenso wie mit besseren Leistungen bei Führungskräften einher, sondern auch mit weniger Ängstlichkeit und weniger sorgenvollen Gefühlen[2, 3].

Vertrauen und Toleranz für Ambiguität sind dabei nur Ausdrucksformen des Herzens, dieses gemeinsamen Nenners, der uns alle trotz unterschiedlicher Sichtweisen miteinander verbindet, und dessen Erinnerung uns dabei helfen kann, mit der Unterschiedlichkeit unserer Perspektiven umzugehen. Dieser gemeinsame Nenner ist gemeinhin die Liebe.

Warum Liebe eben nicht nur eine schöne Nebensache ist

Liebe ist nur an der Oberfläche das Kaleidoskop von Vorstellungen, die wir uns mit unserem begrenzten Alltagsbewusstsein in dieser physischen Realität von ihr gemacht haben, Vorstellungen, die so zahlreich sind wie es Seelen auf diesem Planeten gibt. Das, was wir als so wenig beherrschbare, definierbare, und noch weniger versteh- oder berechenbare Emotion ansehen, ist die alles verbindende Essenz, die uns ausmacht.

Der Schwerpunkt liegt auf dem Wort „verbindend", denn das beschreibt exakt die Qualität, die uns in jedem Moment anzeigen kann, ob wir es gerade mit Liebe zu tun haben oder nicht. Ist etwas nicht „verbindend", dann handelt es sich nicht um Liebe, sondern um etwas anderes - was uns letztendlich nur ein Signal geben sollte, unsere Ausrichtung zu ändern und wieder auf Liebe auszurichten, nicht mehr und nicht weniger.

Den Unterschied erspüren und danach handeln zu können, ist jedoch auch die schwierigste unserer Lernaufgaben und der Stoff zahlreicher Geschichten, der sich aus den chaotischen Gefühlswelten der komplexen Situationen unseres (Beziehungs-)Lebens speist - und uns oft alles andere als eindeutig vorkommt. Doch gerade unsere Fähigkeit, Liebevolles von Nicht-Liebevollem zu unterscheiden, ist es, die wir in einer von Dualismus geprägten Umwelt wirklich ausbilden können und müssen. Und trotz all diesen Trainings bleibt das allumfängliche Wesen der Liebe für uns so schwer beschreib- und definierbar - oder gerade deshalb, denn es ist die Essenz unseres Seins. Und diese kann letztlich nur erlebt, nicht analysiert werden.

So ist die Liebe das am meisten missverstandene „Gefühl" dieses Planeten. Manche spirituelle Lehrer sagen, dass Liebe tatsächlich der Grund und Sinn unserer Existenz in dieser Dimension ist. Ganz einfach, weil es weniger ein Gefühl ist, das uns in Bezug auf bestimmte Menschen, andere Lebewesen oder zuweilen auch Gegenstände einfach überkommt - sondern vielmehr die verbindende Essenz, die uns alle ausmacht, aus der wir stammen - und die den winzigen Funken der Erinnerung in uns entfachen kann an diese Energie der Verbindung mit allem Lebendigen.

Gefühle der „Einheit" oder „Ekstase", die mittels transzendentaler Methoden wie der Meditation manchmal erlebt werden, gehen oft mit Gefühlen bedingungsloser Liebe für alles Lebendige einher. Diese Gefühle sind wie Erinnerungen an diesen Kleber, der uns zusammenhält in einer Dimension des Abgetrenntseins, in der wir ohne dieses untrügliche Gefühl allzu leicht vergessen, dass wir im Ursprung alle miteinander verbunden sind.

Empfindungen der Liebe, der Zuneigung, und des Mitgefühls sind somit Erinnerungen an das, was uns wirklich ausmacht, und damit auch an das, wozu wir wirklich fähig sind. In allererster Linie ist Liebe damit gar nicht unbedingt eine Aufforderung, eine Partnerschaft oder sonstige Bindung einzugehen, den süßen Hund aus dem Tierheim mitzunehmen, oder sich das tolle Auto oder Kleid zu kaufen (auch wenn das natürlich nicht verboten ist), sondern - so kitschig, abgedroschen, langweilig oder naiv es klingen mag - es ist ein Ruf zu uns selbst.

Oft ist unser Umgang mit diesem Gefühl der Liebe das Ergebnis von Überzeugungen, die wir unbewusst übernommen haben, und die unsere persönlichen (Beziehungs-)Erfahrungen dann über Jahre weitaus mehr prägen als uns bewusst ist - bis wir uns diese übernommenen Grundüberzeugungen über die Liebe doch einmal ins Bewusstsein holen und sie uns genauer anschauen. Das geschieht dann, wenn wir begreifen, dass sie beispielsweise immer sich wiederholende schmerzhafte Muster nach sich ziehen, aus denen wir einen Ausweg zu suchen beginnen.

Auf diese Weise werden Gefühle von Liebe und Zuneigung und unser Umgang mit diesen Gefühlen - die Art und Weise, wie wir sie ausdrücken, ob wir sie zaghaft ausdrücken oder stürmisch oder gar nicht, ob wir sie vor uns selbst oder anderen verstecken oder ob wir uns vor ihnen und ihren wahrgenommenen Folgen zu schützen versuchen -, zu Lektionen über uns selbst, zu Informationen, die uns helfen können, herauszufinden, was uns im Kern ausmacht.

Denn das, was uns im Kern ausmacht ist immer eine Ausdrucksform von Liebe, ein Teilaspekt der ursprünglichen Einheit. Ähnlich eines Lichtstrahls der Einheit, der, wenn er auf ein Prisma fällt, in unendlich viele Teilaspekte des Lichtspektrums gebrochen wird, die in allen Regenbogenfarben leuchten - so repräsentiert unsere individuelle Essenz jede einen Teilaspekt des Spektrums der Liebe, eine Farbe des Lichtspektrums - vielleicht Akzeptanz, vielleicht Mitgefühl, vielleicht Wahrheit, vielleicht Weisheit.

In keinem Moment werden wir uns so erfüllt fühlen, wie wenn wir diesen Kern, der uns ausmacht, auszudrücken lernen, und sehen, dass dies eine positive Wirkung auf unser Umfeld hat, dass wir so eine Funktion, etwas zu geben haben. Das ist das, was viele den „Lebenssinn" nennen, und ist eher ein Seinszustand als ein bestimmter Beruf oder eine Tätigkeit. Wie dieser Seinszustand dann ganz konkret ausgedrückt wird, ist wiederum eine andere Frage und lässt uns kreativen Spielraum, den wir nur nutzen müssen.

Unser individueller Seinszustand, der, wenn er erkannt und angenommen wird, tiefgreifende Auswirkungen auf die Umwelt haben kann, ist das, was wir suchen, wenn wir auf der Suche nach Liebe sind und entdecken wollen, wie sie ausgedrückt werden kann - in uns selbst und in anderen.

Daher führt jeder ernstzunehmende spirituelle Weg nach innen, nicht nach außen, nutzt jedoch die Spiegelungen im Außen durchaus als Information. Im Grunde geht es nicht darum, etwas zu lernen, was wir nicht schon wüssten oder könnten, oder nach etwas zu streben, was wir nicht schon verkörpern würden. Vielmehr geht es darum, irgendwann die Ablenkungen, das ganze Rauschen zu identifizieren und zu reduzieren, das den Klang der eigenen Seele überdeckt. Die Seele singt in der Regel eher leise, aber dafür umso kraftvoller.

Daraus folgt, was Liebe nicht ist: sie ist nicht etwas, was im Außen gesucht, ja gejagt werden müsste, weil wir es im Inneren nicht hätten. Wohl aber dient alles, was wir im Außen finden können, dazu, diese einzigartige Unterfacette der Liebe in uns Selbst hervorzuholen, die wir hier ausdrücken wollten - wenn wir es zulassen. Wie in einem Spiegel bekommen wir in der Außenwelt, über unser Liebes- und Beziehungsleben in jeglichen Bereichen eine Reflektion unseres Innersten zu sehen - eine gewaltige Lernaufgabe und -chance.

Nur über diese Reflektion im Außen können wir unser Innerstes erkennen und unser Potenzial als Ausdrucksform der Liebe begreifen - ebenso wie die Wirkung, die es hat, wenn wir lernen, dieses Potenzial zum Ausdruck zu bringen, selbst, oder gerade dann, wenn wir Nicht-Liebe erfahren oder uns selbst nicht liebevoll verhalten, denn die Abwesenheit von Liebe ist lediglich der Ruf nach ihr, eine Aufforderung, das Gesuchte, das Fehlende wieder hereinzubringen - was auch immer das konkret bedeutet.

Auf dem Weg der Erkenntnis darüber, wie wir unsere persönliche Nuance der Liebe in diese dualistische und oft von Härte und Abwesenheit von Liebe geprägten Realität bringen können, gilt es zunächst auch, unsere Wahrnehmung dafür zu schärfen, was Liebe nicht ist, die vielen Strategien, Verstrickungen, Täuschungen, Manipulationsversuche, Abwehr- und Schutzmechanismen als solche zu erkennen, die wir fälschlicherweise zeitweise für Liebe halten konnten, weil wir es nicht besser wussten.

Ein Grund, warum wir oft erst wieder lernen müssen, was echte Liebe ist, liegt auch in der verwirrenden Angewohnheit der echten Liebe, uns zutiefst zu erschrecken -, gerade weil die meisten Menschen sie in ihrer ursprünglichen, bedingungslosen Form so selten erfahren haben. Da wir alle hier Lernende sind, ist die Intensität echter bedingungsloser Liebe für uns oft so schwer zu ertragen, dass wir voller Schreck vor dem davonrennen, was wir uns eigentlich am meisten wünschen. Oft braucht es Jahre, bis wir erkennen, dass es unsere Wahl ist, ob die (gelebte) Liebe stärker sein darf als die Angst, und wir müssen erst auf vielfältige Weise erfahren, was Liebe nicht ist.

So bedeutet Liebe ganz sicher nicht, etwas oder jemanden zu besitzen. Zu lieben bedeutet nicht, etwas oder jemanden zu kontrollieren. Es bedeutet weder, alles der „Liebe" zu einer bestimmten Person über- oder unterzuordnen, die Liebe nur bestimmten Menschen, bestimmten Lebewesen zu schenken, noch das Wort „Liebe" dazu zu missbrauchen, andere zu manipulieren, im Widerspruch zu ihrem wahren Wesen verändern oder erziehen zu wollen, oder sich selbst manipulieren oder gegen das eigene wahre Wesen verändern oder erziehen zu lassen, noch im Namen der Liebe die eigene Wahrheit zu verkennen oder nicht auszusprechen, das eigene Wesen unerträglich unterdrückende Kompromisse einzugehen oder diese Dinge von anderen zu fordern. Liebe bedeutet nicht einmal, dass wir mit dem Gefühl irgendetwas Bestimmtes anfangen müssten - Liebe ist eher ein *Sein* als ein *Tun*. Das *Tun*, das vielleicht aus dem Sein folgen darf, ist dann unsere freie Wahl.

Liebe ist also eher ein „Zulassen und Erinnern", als ein „Erwarten oder Fordern" - sie schenkt daher Freiheit, statt sie zu nehmen, und hat allein schon deshalb wenig mit Kontrolle oder Aktion zu tun. Wahre Liebe hat all das nicht nötig, denn sie ist bedingungslos. Denn wir fühlen sie ja deswegen, weil sie uns definiert und unserem wahren Wesen entspricht, sie ist wie ein Teil von uns, den wir nur wieder und wieder in einer Welt der Ablenkungen und Prägungen vergessen. Das Schöne ist, dass sie uns jedoch immer wieder dann, wenn wir am wenigsten damit rechnen, überrascht und wieder mit leiser oder manchmal auch lauterer Stimme daran erinnert, wer wir eigentlich sind, und worum es uns eigentlich einmal ging.

Die Erkenntnis, dass Liebe die Essenz ist, die uns ausmacht, verdeutlicht auch, warum Liebe eigentlich keine Exklusivitäts- oder Besitzansprüche kennt. Sie ist ja das universelle Bindeglied zwischen allen Lebewesen. Wer sich daran in seinem Herzen erinnert, kann nicht anders als Liebe zu empfinden - zumindest solange, wie die Verbindung mit dem

Herzen aufrechterhalten werden kann. Übrigens folgt aus dieser Erkenntnis nicht automatisch, dass die freie Liebe oder polygame Lebensweise die einzig richtigen Lebensweisen wären, oder die monogame Lebensweise zum Scheitern verurteilt sein muss - auch wenn das innerhalb und außerhalb spiritueller Gruppen des New Age zum Teil so aufgefasst wurde.

Aus dem Gefühl von Liebe folgt kein automatisches *Tun*. Dieses *Tun*, die Entscheidungen darüber, ob wir das Gefühl der Liebe, wenn wir es empfinden, ausdrücken möchten oder nicht, ob wir eine Beziehung eingehen möchten oder nicht, ist unsere Wahl, eine Einladung zum Erkennen unserer Natur, die wir entweder annehmen können oder nicht, und deren Form wir selbst bestimmen können - denn nur durch die Möglichkeit der Wahl ist Lernen möglich.

Die Frage danach, ob manche Begegnungen oder Beziehungen vorbestimmt sind oder nicht, kann nichtsdestotrotz mit *Ja* und *Nein* beantwortet werden. Denn es gibt sie tatsächlich, die Absprachen auf Seelenebene, die vor Inkarnation in einen physischen Körper getroffen werden, und die uns ganz bestimmte Menschen im Leben begegnen lassen, um ein gemeinsames Lernen darüber zu ermöglichen, was Liebe bedeutet und nicht bedeutet, und wie die Liebe ausgedrückt werden kann - oder nicht kann. Wie eine solche Begegnung oder Absprache dann ausgestaltet wird, ob eine Beziehung und gegebenenfalls in welcher Form eine solche gelebt wird, ob es sich tatsächlich um Liebe handelt - oder eher eine Erkenntnis darüber bereithält, was Liebe nicht ist, ist Teil unseres Lernweges - ein *richtig* oder *falsch* folgt hieraus jedoch nicht.

Die Begegnung mit einem Seelenpartner kann oftmals als Erinnerungshilfe fungieren an das universelle Gefühl der Liebe allen Lebewesen gegenüber und kann so einen Anstoß geben zu einem spirituellen Erwachensprozess, in dessen Verlauf die universelle Liebe wieder kultiviert werden kann - auch hier wieder, ohne dass daraus etwas folgen muss - es handelt sich wiederum eher um die Rückkehr zu einem Originalzustand des liebevollen *Seins*, als ein *Tun*.

Aus der Natur des Gefühls der Liebe, das eher dem *Sein* zuzuordnen ist als dem *Tun*, folgt nun jedoch nicht, dass wir in einer gelebten Partnerschaft nun alles einfach dem *Sein* überlassen können. Wie die Liebe ausgedrückt wird, steht auf einem ganz anderen Blatt, und ist zentraler Punkt unserer Lernprozesse - wir versuchen, das universelle Gefühl der Verbundenheit in eine dreidimensionale Umwelt, also in konkretes Verhalten, in Worte und Taten zu „übersetzen", und machen dabei auch oft die schmerzliche Lernerfahrung dessen, was Liebe eben nicht ist.

Jedoch lassen sich aus der Erinnerung dessen, was Liebe eigentlich für eine Funktion hat - nämlich uns an uns selbst und damit unsere Verbundenheit mit allem und jedem, der oder das uns begegnet, zu erinnern, uns zu verbinden, statt zu trennen - einige ganz hilfreiche Grundsätze zur Gestaltung einer Partnerschaft ableiten.

Ein häufiges Missverständnis im Rahmen gelebter Liebe ist die Tatsache, dass wir Nähe und Intimität und damit die Erinnerung an unsere ursprüngliche Zustandsform der „Einheit" mit allem was ist, verwechseln mit „Gleichsein". Ist der Partner nicht unserer Meinung, empfinden wir das möglicherweise als Ablehnung, oder eine Meinungsverschiedenheit geht mit Gefühlen des Nichtverstanden- oder Verlassenwerdens einher. Das kann mitunter tiefe Gefühle der Ablehnung aus der Kindheit triggern.

In so einem Fall verwechseln wir jedoch Einheit mit Gleichheit. Der Ausweg besteht darin, den anderen in seinen ganzen Eigenheiten zu sehen und zu akzeptieren, die Individualität und Freiheit eines jeden Menschen anzuerkennen und als Bereicherung wertzuschätzen, statt aus Angst abzulehnen. Das gilt insbesondere auch für die individuelle Art und Weise, auf die jeder Mensch Liebe auszudrücken versucht - wenn auch oft nicht mit dem gewünschten Ergebnis, ein Umstand, der mit dem notwendigen Mitgefühl verstanden und verziehen werden kann (vgl. Kapitel *Akzeptanz und Verzeihen als konkrete Schritte aus dem Weg des Mitgefühls*). Diese Schritte erfordern jedoch emotionale Reife und ein Auseinandersetzen mit sich selbst, den eigenen Triggern und

Ängsten. Nur so kann ein friedliches Miteinander gelingen. Und nur so ist letztlich der Weg zum Einheitsbewusstsein geebnet.

Diese Erkenntnis hat also auch eine hohe gesellschaftliche Relevanz, wie wir in der heutigen Zeit unschwer erkennen können. In den unruhigen Zeiten des Umbruchs, durch die wir aktuell gehen, und die geprägt sind von der Polarisierung von Sichtweisen, Perspektiven und Meinungen, kann so eine Art Initiation der Menschheit gesehen werden.

Gelingt es uns, unsere Ängste und Wunden zu heilen, so dass wir den anderen in seiner Einzigartigkeit wertschätzen und akzeptieren können? Gelingt es uns auch, das dem Bedürfnis, Recht zu haben oder zu bekommen zugrundeliegende und viel tiefere Bedürfnis nach Anerkennung und Zugehörigkeit als solches zu erkennen, um wieder echte Nähe herzustellen? Oder lassen wir uns gegeneinander aufbringen, egal, ob auf der Basis von Hautfarbe, Geschlecht, Nationalität, sexueller Orientierung, Parteizugehörigkeit, Realitätswahrnehmung, religiöser oder spiritueller Gesinnung oder sonstiger Merkmale, anhand derer wir uns für eine Zeit in dieser physischen Inkarnation identifizieren? (vgl. Kapitel *Wer hat denn nun Recht? Die „Wahrheit" aus spiritueller Sicht*).

Vom Karma, dem Einssein, und dem göttlichen Willen - gibt es den freien Willen?

Wenn wir tatsächlich alle „eins" sind, das heißt, auf einer übergeordneten Ebene der Realität gemeinsames Einheitsbewusstsein sind, was sagt das dann über das Zusammenspiel zwischen dem göttlichen Willen und dem freien Willen aus? Ist unser Wille aus dieser Sicht tatsächlich frei und was bedeutet Karma in diesem Zusammenhang?

Mit dem göttlichen Willen ist der Wille des Einheitsbewusstseins gemeint. Da wir alle ein Teil davon sind, könnte man diesen „Willen" den gemeinsamen Willen nennen, jedoch gilt hier wie so oft, dass das Ganze mehr ist als die Summe seiner Teile, da im Willen des Einen nicht einfach der Willen jedes Individualbewusstseins in einen Topf geschmissen wird und dabei schon irgendetwas Passendes herauskommen wird. Deswegen ist das Eine so unfassbar und unserem Ego Mind hier auf der Erde so schwer begreiflich. Es ist das göttliche Prinzip, bei dem alle Teile perfekt ineinandergreifen und jeder Teil seine Aufgabe, seinen Platz hat.

Diese Aufgabe ist niemandem von irgendeinem göttlichen Wesen im Außen übertragen oder „aufgedrückt" worden, es ist eine Aufgabe, die sich natürlicherweise aus dem *Sein* eines jeden Aspekts des Einheitsbewusstseins ergibt. Auch aus dieser Sicht ist das, was wir „Gott" nennen, natürlich nicht irgendein Wesen, das wir im Außen finden können, das Aufgaben verteilt, belohnt oder straft. Aus dieser Sicht ist „Gott" die Gesamtheit unserer Essenzen.

Der göttliche Wille liegt so immer in unserem gemeinsamen Interesse, er repräsentiert das, was jeder einzelne Teil von Gott oder dem Ursprung, - also jeder von uns - im Kern befürworten würde, wenn wir mit unserem höheren Selbst, dem nicht-physischen Anteil in uns verbunden sind und auf diese Weise diesen Einheitswillen durch uns hindurch wirken lassen, wenn wir also zu einem Ausdruck dieses Einheitswillens in dieser Realität werden. Das ist das, was das Wort Gnade (engl.: „Grace") eigentlich meint (vgl. Kapitel *Transhumanismus oder das Wirken von Spirit durch Grace*). Denn es ist das, was dem Ganzen genauso wie jedem Einzelnen dient, nicht das, was nur Einzelnen oder einzelnen Gruppen dient.

Trotzdem haben wir uns dazu entschieden, in dieser dualen Umwelt, in der wir uns momentan bewegen, kreativ zu werden und den freien Willen auszuprobieren. Das heißt, in dieser Umwelt besteht die Möglichkeit, dadurch zu lernen, dass wir uns vom Einheitswillen mehr oder weniger deutlich entfernen können. Das bedeutet auch, dass wir hier einen Weg beschreiten können, der nur unseren eigenen Zielen dient. Der göttliche Wille dient demgegenüber immer der Gesamtheit.

Diese Erkenntnis muss direkt aus dem Gesetz des Einen folgen, denn niemand gewinnt in diesem Spiel, in dem alle auf tiefster Ebene miteinander verbunden sind, wenn einzelne dabei verlieren. Laut dem Gesetz des Einen verlieren alle etwas, wenn einer verliert. Um das zu erkennen, muss diese Erfahrung jedoch mittels des freien individuellen Willens erst einmal gemacht werden können - und in einer Welt voll sozialen Ungleichgewichts, voll von Systemen, die Einzelnen dienen, aber nicht der Gesamtheit, ist es unschwer zu erkennen, dass wir alle diese Lernerfahrung bis zur Genüge ausgereizt haben. In gewisser Weise spielen wir also ein Spiel, dessen Spielregeln wir absichtlich vergessen haben, um zu erkennen, dass bestimmte Spielregeln einfach nicht nützlich sind. Es wird Zeit, dass wir uns erinnern und die Spielregeln wieder ändern - gemäß unseres Herzens.

Paradoxerweise dienen diese Lernerfahrungen, dieses Ausprobieren nicht-nachhaltiger Spielregeln wie zum Beispiel das Recht des Stärkeren, letztlich immer dem Einen. Und so kann man vielleicht sagen, dass auch der echte freie Wille, der nur dem Einzelnen dient, nicht wirklich existiert, denn auch er wird immer wieder in die Einheit zurückfinden. Das ist das Mysterium des Zusammenspiels zwischen Spirit und unserer physischen Existenz, welches im Prinzip der Gnade seinen höchsten Ausdruck findet.

Da wir uns hier nun vom Einheitsprinzip entfernen können, können wir Entscheidungen treffen, die nur Einzelnen dienen und andere zum Verlierer machen. Das, was dabei entsteht in einem Spiel, in dem es zumindest zeitweise „Gewinner" und „Verlierer" geben kann, ist das Karma. Karma ist also letztlich nur die Spannungsdifferenz zwischen dem freien Einzel- und dem Einheitswillen.

Auch Karma wiederum ist kein von außen aufgedrücktes Gesetz, das straft oder belohnt, es ist vielmehr ein Gesetz, das für all jenes einen Ausgleich schaffen kann, was im Sinne der Einheit ins Ungleichgewicht geraten ist, in unserer Welt vielleicht sogar mehr als ursprünglich geplant. Karma ist also keine Strafe und muss auch nicht ständig „aufgelöst" werden, wie es in New Age Bewegungen immer so schön heißt - es ist lediglich ein Ungleichgewicht, das sich dann wieder ins Gleichgewicht bringt, eine Wellenbewegung auf dem Rad der Zeit, ein Auf und Ab an Energie, das Spannung und dann wieder Entspannung erzeugt, weder „gut" noch „schlecht".

So wie alles im Leben immer wiederkehrenden Zyklen unterliegt, so ist auch Karma letztlich einfach ein durch unsere Entscheidungen in Bewegung gesetzter Zyklus - ein Werden, ein Vergehen, ein Auseinanderdriften, ein wieder Zusammenführen. In gewisser Weise zeichnet sich unsere momentane Zeitqualität dadurch aus, dass wir damit beginnen, das kreative Auseinanderdriften durch unsere individuellen Entscheidungen des freien Willens nun wieder zusammenzuführen durch unsere Rückkehr in die Einheit, die letztlich Ausdruck eines natürlichen Zyklus ist.

Die Zeit, in der wir leben, ist also aus dem Grund eine Neue Zeit, da sie uns die Möglichkeit gibt, das von uns allen gemeinsam erschaffene Ungleichgewicht zu korrigieren, wenn wir das wählen. Dazu ist die Rückverbindung mit dem Einheitsbewusstsein notwendig, und damit auch die Rückverbindung mit der Weisheit unseres Herzens, das die Brücke zu diesem Einheitsbewusstsein bildet, um wieder zu erspüren, was im Einklang mit diesem mysteriösen Einheitswillen steht und was nicht.

Da der Einheitswille und damit Spirit diesen kollektiven Prozess der Rückkehr in die Einheit kontrolliert und nicht unser individuelles Ego-Bewusstsein, haben wir jetzt zwar immer noch eine Wahl - mit dem Prozess mitzugehen und diese Rückverbindung zu suchen, oder dies nicht zu tun - letzteres wird aber spürbar schwieriger werden und langfristig keine nachhaltigen Ergebnisse bringen. Letztlich werden die Realitäten derjenigen über einen längeren Zeitraum schließlich auseinanderdriften, die mit dem Prozess mitgehen und derjenigen, die das nicht wählen (vgl. Kapitel *Parallele Realitäten in einem kreativen Universum*).

Denn es ist nicht unser Ego Mind, das Alltagsbewusstsein eines Einzelnen, das den Überblick behält und somit weiß, wie allen gedient werden kann, es ist der Einheitswillen, mit dem wir über unser Herz wieder in Kontakt treten können - vielmehr ein Erspüren des jeweils nächsten Schritts, als ein langfristiges Vorhersehen, Planen oder Kontrollieren.

Das Ego Mind mit seinem individuellen Willen ist ein nützliches Tool, das, wenn es dem Herzen dient und nicht andersherum, uns sehr wohl bei der Lösung unserer Alltagsprobleme helfen kann und hier auch seinen klaren wichtigen Platz hat. Es geht also nicht darum, unser Ego Mind durch das Erfühlen des Herzens zu ersetzen. Doch das Ego Mind ist wie ein Trickspieler, der uns leicht aufs Glatteis und in allerlei Illusionen führen kann, wenn wir es unkontrolliert loslaufen lassen - einige psychische Krankheiten sind deutlicher Ausdruck davon, was passiert, wenn wir die Kontrolle über unser Ego Mind verlieren.

Der freie Wille also existiert in gewisser Weise schon. Die Neue Zeit wird jedoch zunehmend davon geprägt sein, dass sich immer mehr Menschen über ihr Herz wieder an das Einheitsbewusstsein und damit den Einheitswillen anbinden und so der freie Wille zunehmend durch den göttlichen übergeordneten Willen ersetzt wird. Das beinhaltet in gewisser Weise ein „Opfer", genau jenes, das dem Ego Mind eine solche Angst einjagt, dass es alles daransetzt, die Kontrolle nicht abgeben zu müssen - ein innerer Kampf, der den meisten Menschen, die schon einmal den Versuch gestartet haben, sich eine regelmäßige spirituelle (Meditations-)Praxis aufzubauen, sehr bewusst sein dürfte.

Gleichzeitig ist dies jedoch kein Prozess, vor dem wir Angst haben müssten - auch wenn er erfordert, dass wir die Kontrolle durch unser Ego ein klein wenig abgeben und dies bedrohlich wirken kann -, wenn wir begreifen, dass wir ein Teil dieses Willens des großen Ganzen sind, den wir hier nur wieder zulassen, dem wir lediglich wieder seinen rechtmäßigen Platz zurückgeben, und der immer dem höchsten Gut aller dient.

Dieses Begreifen ist kein kognitiver Prozess des Verstandes, sondern erfordert, dass wir unser Vertrauen in Spirit stärken, unser Vertrauen in unsere Verbindung mit unserem Spirit-Aspekt, und dass wir so lernen zu erfühlen, dass wir letztlich selbst ein Ausdruck und Teil von Spirit sind. Dieses Vertrauen entsteht zunehmend, wenn wir das Gefühl des Einsseins und der Verbundenheit mit anderen Lebewesen fühlen und wieder kultivieren können.

Wenn wir beispielsweise ein kleines Insekt betrachten, eine Pflanze oder ein winziges unscheinbares Lebewesen oder Detail in unserer Umgebung, an dem wir vielleicht zuvor gleichgültig vorübergegangen wären, und in diesem plötzlich das Wirken von Spirit erkennen können und voller Liebe erfahren, dass dieses Wesen nicht nur untrennbar mit dem Selbst verbunden ist, sondern dass es sich fast wie eine Erweiterung des Selbst anfühlt, dann beginnen wir dem Wirken des Einheitsprinzips zu vertrauen.

Es geht also hier nicht um das Vertrauen in eine „höhere", von uns abgetrennte Macht, sondern um das Erspüren, dass wir Teil dieser Macht sind, dass diese niemals wirklich getrennt von uns sein kann, und dass sie deshalb nicht anders kann, als in unserem Sinne zu wirken. Das Vertrauen in diese Wahrheit so lange wieder aufzubauen, bis es die Angst des Ego Mind überwiegt, ist Teil eines spirituellen Weges.

Letztendlich wird die Frage danach, wessen Wille unser Bewusstsein gerade zum Ausdruck bringt, umso mehr irrelevant, je mehr wir unser Individualbewusstsein so erweitern, dass wir wieder in die Anbindung an das Einheitsbewusstsein gelangen und dieses zunehmend verkörpern. Die Frage nach dem „Wer?" ergibt nur Sinn, solange wir von einer

Mehrzahl ausgehen. Innerhalb des Einheitsbewusstseins gibt es nur Eins, nicht mehrere, also kann es auch keine abgetrennte Entität geben, die wir mittels der Frage „Wer?" gezielt identifizieren könnten.

So gesehen existiert der „freie" Einzelwille auf einer tieferen Ebene der Realität nicht. Er existiert nur scheinbar auf unserer momentanen physischen Ebene. Da die physische Ebene allerdings nur eine temporäre Illusion oder Projektion unseres Bewusstseins ist, und diese Projektion letztlich im Einheitsbewusstsein ihren Ursprung hat und diesem dient, ist auch der freie Einzelwille eine - wenn auch sehr überzeugende - Illusion.

Vom Karma, dem Einssein, und dem göttlichen Willen - gibt es den freien Willen?

Von der Heilung – Befreiung von Leiden oder „Blockaden"

Viele begeben sich auf den spirituellen Weg, oder werden vielmehr auf diesen „geschubst", weil sie in schwierigen Situationen stecken, schwere Schicksalsschläge verarbeiten oder Umbrüche in ihrem Leben durchmachen. Oft - wenn auch nicht immer - entwickelt sich das Interesse durch emotionales „Leiden". Daher ist es nicht verwunderlich, dass spirituelle Lehren als Mittel zur Reduzierung des Leidens angesehen werden, und das ist sicherlich nicht falsch. Es kann jedoch problematisch werden, wenn die Suche nach Blockaden, Hindernissen oder den eigenen Unzulänglichkeiten oder Defiziten zum Selbstzweck wird, zu einem Lebensinhalt, der schließlich selbst wieder zu Anhaftung führt.

Wenn das Gesetz der Anziehung gültig ist, und wenn wir mit unserem Bewusstsein, unseren Überzeugungen, die Realität erschaffen, ist auch die Überzeugung, „blockiert" zu sein, eigene Unzulänglichkeiten „überwinden" oder „heilen" zu müssen, letztlich nur ein Glaubenssystem, ein Bewusstseinsinhalt, den wir bewusst verändern können. Dieser Bewusstseinsinhalt wird, wenn er ersetzt werden kann, auch eine veränderte Reflektion im Außen nach sich ziehen - in Übereinstimmung mit unserem neuen Glaubenssystem.

Anders ausgedrückt: Blockaden und Defizite sind selbst Überzeugungen, die verändert werden können. Dafür ist es natürlich notwendig, sich bewusst zu werden, worin diese Überzeugungen bestehen. Die Arbeit an Blockaden ist letztendlich immer die Arbeit an unserem eigenen Bewusstsein. Blockaden werden uns nicht von außen in den Weg gelegt, um von uns dann wieder aus dem Weg geräumt zu werden. Blockaden sind Wahrnehmungen und Projektionen unseres eigenen Bewusstseins - verändern wir diese Wahrnehmungen, haben wir die „Blockade" nicht bezwungen, sondern unsere Perspektive so weit verändert, dass wir eine neue Perspektive einnehmen können, die keine Blockade kennt oder wahrnimmt.

Technisch gesehen haben wir den Sprung in eine höherdimensionale Realität geschafft, uns an eine neue Realität angepasst, indem wir eine stärker im Einklang mit unserem Spirit-Aspekt stehende Perspektive eingenommen haben. In dieser Realität haben wir den Glauben an eine Blockade transzendiert. Innerhalb des engeren Blickwinkels unserer ursprünglichen Perspektive oder Projektion unseres Bewusstseins existiert die „Blockade" weiterhin. Die Erweiterung unseres Bewusstseins ist also niemals ein Kampf, sondern eine einfache Wahl, die von uns jedoch die Fähigkeit und Disziplin abverlangt, unser Bewusstsein zu steuern und zu fokussieren.

Im Grunde bedeutet „Heilung" also immer die Transzendierung bestimmter Bewusstseinsinhalte, welche Hilfsmittel, Heilungsprozesse oder -rituale wir auch immer dafür einsetzen, um diese Transzendierung möglich zu machen. Diese Heilungsrituale oder -prozesse - egal ob es sich dabei um eine Hypnosesitzung, eine schamanische Heilsitzung, ein Gebet oder einen Arztbesuch handelt - sind lediglich eine Art Erlaubnis, die wir uns selbst geben - sie helfen uns, eine Veränderung der Glaubenssysteme vorzunehmen, und sind daher wirksam.

Letztendlich helfen sie uns, an Wunder zu glauben. Spontane Wunderheilungen rücken damit in den Bereich des Möglichen. Praktisch gesehen müssen wir jedoch daran glauben, dass es möglich ist, dass also Wunder möglich sind. Das erfordert jedoch eine Meisterschaft in der Disziplinierung unseres Bewusstseins und Integration unseres Spirit-Aspekts, die nur sehr, sehr wenige auf diesem Planeten erreicht haben. Bis dahin bedienen wir uns also der Hilfsmittel und Krücken, also der Heilmethoden, die uns beim Glauben unterstützen können. Das ist der Grund, warum Placebo- und Nocebo-Effekte so wirksam und weit verbreitet sind.

Dies macht auch deutlich, warum ein zu starker Glaube an „Blockaden" zu einem sich selbst verstärkenden Prozess führen kann. So ist es wichtig, eine Balance zu finden zwischen der Fähigkeit, die Dinge ins uns selbst ehrlich anzuerkennen, die uns von unserem Potenzial abhalten mögen, gleichzeitig aber keine Anhaftung an das Erkannte auszubilden, die es so aufrechterhalten oder gar stärken würde, da Anhaftung immer zu Widerständen, Kontrolle und innerem Kampf führt und den freien Fluss der Energie behindert.

Widerstand gegen eine Situation oder Blockade bedeutet nach dem Gesetz der Anziehung leider nicht, dass wir diese durch den Widerstand verändern können, sondern dass wir sie ganz im Gegenteil verstärken - nach dem Motto „What we resist, persists" („Dinge, denen wir Widerstand entgegensetzen, bleiben hartnäckig bestehen."). Das ist der Grund für das Paradox, dass sich die Dinge häufig erst ändern können, wenn wir sie zunächst akzeptieren können (vgl. Kapitel *Akzeptanz und Verzeihen als konkrete Schritte auf dem Weg des Mitgefühls*).

Akzeptanz baut Widerstand und negative Gefühle gegenüber der wahrgenommenen Blockade ab, sie erlaubt, dass wir wieder in den Fluss kommen. Und dieser Fluss wird die Veränderung automatisch anstoßen. In der Akzeptanz liegt also die Veränderung, die wir suchen. Es geht also auch nicht darum, die Situation oder den Zustand, den wir als Blockade wahrnehmen, oder die eigenen authentischen negativen Gefühle der „Blockade" gegenüber einfach zu leugnen und darauf zu hoffen, dass sich das Problem von selbst erledigt - das wäre „spiritual bypassing". Sind diese negativen Gefühle da, müssen sie angeschaut werden – wir müssen sie „fließen lassen".

Das bedeutet, dass wir uns jedes Mal, wenn wir über eine wahrgenommene Blockade stolpern, zunächst darüber bewusstwerden dürfen, was wir hier wahrnehmen, wie wir darauf reagieren, und dass wir akzeptieren dürfen, dass es da ist. Damit geht auch die grundlegende Erkenntnis einher, dass sich alles immer im Wandel befindet, jeder noch so negative Zustand - und auch jeder noch so positive - sich im ständigen Fluss befindet, sich also wieder ändern wird. Dies geschieht nur dann nicht wie gewünscht, wenn wir Widerstand gegen diesen natürlichen Fluss aufbauen, und so eine „Blockade" erst kreieren oder aufrechterhalten. Akzeptanz hilft uns so schließlich dabei, den natürlichen Veränderungsimpulsen zu folgen. Dieser Prozess erfordert sowohl Vertrauen als auch Aktion - sowohl Passivität als auch Aktivität, sowohl die männliche Energie als auch die weibliche, und die Kunst, herauszufinden, wann was angebracht ist.

Akzeptanz bedeutet somit weder, dass wir die wahrgenommene Blockade als gottgegeben hinnehmen, noch, dass wir sie „gutheißen". Sie akzeptieren bedeutet vielmehr, dass wir uns bewusstwerden, dass sie lediglich ein Spiegel ist, in dem wir erkennen dürfen, in welchem Bereich die Ausrichtung unseres Bewusstseins noch nicht mit unserem Spirit-Aspekt übereinstimmt. Die Blockade ist so gesehen also immer ein Werkzeug des Wachstums. Richten wir unser Bewusstsein entsprechend neu aus, sind wir Spirit sozusagen wieder ein Stückchen nähergekommen.

Die Bedeutung der Akzeptanz für das, was echte Heilung ausmacht, leitet sich wiederum aus dem Einheitsprinzip ab: Heilung bedeutet in vielen Fällen nicht etwa, dass das Unerwünschte, die Symptome, oder wahrgenommenen Unzulänglichkeiten verdrängt, abgeschnitten oder eliminiert werden, oder wir mit aller Gewalt gegen sie ankämpfen müssten, um sie zum Verschwinden zu bringen. Heilung bedeutet im Sinne des Einheitsprinzips das Herstellen einer Balance zwischen dem Erleben zweier gegensätzlicher Pole und damit ihre vollständige Integration.

Wenn wir in unserem Leben zum Beispiel häufig die Erfahrung des Alleinseins und Nicht-Unterstützt-werdens gemacht haben, und dies Leiden verursacht hat, besteht die Heilung darin, auch die Erfahrung des Unterstützt-werdens und der Gemeinschaft oder Gemeinsamkeit zu machen und so damit zu beginnen, beide Pole zu verstehen und zu akzeptieren, um sie schließlich im gelebten Leben zu manifestieren - nicht den einen Pol des Alleinseins fortan zu fürchten und alles daran zu setzen, ihn aus dem eigenen Leben zu verbannen, um so Widerstand zu kreieren - dieser Widerstand ist reaktionär und bringt das Unerwünschte mit Sicherheit in das eigene Leben zurück.

Eine echte Heilung und Integration ist also noch nicht erfolgt, wenn wir beispielsweise aus einer Gewohnheit des Überessens, die seelisches und vielleicht auch körperliches Leid verursacht hat, in eine Gewohnheit des hoch-restriktiven und überkontrollierten Essens umschlagen aus Angst, wieder in das alte Muster zurückzufallen. Ein anderes Beispiel wäre, wenn wir aus einer ko-dependenten Beziehung kommend erkannt haben, dass wir bei dem Versuch, Liebe auszudrücken, zugelassen haben, dass wir manipuliert wurden, die eigenen Grenzen überschritten und zu viel gegeben haben, und wenn wir uns dann in einer darauffolgenden Beziehung gar nicht mehr öffnen, nichts mehr geben können - falls wir eine solche so schnell wieder eingehen können.

Wenn beide Pole akzeptiert wurden und somit ein persönlicher Frieden mit ihnen gemacht wurde, erhalten wir im weiteren Verlauf des Lebens die Freiheit der Wahl zurück, welche Ausprägung zwischen den beiden Polen wir in jeder Situation leben möchten. Natürlich können wir dann nur den einen Pol wählen - der Unterschied besteht aber darin, dass es dann die eigene bewusste und damit ermächtigte Wahl ist, keine automatisierte Reaktion der Angst vor dem anderen Pol. Letzteres kreiert wieder Spannung und Widerstand.

Eine solche unbewusste Reaktion der Abwehr des einen Extrems, welches wir mit Leiden verbinden, führt sonst oft zu einem automatischen Herüberschwenken in das andere Extrem, das sich womöglich zunächst besser anfühlt, aber immer noch mit einem inneren Gefühl des Konflikts einhergeht, einer Angst davor, dass uns das andere Extrem wieder einholen könnte. Dies macht letztlich noch nicht wirklich frei, und wird weiterhin Leid verursachen. Das Leid wird also nur durch Akzeptanz und Integration beider Extreme transzendiert, nicht durch die reine Verbannung eines Extrems aus dem eigenen Leben.

Einen wichtigen Punkt möchte ich zum Thema Heilung noch ergänzen und auch hier ist die Akzeptanz wieder ein wichtiges Instrument: Nicht jedes wahrgenommene Hindernis, nicht jede Krankheit kann und muss aus Sicht unseres Spirit-Aspekts direkt geheilt werden. Krankheiten können einen tieferliegenden Sinn, eine Funktion erfüllen, die sich uns aus unserer begrenzten physischen Sicht nicht erschließen mag.

So mögen beispielsweise Schmerzen in einem bestimmten Körperteil ein Hinweis für uns sein, dass wir eine bestimmte Tätigkeit, für die wir dieses Körperteil benötigen, nicht mehr ausführen wollen und sollten, da die Tätigkeit nicht mehr zu unserem Lebensweg passt. Unser Spirit-Aspekt mag uns durch die Manifestation von Krankheit vorübergehend ausbremsen, da wir nicht „zur Ruhe kommen wollten", oder vorübergehend von anderen abhängig machen - weil wir lernen wollten, Liebe und Zuneigung zu empfangen. Häufig geht es auch darum, eine Krankheit oder ein Defizit zu überwinden, um dann anderen eine Inspiration sein zu können. Das bedeutet auch, dass wir niemals aus unserer begrenzten Alltagsperspektive heraus voreilige Schlüsse darüber ziehen sollten, was in jeder Situation jeweils das „Richtige" für uns oder einen anderen Menschen ist.

Die Rolle des physischen Körpers im Erwachensprozess

Physische Symptome (oft auch „Aufstiegssymptome", engl.: „Ascension Symptoms", genannt) sind in einem Erwachensprozess die Regel, nicht die Ausnahme, denn ein Erwachensprozess verlangt dem Körper einiges ab. Spätestens an dieser Stelle wird deutlich, dass die Idee, unser Bewusstsein interagiere mit der physischen Realität und ist dieser sogar vorgeordnet, keine Metapher, sondern wörtlich zu nehmen ist (vgl. Kapitel *Warum Spiritualität sehr viel mit Wissenschaft zu tun hat und uns die Logik hier trotzdem nicht weiterhilft*). Das muss sich bei einem individuellen Erwachensprozess auch und vor allen Dingen an den eigenen Körperreaktionen zeigen.

Das Bewusstsein ist unserer physischen Welt immer vorgeordnet. Wissenschaftliche Studien zeigen uns Hinweise darauf in vielen Bereichen: so wissen wir beispielsweise, dass Meditation zahlreiche physiologisch nachweisbare Auswirkungen hat, darunter positive Effekte auf Stress- und Entzündungsmarker im Blutserum, Veränderungen in der Gehirnaktivität, insbesondere bei erfahrenen Meditierenden[1, 2], und sogar auf die Genexpression selbst, also darauf, welche Gene in unserem Erbgut an- und welche abgeschaltet, wie sie ausgedrückt werden[3, 4, 5]. Meditation wird somit auch zunehmend erfolgreich in der Behandlung psychischer und physiologischer Probleme eingesetzt.

Letztlich ist es also nicht überraschend, dass der während eines Erwachensprozesses stattfindende tiefgreifende Wandel des Bewusstseins Veränderungen auf der physischen Ebene nach sich zieht, und für uns daher körperlich spürbar wird. Das bedeutet auch, dass eine spirituelle Praxis, die den Körper ausschließt und so die Integration der Veränderungen eines Erwachens nicht unterstützt, immer unvollständig ist. Das ist auch der Grund, warum die ursprüngliche östliche Yogapraxis zum Ziel hat, Körper und Geist so in Einklang zu bringen, dass ein

Erwachensprozess auf gesunde Art und Weise unterstützt wird. Damit war Yoga auch nie als reine Körperpraxis gedacht, deren erstrangiges Ziel es wäre, einen hübschen Körper zu formen - so wie es in der westlichen Welt nun oft verkürzt praktiziert wird.

Hier zeigt sich, dass Spiritualität keine rein geistige Angelegenheit, keine abgehobene Philosophie bleiben kann, die mit der eigenen Lebenswirklichkeit nichts zu tun hat. Denn spätestens an den Reaktionen des eigenen physischen Körpers wird deutlich, wie sehr ein spiritueller Weg auch eine Umstellung der alltäglichen Gewohnheiten und Lebensverhältnisse erfordert. So verändern sich auch die Bedürfnisse unseres Körpers im Verlauf eines Erwachens immer wieder.

Das schließt das Bedürfnis nach Bewegung, nach Sonnenlicht, nach frischer Luft, nach guter Nahrung in allen Formen und Varianten mit ein - dies meint natürlich auch die physische Nahrung, neben der emotionalen Nahrung (Welche emotionale Qualität hat unser Alltag überwiegend durch die Beziehungen, Unterhaltungen, oder Situationen, die wir in unser Leben lassen?) oder auch der mentalen Nahrung (Welche Ideen lassen wir in unser Leben oder erhalten sie aufrecht über Bücher, Filme oder Unterhaltungen?).

Nahrung in jeder Form spielt deswegen eine so zentrale Rolle, weil sie, wenn sie angemessen und tatsächlich nährend ist, das heißt, im Einklang mit den körperlichen Bedürfnissen steht, nicht nur die Funktionsweise unseres Körpers, sondern auch die damit verbundenen feineren Ebenen beeinflusst – die Ebenen, die über unsere physische Wahrnehmung hinausgehen, und die Brücke bilden zu den nicht-physischen Ebenen unserer Existenz, mit denen sie im ständigen Austausch stehen.

Wir leben in einer Umwelt nicht als autarke abgeschottete Wesen, sondern als Wesen im ständigen Austausch mit ihr über die Luft, den Boden, alle Substanzen und Energieformen, die wir aufnehmen - und wieder an die Umwelt abgeben. Die Art dieses Austausches beeinflusst maßgeblich unser Wohlbefinden, unsere Energie und unser Gleichgewicht, letztlich auch unsere physische, mentale und emotionale Gesundheit. So ist es zunehmend wichtig, auch in diesem Bereich die nötige Urteilsfähigkeit durch Erfahrung und Intuition zu entwickeln, mit deren Hilfe wir entscheiden können, in welche Arten von Austausch mit der Umwelt wir treten wollen und welche uns eher nicht dienlich sind (vgl. Kapitel *Verurteilung oder Beurteilung* und *Abschottung oder Grenzziehung*).

So beginnen wir im Verlauf eines Erwachensprozesses auch immer deutlicher zu spüren, welche Auswirkungen es hat, wenn wir Nahrung zu uns nehmen, die nicht im Einklang mit unseren Bedürfnissen steht: der Prozess der zunehmenden Integration unserer weiteren Bewusstseinsanteile lässt uns also empfindlicher werden für das, was der Körper wirklich benötigt, um die Veränderungen gut integrieren zu können.

Dabei kann es auch wiederum zu einer Falle werden, wenn wir damit beginnen, Ernährungsgewohnheiten oder andere Gewohnheiten, die im Zusammenhang mit unserer Nahrung in aller Form stehen, als Mittel zum Zweck zu sehen, unser Leben asketisch neuen Ernährungsplänen oder sonstigen neuen Praktiken und Regeln unterzuordnen oder das Thema Nahrung als neuerliches Instrument der Selbstkontrolle oder - disziplinierung anzusehen. Nachhaltiger ist hier ein Weg, bei dem die Entscheidung im Vordergrund steht, uns und unser Körperinstrument so zu behandeln, wie es gut für uns ist, einfach weil das unserer Natur entspricht und es sich gut anfühlt - in anderen Worten: aus Liebe.

So geht es nicht darum, Regeln zu lernen oder eine Verhaltensweise über die andere zu stellen um sich dann sklavisch zu disziplinieren - dazu verändern sich unsere Bedürfnisse im Verlauf eines Erwachens ohnehin zu schnell - es geht lediglich darum, wieder zu lernen, die Signale des eigenen Körpers wahrzunehmen und auf diese zu hören - denn unser Körper ist letztendlich ein Instrument, das nicht in irgendeiner Form sklavisch unterworfen, kontrolliert oder verbessert werden muss, sondern das vielmehr mit uns zusammenarbeiten möchte und uns Sinneserfahrungen schenkt sowie Informationen und

Feedback über die Umwelt und unseren Austausch mit dieser Umwelt gibt, die wir durch ihn für eine Zeit erfahren dürfen.

So einfach es klingt, wieder auf die eigenen Signale zu hören - so schwer ist es doch oft in der Umsetzung in einer Welt voller Ablenkungen, Süchte, voller Arbeitstage, wahrgenommener Verpflichtungen und Erwartungen, also einer Welt, die alles andere ist als ausgerichtet auf eine spirituelle Entwicklung - sei es aufgrund der auf Abhängigkeit ausgelegten Erfindungen der Nahrungsmittelindustrie, oder aufgrund der Verpflichtungen und Umstände, die wir uns über die Zeit aufgebaut haben, und die ein Hineinspüren in die eigenen Körperreaktionen im Alltag oft erschweren, insbesondere, wenn uns die Übung dazu fehlt.

Auch hier bedeutet Meisterschaft wieder die Ermächtigung zur freien Wahl, was Bewusstheit und Freiheit von Konditionierungen voraussetzt. Das bedeutet, dass wir auch in Bezug auf unseren Körper weder (scheinbar) fremdgesteuert und unbewusst handeln, noch uns asketisch an ein selbst auferlegtes Regelwerk halten, da beides letztlich kein Ausdruck von Selbstliebe ist - es bedeutet, dass wir uns in einen Zustand versetzen, in dem wir uns aus allen Abhängigkeiten befreien und erkennen, dass wir die freie Wahl haben.

Dies bedeutet, dass wir auch in Bezug auf unser Verhältnis zu unserem Körper wieder vermehrt in die Eigenverantwortung gehen müssen, gerade wenn es um das Thema Krankheit und Gesundheit geht - gerade inmitten der Veränderungen und Umbrüche, durch die wir im Augenblick gehen und noch gehen werden, sollten wir unsere Gesundheit nicht in erster Linie oder ausschließlich einem System aus Abhängigkeiten überlassen, in dem finanzielle Interessen häufig an erster Stelle stehen.

Zu einem Problem kann es dabei werden, wenn ein spiritueller Erwachensprozess nicht nur die Unterscheidungsfähigkeit verbessert in Bezug auf die Dinge, Substanzen, Menschen und Situationen, die uns gut tun und jene, die uns nicht gut tun (vgl. Kapitel *Verurteilung oder Beurteilung)*, sondern auch mit einer allgemein erhöhten Sensibilität einhergeht - wir reagieren in der Regel sensibler auf toxische

Situationen, auf Manipulation, auf emotionale Dramatik oder Negativität, auf Abgase im Straßenverkehr, Koffein, Lärm oder Zusatzstoffe in der Nahrung. Die Schwierigkeit besteht darin, Suchtmittel wiederum nicht zu stark dazu benutzen, diese Sensibilität herunterzuregulieren, die für uns in unserer physischen Realität überwältigend sein kann, wenn wir noch nicht gelernt haben, angemessene Grenzen zu setzen.

Süchte nach Koffein, Zucker, Alkohol, oder auch härteren Drogen sind weit verbreitet in einem spirituellen Erwachensprozess, wenn sich unsere sensible Feinwahrnehmung ausbildet, da Suchtmittel diese Feinwahrnehmung vorübergehend ausschalten und sie somit leichter erträglich machen können. Hier besteht die Lösung darin, das verständliche Bedürfnis, die eigene Sensibilität zu unterdrücken, zunehmend aufzugeben zugunsten eines an diese neue Lebenswirklichkeit angepassten Lebensstils, mittels der Fähigkeit, notfalls angemessene Grenzen zu setzen (vgl. Kapitel *Abschottung oder Grenzziehung*).

Das bedeutet nicht, dass wir ein Leben in völliger Abschottung führen müssen von allem, was uns in der Umwelt toxisch oder unangenehm erscheint, denn letztlich sind wir mit allem verbunden. Es geht hier also nicht um das sprichwörtliche Einsiedlerleben, das spirituellen Menschen oft nachgesagt wird - nicht ganz zu Unrecht, da völlige Abschottung eine spirituelle Lebensweise leichter machen kann. In der heutigen Zeit kann es jedoch nicht mehr um Abschottung gehen, da sich die Prozesse des Erwachens auch im Kollektiven so deutlich zeigen: vielmehr um die Überwindung von Abhängigkeiten jeglicher Art, die uns in eine Opfermentalität bringen oder Machtlosigkeit vorgaukeln könnten (vgl. Kapitel *Ermächtigung oder Machtausübung* und *Abschottung oder Grenzziehung*).

Viele spirituelle Praktiken setzen somit auch am Körper an und zielen darauf ab, Geist und Körper in optimaler Weise miteinander in Einklang zu bringen - nur so ist es möglich, vollständig in die eigene Ermächtigung in dieser physischen Realität zu gelangen, also über die Freiheit der

Wahl zu verfügen und eine ermächtigte Wahl tatsächlich zu treffen. Denn nur mit fest in unserem Körper verankertem und damit geerdetem Bewusstsein sind wir in der Lage, in dieser Welt wirklich wirksam zu werden.

Eine solche spirituelle Praxis ist das Pranayama, eine Atempraxis in östlichen Yogasystemen. Der Atem ist wie eine Brücke zwischen unserem Körper und unserem Bewusstsein, er lenkt unsere Aufmerksamkeit und damit unseren Fokus, auf den hin wir all unsere Energie bündeln. In ungeübtem Zustand springt unser Fokus jedoch zwischen Objekten, Ideen, Erinnerungen, Zukunftsträumen, Ängsten, Zweifeln, katastrophisierenden Gedanken, Fantasien, und dem Einkaufszettel hin und her, so dass unsere Energie nie richtig auf ein Ziel hin gebündelt wird - scheinbar ohne unser Zutun.

Vielleicht wird uns die Wichtigkeit unseres Atems bewusst, wenn wir bemerken, wie häufig wir in Stresssituationen unseren Atem anhalten, also in all jenen Situationen, in denen Körper und Geist alles andere als im Einklang sind, in Situationen, in denen wir nicht im Hier und Jetzt mit uns und unseren Gefühlen verbunden sind. Finden wir in einem solchen Moment wieder zu einem bewussten Atem zurück, richten wir uns automatisch auch wieder auf den Körper und auf das Hier und Jetzt aus - vielleicht fällt uns dann auf, wie müde oder angespannt wir sind oder dass wir schon den gesamten Tag über Schmerzen im Rücken hatten, die wir nur ignoriert haben, um unsere Aufgabe zu erledigen.

In gewisser Weise verabschiedet sich über das Anhalten des Atems ein Teil unseres Bewusstseins und damit ein Teil unserer Energie von unserem physischen Körper, er dissoziiert. Das Ziel vieler Meditations- und Atempraktiken ist es, diese Bewusstseinsanteile wieder im Hier und Jetzt zusammenzuführen, und genau hier liegt unsere Gestaltungskraft.

Das Dissoziieren kann durchaus eine sinnvolle Strategie sein - um in extremen Belastungssituationen durchzuhalten etwa, oder ein traumatisches Erlebnis durchzustehen. Vielleicht verabschieden wir uns mit einem Teil unseres Selbst auch einfach, wenn wir einen langweiligen Abend überstehen müssen oder nicht die Kraft aufbringen wollen oder können, im bestehenden Moment unsere Gefühle voll zu erfahren oder uns mit einem angstauslösenden Gedanken zu beschäftigen. Auch hier geht es um die ermächtigte Wahl und ein schrittweises Schärfen unserer Bewusstheit darüber, wo sich unsere Aufmerksamkeit, unser Bewusstsein und damit unsere Energie gerade befindet.

Wie wird eine solche Dissoziation erlebt, woran können wir also feststellen, dass Körper und Geist momentan nicht in Einklang sind? Dissoziation kann beispielsweise mit Unwirklichkeitsgefühlen einhergehen, die man in der klinischen Psychologie als Depersonalisation oder Derealisation kennt - das Gefühl, man sei nicht ganz „anwesend", als würde man sich wie ein Beobachter von außen selbst betrachten. Dabei kann es passieren, dass um uns herum alles plötzlich unwirklich erscheint oder wir uns selbst unwirklich vorkommen. In stärkerem Ausmaß können diese Symptome auch als Teil einer psychischen Störung diagnostiziert werden. Leichte und vor allen Dingen vorübergehende Formen davon sind jedoch weit verbreitet.

Unser Atem ist also unser offensichtlichstes und einfachstes Werkzeug, mit dem wir unser Bewusstsein, unsere Aufmerksamkeit, und damit unsere Energie lenken. Ist diese Energie nicht klar auf etwas Bestimmtes ausgerichtet, - wenn wir beispielsweise versuchen, gleichzeitig an unsere Termine am nächsten Tag auf der Arbeit, den Geburtstag der Oma und die bereits erwähnte Einkaufsliste zu denken - zerfasert unsere Energie. Kommen dann noch Sorgen hinzu, geht uns ein weiterer Teil unserer Energie gleich ganz verloren.

Unser Atem und unser Bewusstsein und mit ihm das Leben selbst sind untrennbar miteinander verbunden - das wird auch im Bereich der Notfallmedizin deutlich - Ersthelfer werden bei einem Verletzten zuallererst die Atmung überprüfen - gleichgültig, welche akuten und schlimmen Verletzungen der Betreffende sonst noch hat - denn ohne Atmung werden wir über kurz oder lang bewusstlos und überleben nicht lang.

Wenn wir aufhören, richtig zu atmen, können wir möglicherweise auch beobachten, wie unsere Hände oder Füße schneller kalt werden, wie die

Durchblutung nicht mehr ganz so angeregt funktioniert oder wie unsere Stimme dünner wird - so ist die Atmung auch beim Singen ein zentraler Faktor. Vielleicht können wir auch Veränderungen an unserem Herzschlag beobachten oder lernen, diesen über eine Atempraxis direkt zu beeinflussen.

Die Tatsache, dass wir über unsere Atmung unsere Physiologie beeinflussen können, wird in vielen Bereichen aktiv genutzt oder gelehrt - das kann uns bewusstwerden, wenn wir versuchen, ein Instrument zu spielen oder ein Pferd zu reiten, ohne unseren Atem zu berücksichtigen. So ist es eigentlich nicht überraschend, dass eine sinnvolle spirituelle Praxis fast immer den Atem als aufmerksamkeits- und bewusstseinslenkende Kraft nutzt, und als Möglichkeit, unser Bewusstsein so auf unseren physischen Körper auszurichten, dass eine gut funktionierende, gesunde Einheit entsteht.

Doch es ist auch ein tieferes Verständnis für die transzendentale Rolle und Funktion unseres Atems möglich, das sich nicht auf die Erkenntnis beschränkt, dass unser Atem unsere Physiologie beeinflusst. Altchinesische Texte des alchemistischen Daoismus lehren beispielsweise, dass der Atem selbst mittels daoistischer Praktiken in „spirituelle Energie" umgewandelt werden kann, ein Vorgang der Teil eines gezielten Reinigungs-, Sammlungs- und Speicherungsprozesses von Energie ist und letztlich zur Verschmelzung mit der spirituellen Quelle oder unmanifestierten Einheit (Wu Chi) führt[6] (vgl. Kapitel *Yin und Yang- von den männlichen und weiblichen Prinzipien im Einklang*). Die Bewusstheit über den eigenen Atem zu schärfen ist also nur ein erster Schritt auf dem spirituellen Weg.

Spirituelle Fähigkeiten, Intuition und warum sich das sogenannte dritte Auge nicht einfach schlagartig öffnet

Im Bereich der spirituellen Mystik finden sich viele Bezüge zu sogenannten spirituellen Fähigkeiten, Wundern oder sonstigen „Phänomenen", die wir gern ins Reich der Mythen und Legenden verbannen oder - eher abwertend - als „magisches Denken" abtun. Diese Aspekte der Spiritualität sind denn auch das, was gerade wissenschaftlich Orientierte eher abschreckt, da sie mit unserem vorherrschenden wissenschaftlichen Weltbild nicht vereinbar zu sein scheinen.

Aus meiner Sicht und Erfahrung handelt es sich hier jedoch nicht so sehr um außergewöhnliche Fähigkeiten, sondern vielmehr um ein natürliches Nebenprodukt der Interaktion unseres Bewusstseins mit der uns bekannten physischen Welt - eine Interaktion, die bislang wissenschaftlich noch nicht verstanden ist. Das Außergewöhnliche rückt in dem Moment in den Bereich des Vorstellbaren, in dem wir die momentan in der Wissenschaft vorherrschende Auffassung fallenlassen, unser Bewusstsein sei das Ergebnis neuronaler Aktivität im Gehirn (vgl. Kapitel *Warum Spiritualität sehr viel mit Wissenschaft zu tun hat und uns die Logik hier trotzdem nicht weiterhilft*).

So könnte man sagen, dass sogenannte spirituelle oder außergewöhnliche Fähigkeiten nur deswegen außergewöhnlich sind, weil wir sie aufgrund unseres momentan vorherrschenden Weltbildes noch nicht verstehen und wissenschaftlich erklären können. Wir bezeichnen also Dinge wie Bilokation, Telepathie, Channelling oder Remote Viewing als Wunder oder ungewöhnliche und unnatürliche Vorgänge - falls wir uns überhaupt ernsthaft mit ihnen auseinandersetzen wollen -, da sie innerhalb unseres vorherrschenden materialistischen Weltbildes keinen Sinn zu machen scheinen. Teil dieses momentan vorherrschenden Weltbildes ist eben auch, dass unser Bewusstsein die direkte Folge neuronaler Aktivität in unserem Gehirn ist.

Nimmt man demgegenüber jedoch an, dass Bewusstsein nicht-physisch, unabhängig vom Gehirn und damit über den physischen Tod hinaus existiert, rücken all diese wundersamen Dinge in den Bereich des Möglichen. Vielleicht tun sich viele Menschen auf der Verstandesebene gerade deshalb mit der Idee eines nicht-physischen, unendlichen Bewusstseins so schwer - die Folgen aus einer solchen Annahme sind gravierend, sie verändern das Weltbild grundlegend.

Wieso, könnte man an dieser Stelle fragen, ist das, was wir momentan als das Außergewöhnliche bezeichnen würden, nicht viel mehr Teil unserer gelebten und erlebbaren täglichen Realität, wenn ein solches spirituelles Weltbild Bestand haben sollte? Warum kommunizieren wir dann nicht telepathisch, schauen uns per Fernwahrnehmung mittels unseres Bewusstseins Ereignisse an anderen Orten zu anderen Zeiten an („remote viewing"), oder machen alle Nase lang außerkörperliche Erfahrungen? Warum können wir dann nicht alle die Zukunft vorhersehen oder uns einfach die Informationen aus dem kollektiven Bewusstsein oder dem Äther ziehen, die wir gerne hätten?

Kurz gesagt: weil wir das bewusst so gewählt haben, zumindest für eine Zeit lang, eine Zeitperiode des Lernens. Aus der weiteren, umfassenderen Perspektive unseres Spirit-Aspekts haben wir uns ganz bewusst dazu entschieden, die Erfahrung der Dualität machen zu können - die nur dadurch möglich wird, dass wir unsere wahre Natur zeitweise vergessen, da diese nicht dualistisch ist, kein „Gut" oder „Böse" kennt, sondern nur die Einheit.

Haben wir das Einheitsprinzip erst einmal vergessen, ist eine Rückkehr zu den Erinnerungen an unser wahres Selbst durch die zahlreichen Ablenkungen und Konditionierungen unserer Gesellschaften nicht ganz trivial, da diese uns eher von uns selbst und einer der spirituellen Entwicklung förderlichen Lebensweise weg- als zu ihr hinführen.

In der heutigen Zeit erhalten wir jedoch die Möglichkeit, zu unserer spirituellen Natur zurückzukehren, die Konditionierungen dieser Welt zu überwinden, so dass wir die Erinnerungen wieder zulassen können. Die Lernphase des Vergessens ist - in Zeitaltern gesprochen - vorbei, und viele Menschen beginnen sich die Augen zu reiben, wie nach einem langen Traum, und noch unter dem Eindruck von allerlei Albträumen stehend, stehen sie an der Schwelle zum vollen weiten Wachbewusstsein.

Ähnlich wie in einer Aufwachphase nach einer Nacht voller lebhafter Träume sind viele Erwachende momentan dabei herauszufinden, was Realität ist und was der Traum. Dieses Erinnern erfolgt für jeden auf individuelle Weise, so wie es für jeden Einzelnen und das große Ganze am Hilfreichsten ist, und auch zu unterschiedlichen Zeitpunkten in der linearen Zeit unserer physischen Existenz.

Auf einer ganz praktischen Ebene bedeutet dies auch, dass sogenannte „außergewöhnliche" Fähigkeiten sich mit der nötigen Disziplin und Integrität erst wieder entwickeln oder wiederentdeckt werden müssen. Zudem erfüllen sie im Sinne des Gemeinwohls eine ganz konkrete Funktion - sie dienen also weder der Unterhaltung, noch beispielsweise dazu, nur Einzelnen auf Kosten anderer nützlich zu sein.

Es gibt eine Reihe von seriösen psychologischen Studien zur Erforschung sogenannter parapsychologischer oder Psi-Phänomene, die in der Regel kleine, aber überzufällige Effekte finden, oft verstärkt unter bestimmten Bedingungen: So findet der Psychologe Daryl Bem beispielsweise Hinweise auf verstärkte telepathische Fähigkeiten bei Menschen mit eher kreativen Neigungen oder Menschen mit aktiver Meditationspraxis[1], und nach 10-jähriger Forschung auch Hinweise auf Phänomene der Präkognition, des Hellwissens[2]. In einer Meta-Analyse, die 90 Experimente zur Präkognition integrierend betrachtet, kommt er später zu dem Schluss, dass seine Ergebnisse zur Präkognition belastbar waren[3].

Der Psychologe Etzel Cardeña kommt in einem Überblicksartikel zum Stand der Forschung ebenfalls zu dem Schluss, dass die Evidenz für die Existenz von Psi-Phänomenen nicht schlechter ausfällt als für viele andere weniger kontroverse Phänomene aus der psychologischen Forschung, und dass diese nicht einfach durch das Anführen methodischer

Mängel „wegerklärt" werden können, wie gern versucht wird[4]. Trotzdem widersprechen Psi-Phänomene dem wissenschaftlich vorherrschenden Weltbild und können bislang weder erklärt noch eingeordnet werden - weswegen Skeptiker sie als Anomalien bezeichnen[5]. Ein Konsens unter Forschern in Bezug auf die Existenz von Psi-Phänomenen ist damit nicht in Sicht.

Im Zusammenhang mit dieser Art der Forschung ist aus spiritueller Sicht allerdings auch zu beachten, dass hier metaphysische Gesetze wie das Gesetz der Anziehung oder das Gesetz der Resonanz zu tragen kommen dürften, die das Zusammenspiel zwischen Geist und Materie letztlich beschreiben - glauben die Testpersonen daran, dass sie telepathisch kommunizieren können, haben sie also Vertrauen in ihre Fähigkeiten oder haben sie entsprechendes „Training"? Die Fähigkeiten können als Produkt unseres Bewusstseins angesehen werden, ein Produkt von „Grace" oder Gnade, die erworben wird, wenn wir in die Verbindung mit unserer spirituellen Natur kommen. Unsere spirituelle Natur kennt keine Zweifel, sie ist im vollen Vertrauen - dies ist also eine Voraussetzung dafür, dass diese Fähigkeiten zuverlässig gezeigt werden können.

Ein weiterer Faktor ist der Verwandte des Zweifels, die Angst - viele Menschen tragen eine tief sitzende Angst vor spirituellen Dingen mit sich, oft, ohne sich dessen bewusst zu sein. Oftmals ist diese Angst noch ein Produkt religiösen Dogmas, das uns seit Generationen in den Genen sitzt - auch wenn wir nicht bewusst an Engel oder Dämonen glauben, oder auch an die Existenz einer „Hölle", eine Auseinandersetzung mit den nicht-physischen Ebenen der Realität, manche nennen sie auch die geistige Welt, wird unbewusst noch mit religiösen Lehren in Verbindung gebracht, lässt möglicherweise an Hexenverfolgungen, Exorzismen oder Besessenheit denken. Zudem ist uns die Auseinandersetzung mit der geistigen Welt fremd, es gibt keine (offiziellen) Schulen, in denen wir etwas über diese Dinge lernen würden. Und was uns fremd ist, löst gern Unsicherheit oder gar Angst aus.

Zudem ist eine unabdingbare Voraussetzung für die Entwicklung spiritueller Fähigkeiten eine gewisse spirituelle und persönliche Reife, allen voran Integrität, denn sie sind ja ein Nebenprodukt unserer Rückverbindung mit der spirituellen Natur des Selbst. Spirituelle Fähigkeiten gehen mit einem hohen Maß an Verantwortung einher - nicht alle Dinge, die wir mittels dieser Fähigkeiten wahrnehmen, nicht alle Informationen, auf die wir potenziell Zugriff erhalten könnten, sind für alle Beteiligten immer nützlich oder hilfreich.

Ein verantwortungsloser oder sogar selbstbezogener Umgang mit dem Wahrgenommenen kann Schaden anrichten. Mangelnde Integrität im Umgang mit spirituellen Fähigkeiten, die nur zum eigenen Vorteil eingesetzt werden, hat so auch begrenzende Auswirkungen: Es gibt bei der Entwicklung sogenannter Psi-Fähigkeiten so etwas wie eine eingebaute Schutz- oder Sperrfunktion. Fähigkeiten, die nicht zum Wohle aller (gemäß dem Einheitsprinzip) eingesetzt werden, degenerieren oder entwickeln sich gar nicht erst vollständig, da die dafür erforderliche Rückverbindung mit dem eigenen spirituellen Selbst noch nicht in ausreichendem Maße erfolgt ist.

Ein weiterer begrenzender Faktor ist die Frage, ob wir selbst mit dem nun Wahrnehmbaren, den Informationen aus anderen Realitätsebenen, umgehen können - nicht alles davon ist angenehm und positiv. Vieles ist uns scheinbar so unbekannt, dass es uns Angst einflößt. In diesem Sinne sind wir noch wie Kinder, die sich in einer vergessenen und nun wiederentdeckten Welt zurechtfinden müssen, oft leider ohne angemessene Anleitung. Auch hier schützt uns unser nicht-physisches Selbst in der Regel vor Erkenntnissen und Informationen, für die wir schlicht noch nicht bereit sind.

An dieser Stelle wird auch deutlich, wie wichtig ein emotionales und mentales Gleichgewicht ist, und dass ein solches der Entwicklung spiritueller Fähigkeiten immer vorgeordnet sein sollte. Eine hohe Bewusstheit über und gute Integration der eigenen emotionalen Trigger und Ängste, und damit Meisterschaft über die eigenen Gefühlsreaktionen

und damit auch das Nervensystem ebenso wie über die eng damit ver-
wobenen Gedanken - im Unterschied zur Meisterschaft unserer Gedanken und Gefühle über uns -, ist unabdingbar für einen gesunden, organischen Erwachensprozess und damit auch für die Ausbildung irgend-
welcher „besonderer" Fähigkeiten (vgl. Kapitel *Vom Umgang mit Emotionen*).

Schließlich handelt es sich bei einem Erwachen, wie eingangs beschrieben, um einen Prozess, der sich nicht nur auf der spirituellen, geistigen, mentalen, oder emotionalen Ebene abspielt. Er betrifft all unsere
Anteile einschließlich des physischen Körpers. Wenn dieser Körper aufgrund von uns unzuträglicher Ernährung, bestimmter Medikamente,
Stress, einem Mangel an Bewegung, Zuwendung und Pflege, oder sonstiger wenig hilfreicher Umwelteinflüsse nicht in seinem Gleichgewicht
ist, kann dies einer spirituellen Entwicklung durchaus im Wege stehen
(vgl. Kapitel *Die Rolle des physischen Körpers im Erwachensprozess*).

Auch hier gilt wieder, dass Krankheiten oder körperliche Ungleichge-
wichte zur menschlichen Erfahrung dazugehören und manchmal Teil einer gewollten Lernerfahrung sind - es geht hier also nicht um Fragen der
Schuld und nicht jede Krankheit ist Ausdruck mangelnder Selbstliebe,
mangelnder Selbstfürsorge oder gar negativer Gedanken. Gerade in einem Aufstiegsprozess zeigen sich oft und gern körperliche Symptome
auch als Teil einer Anpassung des Körpers an unser verändertes Bewusstsein.

Es kann aber durchaus auch sein, dass wir auf unserem Weg Veränderungen an unseren Gewohnheiten vornehmen müssen, um unseren
Körper zu unterstützen, der dies mit seinen Signalen auf verschiedene
Weise einfordern kann - zum Beispiel mit Hilfe von Schmerzen - damit
wir unsere Aufmerksamkeit auf das richten, was ins Gleichgewicht gebracht werden muss - auch in so einem Fall wären spirituelle „Fähigkeiten" eher eine Ablenkung.

Kurz gesagt ist es kein Wunder, dass wir nicht an jeder Ecke Menschen treffen, die zuverlässig Botschaften aus dem Jenseits ins Diesseits

holen, Wunderheilungen vollbringen oder unsere Gedanken lesen. Wissenschaftler, die in seriösen Studien noch robustere Hinweise auf die Existenz von Psi-Phänomenen finden wollen, müssten all diese Dinge bei der Auswahl ihrer Testpersonen berücksichtigen.

Zudem werden die Glaubenssysteme der Wissenschaftler selbst gemäß den Gesetzen der Anziehung und der Resonanz, laut derer nichts Teil der eigenen Realität werden kann, was nicht in Resonanz mit dem eigenen Bewusstsein(sstand) steht, mit den Ergebnissen der Studie in Verbindung stehen, denn Bewusstsein und Realität, Beobachter und das Beobachtete sind nicht unabhängig voneinander. Dies ist die Natur unseres Bewusstseins, das mit der uns bekannten physischen Umwelt interagiert (vgl. Kapitel *Das Gesetz der Anziehung, die positive Psychologie und was das in einer Welt der Dualität praktisch bedeutet*).

Unsere Wahrnehmung von Realität weitet sich im Verlauf des Erwachensprozesses und schließt dann Aspekte der Realität mit ein, die uns vorher verborgen waren. Die Anzahl der Menschen, die jeweils ein gewisses Spektrum dessen wahrnehmen können, was in einer von Dualität geprägten Umwelt („hell" vs. „dunkel", „Gut" vs. „Böse") als „die Realität" bezeichnet werden kann, können wir uns wie eine Normalverteilungskurve vorstellen, also jene glockenförmige Kurve, die manche vielleicht noch aus dem Statistikunterricht kennen.

Die allermeisten Menschen - also diejenigen, die den Gipfel der Kurve in der Mitte bilden - nehmen einen mittleren Ausschnitt von „eher positiven" oder „eher negativen" Aspekten in ihrem Leben, ihrer Umwelt wahr. Diese Aspekte sind Teil ihrer Realität. Die Extreme dieser Glockenkurve, also jene Aspekte der Realität, die die meisten Menschen als „extrem positiv" (also z.B. Erfahrungen bedingungsloser Liebe, des Nicht-Bewertens, extremen inneren Friedens, Glücksgefühle etc.) oder „extrem negativ" (die schattenhaften Abgründe der Menschheit, extreme Gewalttaten und Kriege, aber auch Fremd- und Neuartiges, Bizarres, das uns Angst macht) bezeichnen würden, bleiben der Mehrheit der Menschen als Ausschnitte aus der Realität in der direkten Erfahrung jedoch verborgen - auch wenn sich das im ständigen Wandel befindet, denn wir befinden uns in einer Zeit des Erwachens oder Erinnerns, das zunehmend im weiteren Kollektiv sichtbar werden wird.

Wenn sich also das dritte Auge öffnet, so ist das (idealerweise) ein gradueller, vorsichtiger Prozess, denn die Fähigkeit, breitere Ausschnitte aus der Realität wahrnehmen zu können, schließt eben auch die - wie wir es nennen würden - negativeren, dunkleren Aspekte der Realität mit ein. Um diese integrieren zu können, müssen wir eine Grundstabilität erreicht haben. Wenn uns das kleinste Alltagsdrama bereits aus der harmonischen Mitte schmeißt, wie sollen wir dann mit den größeren Dramen dieser Welt umgehen? Psychologische Forschung bestätigt, dass wir oft nicht in der Lage sind, unsere emotionale Reaktion auf eine vorgestellte zukünftige Situation - wie z.B. auf den Gewinn eines Preises, Unterlegenheit in einem Wettbewerb, oder eine Trennung - richtig einzuschätzen. Die Reaktion wird über-, oft aber auch unterschätzt, weil wir in unserer Fantasie beispielsweise den Kontext der Situation nicht mit einbeziehen[6].

Folglich werden wir in der fraglichen Situation, die wir uns vorher so schön vorgestellt haben, überrascht von der Art oder Macht unserer eigenen Gefühlsreaktion. So ähnlich verhält es sich oft auch mit neuartigen Wahrnehmungen, wenn sich das dritte Auge öffnet. Es ist für uns im Vorhinein schwer vorstellbar, wie wir emotional auf das Gesehene reagieren, ganz besonders, wenn das Gesehene neu- oder fremdartig auf uns wirkt, wenn wir noch keine bewusste Erfahrung damit haben - in diesem Fall unterschätzen wir in der Regel unsere Angst- und Abwehrreaktion.

Ein weiterer Faktor ist, dass wir die Angewohnheit haben, Dinge auszublenden oder zu verdrängen, die wir nicht sehen wollen oder für die wir noch nicht bereit sind, insbesondere auch, wenn damit Konsequenzen in unserem eigenen Handeln verbunden sind, oder wenn uns die antizipierte emotionale Reaktion zu überwältigend oder zu negativ scheint. Der Risikoforscher Gerd Gigerenzer befragte die Teilnehmer einer repräsentativen Studie, ob sie es gern vorher wüssten, wenn eine Reihe von negativen Szenarien sich in ihrer Zukunft bewahrheiten sollten, die er ihnen vorlegte. Zwischen 85 % und 90 % der Befragten wollten es lieber nicht wissen, und dabei umso weniger, je risikoscheuer sie auch im Allgemeinen waren.[7]

Natürlich ist es auch ganz gut so, dass wir diese und ähnliche Schutzmechanismen einsetzen, denn sie dienen ja dazu, uns vor (emotionaler) Überforderung zu bewahren. Im Verlauf des Erwachensprozesses werden wir nun allerdings mit genau diesen emotionalen Triggern sehr deutlich konfrontiert - denn dieser Prozess dient ja unter anderem dazu, uns zu ermächtigen, uns zu lehren, im Gleichgewicht zu bleiben, obwohl und gerade wenn wir das volle Bild sehen - positiv wie negativ. Nur so ist eine ermächtigte Wahl möglich im Gegensatz zu purem Reaktionismus.

Die gute Nachricht ist, dass die in spirituellen Gruppierungen so viel zitierte „Schattenarbeit" an diesen Triggern langfristig tatsächlich oft zu mehr innerem Frieden und emotionaler Stabilität führt - auch wenn sie uns kurzfristig ein beängstigendes Gefühl von Destabilität geben kann. Ist das nicht der Fall, geraten wir also in eine Abwärtsspirale der Destabilität und Verwirrung bis hin zu ausgereiften psychischen Problemen, sollten wir uns dringend Hilfe suchen.

Emotionale Stabilität ist Voraussetzung dafür, dass sich das dritte Auge vollständig öffnen kann. Denn einmal Gesehenes und Erfahrenes lässt sich nicht mehr ungesehen und unerfahren machen, nur weil die Information nicht gefällt. Daher ist es so wichtig, dass wir uns und unsere emotionalen Triggerpunkte gut kennenlernen und uns ein gewisses Repertoire an Bewältigungsstrategien erarbeiten, also Strategien, die uns dabei helfen können, die Gefühls- und Körperreaktionen zu verarbeiten, die insbesondere Neuartiges, Überraschendes, Beängstigendes und potenziell Überforderndes in uns auslösen. Wenn wir mit Neuartigem und Unbekanntem konfrontiert werden, reagiert unser autonomes Nervensystem und stuft dies erst einmal als potenzielle Bedrohung ein - das Neue, Fremdartige könnte ja gefährlich sein. Für diese Fälle benötigen wir die Fähigkeit, unser autonomes Nervensystem bewusst(er) zu regulieren - eine Fähigkeit, die wir uns durch regelmäßige spirituelle Praxis wie Meditation und Pranayama erarbeiten können.

Über die Fantasie, die „Imagination" und das innere Kind

Ein Kapitel über das Kindliche in uns mag in einem Buch über das spirituelle Erwachen überraschen, wirken spirituelle Lehren oder mystische Schulen doch oft sehr ernst und abgehoben oder sie sollten in unserer Vorstellung doch zumindest so etwas wie „Weisheit" oder „Reife" besitzen. Dabei ist die Wiederentdeckung oder gar Wiedererweckung dessen, was oft als das „innere Kind" bezeichnet wird einer der wichtigsten Aspekte im Prozess des spirituellen Erwachens. Gleichzeitig wird dieser Aspekt jedoch oft vergessen, nicht beachtet, oder als unwichtig abgetan, und damit auch seine Attribute der Verspieltheit, Freude, Abenteuerlust und emotionalen Authentizität.

Fatal! Denn hier liegt die Kreativität, die Freude am Ausprobieren, und auch die Fähigkeit, die Dinge mit unschuldigen Augen vorurteilsfrei zu betrachten. Auch die eng mit dem Kindlichen verbundene Fantasie, Vorstellungskraft oder Imagination wird in unserer Gesellschaft leider oft als „Träumerei" abgetan, die nichts Praktisches oder von Wert hervorbringt - während gleichzeitig Therapeuten jeder Art, Marketingpsychologen und Medienschaffende sich die Macht der Bilder und der Imagination jeden Tag zunutze machen[1].

Dabei basiert alles, was wir kennen, auf unserer Vorstellungskraft, jede Idee, jede Vision für die Zukunft, jede Entscheidung nutzt die Macht der Imagination - wie sonst sollten wir eine Wahl zwischen zwei Optionen treffen können, wenn wir nicht dazu in der Lage wären, uns *vorzustellen*, wie die Realität nach Wahl der einen und wie nach Wahl der anderen aussehen würde[2]? Dies gilt umso mehr in einer physischen Realität, die in direkter Interaktion mit unserem Bewusstsein steht (vgl. Kapitel *Das Gesetz der Anziehung, die positive Psychologie und was das in einer Welt der Dualität praktisch bedeutet*).

Es stellt sich die Frage, wie irgendeine Form des Fortschritts jemals möglich gewesen sein soll, ohne, dass zuvor eine Idee, eine Vision in unserem Bewusstsein geboren werden musste, die ihrer Zeit voraus war. Unsere Imagination ist keine Träumerei im abwertenden Sinne, sie ist die Sprache, mit der unser nicht-physischer spiritueller Anteil mit uns kommuniziert, die Sprache der Intuition und der Kreativität.

Mit Hilfe von Bildern und Vorstellungen in unserer Fantasie geben wir der Welt um uns Bedeutung und diese sind es, die oft sehr stark mit Emotionen verknüpft sind und sich so in unserem Bewusstsein festsetzen können. In jeder einzelnen Unterhaltung, die wir mit einem Gegenüber führen, sind es nicht die Worte an sich, die unser Erleben bestimmen, sondern die Bilder und Vorstellungen, die diese Worte in uns auslösen.

Wenn wir uns beispielsweise über eine bevorstehende Urlaubsreise unterhalten, reist unser Bewusstsein bereits voraus und benutzt die Sprache der Imagination, der Bilder und Gefühle, um uns bereits einen Vorgeschmack zu geben. Erst mittels dieser Sprache erleben wir überhaupt so etwas wie die Motivation dafür, irgendetwas zu tun – würden wir die Urlaubsreise planen, buchen, uns Urlaub nehmen, unsere Sachen packen und in den Zug oder ins Flugzeug steigen, ohne uns eine Vorstellung in unserer Fantasie davon gemacht zu haben, wie sie werden könnte? In Wahrheit sind wir den ganzen Tag damit beschäftigt, zu träumen, und all unsere Impulse, unsere Entscheidungen basieren auf dieser Sprache der Träume.

Gleichzeitig nutzen Massenmedien, Marketingspezialisten ebenso wie die Filmindustrie den Umstand, dass wir auf diese Sprache der Bilder, der Emotionen und der Fantasie nicht nur gut ansprechen, sondern diese auch zum großen Teil unsere Handlungen steuert, um gezielt Ideen in die Welt zu setzen, ob uns das bewusst wird oder nicht. Wieviel besser ist es, wenn wir uns der Macht der Imagination bewusstwerden und diese gezielt einsetzen, um so das zu erschaffen, was wir wirklich wählen. Ist uns nicht bewusst, wie stark eine Beeinflussung unseres Bewusstseins durch die Macht der Bilder und der Imagination ist, sind wir leicht manipulierbar und lassen andere durch uns die Visionen erschaffen, die sie besitzen - nicht wir.

Aber auch das Spielerische, Leichte des Anteils in jedem Menschen, der in manchen therapeutischen Ansätzen wie der Teilearbeit das „innere Kind" genannt wird, ist wie eine Brücke zur Transzendenz. Denn nicht nur steht das innere Kind für die unschuldige, ursprüngliche und damit noch wenig konditionierte, „unangepasste" Leichtigkeit, die Freude am Ausprobieren und die Imagination als Grundlage jeglichen kreativen Schaffens, hier finden wir auch viele unserer emotionalen Triggerpunkte, die uns einengen - dieser Anteil enthält also sowohl einen Gutteil unseres Potenzials als auch das, was uns davon abhält.

Gerade weil es sich um einen so verletzlichen und in unserer Welt leicht verletzbaren Anteil handelt, der gleichzeitig das Potenzial besitzt, uns wieder zu unserem wahren Selbst zu führen, kommen die meisten, die sich auf den „spirituellen Weg" begeben, nicht daran vorbei, auf die eine oder andere Art mit diesem Anteil zu arbeiten und diesem wieder seinen rechtmäßigen Platz zukommen zu lassen.

So passiert es auf einem spirituellen Weg, der sogenannten dunklen Nacht der Seele, häufig, dass dieser oft verdrängte Anteil ans Tageslicht kommt mit all dem Potenzial, aber auch dem Schmerz des bislang nicht Gesehenen, denn er will gesehen und gelebt werden. Eine gesunde Verbindung mit diesem inneren Anteil unseres Bewusstseins zeigt sich in offener Neugierde, spielerischer Leichtigkeit, der puren Freude am Leben und Experimentieren, dieser unwiderstehlich unschuldigen Spontaneität, durch die sich kleine Kinder noch auszeichnen.

Sie zeigt sich auch in unserer Fähigkeit zum Tagträumen, zur Imagination, dazu, unser Bewusstsein in neue Ebenen vorstoßen zu lassen und uns so frei fühlen zu können. Das ist es, was wir meinen, wenn wir sagen, dass wir in irgendeiner bestimmten Situation oder Umgebung wieder „Kind sein können" - wir erleben das Gefühl der Anbindung an etwas, das wir allzu häufig durch Verurteilung in einen entlegenen Winkel verdrängt haben, aus Angst, es könnte „unpassend" sein (vgl. Kapitel *Verurteilung oder Beurteilung*).

Das Verdrängen unserer unschuldig-kindlichen Aspekte kann also aus dem Wunsch heraus erfolgt sein, in der „Erwachsenenwelt" ernst genommen zu werden, „reif" und „vernünftig" zu wirken, und entspringt so natürlich einem nachvollziehbaren Bedürfnis. Oft führen allerdings auch kleinere oder größere Traumata dazu, dass die Verbindung verloren geht. In unserer Welt machen wir allzu häufig die Erfahrung, dass eine zu offene Neugierde und Experimentierfreudigkeit gefährlich sein kann, so dass wir aufgrund dieser Erfahrungen aus der Vergangenheit Schutzwälle um unseren verletzlichsten Anteil aufbauen.

Vom Unterschied zwischen Mitgefühl, Mitleid und Empathie und warum das wichtig ist

Mitgefühl ist das verbindende Element auf diesem Planeten, es ist die Technologie des Herzens, die es uns erlaubt, die unterschiedlichen Sichtweisen auf diesem Planeten nicht als Grund für Distanz und Trennung zwischen uns Menschen zu sehen (vgl. Kapitel *Wer hat denn nun Recht? Die „Wahrheit" aus spiritueller Sicht*). Mitgefühl baut also eine Brücke zum Einheitsbewusstsein (vgl. Kapitel *Warum wir noch viel zu lernen haben - das Einheitsbewusstsein*). Aus diesem Grund ist es auch so wichtig, dass wir verstehen, was Mitgefühl ist und was es nicht ist, und wie wir diese Herzenstechnologie in unserem Leben praktisch kultivieren können.

Mitgefühl ist in diesem Sinne nicht nur der Weg in ein Mehr an Verbindung, ein Weg der Heilung für die persönlichen Beziehungen, die jeder Mensch hat: In dem kollektiven und vor allen Dingen chaotischen Erwachensprozess, in dem wir uns gerade befinden, der viele uralte Wunden aufreißt und jegliche Sicherheiten infrage stellt, ist Mitgefühl tatsächlich der einzige Ausweg.

Für viele mag diese Aussage eine naive Idee der New-Age-Bewegung sein: Wie kann ein so sanftes Gefühl wie das Mitgefühl dem handfesten Chaos da draußen ernsthaft etwas entgegensetzen, angesichts der massiven politischen Unsicherheiten, Unruhen, Proteste und Krisen, angesichts der Aggressivität, mit der Glaubenssysteme und Interpretationen der Wirklichkeit verteidigt werden, Kämpfe, die längst nicht nur zwischen klassischen Gruppierungen (z.B. Anhängern bestimmter Parteien) ausgetragen werden, sondern immer mehr auch innerhalb von Gruppierungen und Familien, zwischen engen Angehörigen und Freunden (vgl. Kapitel *Ist Spiritualität naiv?* und *Licht und Dunkel aus Sicht der Einheit - gibt es das „Böse" und wenn ja, welche Seite ist „mächtiger"?*)?

Tatsächlich ist diese Skepsis Ausdruck einer mangelnden Integration insbesondere unserer eigenen inneren weiblichen Anteile, die von unserer Kultur systematisch in den Hintergrund gedrängt wurden zugunsten der in unserer materiellen dualistischen Umwelt möglicherweise leichter verstehbaren männlichen Anteile (vgl. Kapitel *Yin und Yang – von den männlichen und weiblichen Prinzipien im Einklang*).

Wie aber soll uns Mitgefühl helfen? Nehmen wir dazu nur die Frage, ob wir angesichts der Coronavirus-Situation 2020 eine Maske tragen sollten oder nicht. Mitgefühl ist die Herzenstechnologie, die uns einen - alternativlosen - Ausweg aus dem Chaos weisen kann: Unabhängig davon, welche persönliche Meinung wir zu der oben genannten Streitfrage haben, und unabhängig davon, welche Seite „Recht hat", werden die meisten Menschen die Erfahrung gemacht haben, dass eine kompromiss- und mitgefühlslose Haltung Fronten verhärtet, Konflikte verschärft, Trennung schafft statt Verbindung.

Mitgefühl hängt somit eng mit der Erkenntnis zusammen, dass es nicht darum geht, wer Recht hat. Ein Beharren darauf, auf der Sonnenseite der Wahrheit zu stehen (und das Gegenüber damit automatisch nicht) ist Ausdruck einer Überlegenheitsmentalität, die Probleme nicht wirklich löst, und wenn, dann nur übergangsweise und basierend auf Druck, Angst und Kontrolle. Wer möchte wirklich in so einer Welt leben?

Dies verdeutlicht einmal mehr, dass es sich beim Mitgefühl nicht etwa um eine verirrte Idee einer weichgespülten und naiven New-Age-Anhängerschaft geht, die noch an den Osterhasen glaubt - es ist eine zu Unrecht völlig unterschätzte Technologie, ein machtvolles effektives Werkzeug, und es wird Zeit, dass wir seinen Gebrauch verstehen, dass wir verstehen, was wir mit diesem Werkzeug bewirken können.

Um also zu verstehen, wieso und auf welchem Weg das Mitgefühl ein so zentrales Mittel der Friedensbildung sein kann, müssen wir erst verstehen, was Mitgefühl bedeutet. In der klinischen Psychologie und Psychotherapieforschung wird die therapeutische Wirkung des

Mitgefühls erforscht Eine hier anerkannte Definition beinhaltet die folgenden drei Bestandteile:

1. die Wahrnehmung des Leids des Gegenübers, ohne sich davon abzuwenden, zu distanzieren, dieses zu ignorieren (innerlich z.b. durch Dissoziation von den eigenen Gefühlen oder äußerlich durch das Verlassen der beobachteten Situation), oder auf der anderen Seite in eine Überidentifikation mit dem Leid zu gehen

2. Gefühle der Verbundenheit mit dem leidenden Lebewesen, die Freundlichkeit und Hinwendung aufkommen lassen

3. der aktive Wunsch, das Leiden zu verringern

Als eine Voraussetzung für die Entwicklung echten Mitgefühls wird eine Art des nicht bewertenden Verständnisses für wahrgenommene Fehler oder Misserfolge gesehen, die als Teil des gemeinsamen Menschseins interpretiert werden, und so Verbindung schaffen statt Trennung[1].

Die Komplexität dieser Definition verdeutlicht auch, warum viele Menschen sich schwer tun mit dem Konzept, und warum es immer wieder zu Unschärfen, Verwirrungen und Missverständnissen kommt beim Gebrauch dieses Begriffs - so gibt es Überschneidungen mit den Begriffen Mitleid und Empathie. Was ist der Unterschied?

Mitleid kann etwas Überhebliches haben, denn das verbindende Element des Mitgefühls fehlt ebenso wie der Wunsch, das beobachtete Leid zu verringern. Bloßes Mitleid kann zu dem Wunsch führen, sich von den unangenehmen Gefühlen zu befreien, die durch die Beobachtung des Leids ausgelöst wurden, beispielsweise indem wir uns physisch von dem leidenden Wesen entfernen oder indem wir uns von dem Beobachteten ablenken.

Es kann auch bedeuten, dass die Erleichterung im Vordergrund steht, die wir vielleicht dabei empfinden, dass wir uns nicht selbst in der beobachteten leidvollen Situation befinden. Diese Unterscheidung ist wichtig, denn diese Form des Mitleids hat keine verbindende Qualität, das heißt, sie baut keine Brücke zwischen den Menschen. Im Gegenteil, sie kann Ausdruck einer „Besser/Schlechter"-Mentalität sein. Eine derartige Wertung des Mitleidenden tut weh und hilft dem Bemitleideten wenig. Auf keinen Fall leistet es das, was das Mitgefühl demgegenüber leistet, denn das Mitgefühl sieht den leidenden Menschen nicht als „schlechter" oder „ärmer" an, sondern nimmt ein gleichgestelltes Wesen wahr, und nimmt dem Leidenden somit auch nicht die Autonomie oder Würde.

Empathie wiederum bezeichnet lediglich die Fähigkeit, dasselbe zu empfinden wie das Gegenüber. Hierbei wird lediglich die Emotion des Gegenübers gespiegelt, also in gleicher Weise nachempfunden. Somit ist die Fähigkeit zur Empathie sicher eine Vorstufe zum Mitgefühl, die Punkte 2. und 3. aus der oben erwähnten Definition schließt sie jedoch nicht ein, aus ihr folgt also erst einmal keine Konsequenz.

In einer ganz einfachen Zusammenfassung dieser Definition bringt auch Pamela Aaralyn, eine spirituelle Lehrerin und realisierte Mystikerin aus den USA, die Essenz des Mitgefühls wunderschön auf den Punkt: „Mitgefühl bedeutet, dem Leid mit Liebe zu begegnen" (*in ihrer persönlichen Kommunikation mit ihren Schülern, www.pamelaaaralyn.com*).

Wenn es also darum geht, die verbindende Brücke zwischen uns Menschen wiederzufinden, benötigen wir mehr als Empathie, nämlich auch die (echte) Liebe, eines der am meisten missverstandenen Empfindungen auf diesem Planeten, da die ehrlich empfundene Liebe eine Erinnerung an diese Brücke zwischen allem Lebendigen ist, und eine essenzielle Zutat in dem machtvollen Werkzeug des Mitgefühls (vgl. Kapitel *Warum Liebe eben nicht nur eine schöne Nebensache ist*).

Ein interessantes Ergebnis aus der Mitgefühlsforschung ist so auch, dass Praktizierende von Mitgefühlsmeditationen und -übungen, die auf diese Weise das Mitgefühl für sich selbst kultivieren, gleichzeitig beginnen, für andere mehr Mitgefühl zu empfinden, ohne, dass sie aktiv daran gearbeitet hätten[2]. Umgekehrt funktioniert das ebenso. Dies verdeutlicht das verbindende Element von Mitgefühl, das nicht trennt zwischen dem Selbst und dem Gegenüber, sondern eine Brücke baut.

Echt empfundene Liebe kann nicht trennen, da diese Erinnerung an die Verbindung zwischen allem Lebendigen keine Ausnahme macht gegenüber einer bestimmten Ausdrucksform des Lebens, oder einen Unterschied macht zwischen zwei Ausdrucksformen des Lebens, wie dem Selbst und einem Gegenüber. Letztlich ist Mitgefühl also immer auch eine Erinnerung an die Gleichstellung allen Lebens und an die Absurdität und Unnatürlichkeit einer Mentalität, die bestimmte Ausdrucksformen des Lebens über andere stellt.

Es gibt im Gesundheitswesen den Begriff der sogenannten „compassion fatigue", also einer gewissen Müdigkeit, Mitgefühl zu empfinden, die sich einstellt als Folge des extremen Ausmaßes, mit dem Pflegepersonal, Ärzte und andere Mitarbeiter dieses Bereiches täglich mit Leid konfrontiert sind. Obwohl das Phänomen „compassion fatigue" natürlich real ist, ist der Begriff „fatigue", also Müdigkeit hier irreführend, denn er impliziert, dass Mitgefühl eine endliche Ressource ist, die aufgebraucht werden kann, und dass wir, nachdem wir ein gewisses Maß an Mitgefühl aufgebracht haben, natürlicherweise erschöpfen und gewissermaßen abstumpfen, dass Mitgefühl also Anstrengung erfordert.

Da das Mitgefühl jedoch seine Wurzeln in der Liebe hat, und bedingungslose Liebe keine versiegende Quelle ist, kann dies nicht stimmen. Wir werden also nicht müde davon, das Mitgefühl zu empfinden, müde werden wir durch andere Dinge, die wiederum dazu führen, dass wir die Verbindung zum eigenen Herzen, zu unserem Spirit-Aspekt verlieren, und damit die Verbindung zu der nicht versiegenden Quelle des Mitgefühls.

Und dieser Verlust an Verbindung tritt tatsächlich häufig ein, denn nicht nur physische oder psychische Ermüdung können zu einem Verlust der Verbindung mit unserem Herzen führen, auch Ablenkung, emotionale Aufregung oder andere stressauslösende Faktoren einschließlich einer falschen Ernährung, Medikamente oder Umwelteinflüsse wie beispielsweise Lärm oder Umweltgifte. Die Arbeitsbedingungen in unserem bestehenden Gesundheitssystem mit den langen Arbeitszeiten und der unausgesprochenen Regel, die eigenen Bedürfnisse ohne Rücksicht auf Verluste den (wahrgenommenen oder realen) Bedürfnissen des Patienten, des Krankenhauses oder der Gesundheitsorganisation unterzuordnen, erschweren es, die Verbindung zum Herzen aufrechtzuerhalten, obwohl die Herzensverbindung gerade in diesem Bereich so wichtig wäre.

„Compassion fatigue" ist auch das Phänomen, das sich als Abstumpfung manifestiert, die wir empfinden, wenn wir am laufenden Band mit Katastrophenmeldungen in den Nachrichten konfrontiert werden. Dies ist auch der Grund, warum viele Menschen auf einem spirituellen Weg sich dafür entscheiden, weniger oder gar keine Nachrichten mehr zu konsumieren.

Ohne Mitgefühl ist auch keine vertrauensvolle Beziehung möglich. Denn Konflikte entstehen oft daraus, dass wir dem Gegenüber Vorwürfe machen, das bestimmte Erwartungen nicht erfüllt hat. Enttäuschung und Verletzung ist die Folge, was wiederum dazu führt, dass wir unser Herz verschließen, und uns einen Schutzpanzer zulegen, aus Angst vor weiteren Verletzungen. Oft entsteht dann eine Abwärtsspirale, in deren Verlauf sich Diskussionen nur noch um die Fragen drehen, wer Schuld hat und wer Recht hat. In beiden Fällen geht es nicht mehr um das Herstellen einer Verbindung, sondern um Überlegenheit und Macht mit dem Ziel, „sich besser zu fühlen".

Dies ist jedoch eine Illusion, denn ein Gefühl der Erleichterung, das sich möglicherweise dadurch ergibt, wenn wir als „Sieger" aus einer Diskussion hervorgehen, weil wir rhetorisch „Recht bekommen haben" oder die „Schuld" und damit vollständige Verantwortung beim Gegenüber verorten konnten, ist höchstens temporär, denn diese sogenannte Erleichterung hat einen Preis. Der Preis besteht in einem nun geschaffenen Ungleichgewicht zwischen den beiden Parteien, bei der eine der beiden Parteien der Unterlegene ist und Vertrauen verlorengeht.

Es entstehen aus derlei Dynamiken also niemals Win-win-Situationen, Kompromisse oder Lösungen auf Augenhöhe. Und nur diese sind nachhaltig und stabil und schaffen dauerhaft Nähe und Verbindung. Das Mitgefühl kann also die Abwärtsspirale von Schuld, Recht und Macht durchbrechen, indem es beiden Parteien erlaubt, das Herz offen zu halten und zur Erkenntnis zu führen, dass die Verbindung mit dem Gegenüber das eigentlich Wesentliche ist, nicht die Frage danach, wer Recht hat oder die Schuld trägt.

Echtes Vertrauen kann also erst wieder als Folge eines Prozesses entstehen, im Verlauf dessen wir einen Weg finden, wieder eine Brücke zum Gegenüber zu bauen, so dass sich das Herz wieder öffnen kann. Ohne die Erkenntnis, dass Unzulänglichkeiten Teil der gemeinsamen menschlichen Erfahrung sind, seien sie wahrgenommen oder real (und das macht letztlich keinen praktischen Unterschied, denn die Wahrnehmung macht etwas letztendlich zu etwas Realem, vgl. Kapitel *Wer hat denn nun Recht? Die „Wahrheit" aus spiritueller Sicht*), wird es schwierig werden, diese Brücke zu bauen. Diese Erkenntnis verdeutlicht Kristin Neff, Professorin für Psychologie und Persönlichkeitsentwicklung, in folgender Weise:

„It [compassion] also involves offering nonjudgmental under-standing to those who fail or do wrong, so that their actions and behaviors are seen in the context of shared human fallibility" (S. 87).[3] [deutsch: Mitgefühl beinhaltet auch das nicht-bewertende Verständnis gegenüber jenen, die scheitern oder Fehler machen, so dass ihre Handlungen und ihr Verhalten im Kontext der gemeinsamen menschlichen Fehlbarkeit gesehen werden.]

Zahlreiche Studien aus der Forschung belegen zudem die positiven Effekte des Mitgefühls auf alle Bereiche des Lebens, von einer erhöhten Widerstandskraft gegenüber Stress und belastenden Erfahrungen, positiven Effekten auf die physische und mentale Gesundheit und auf die Motivation, bis hin zu besseren Beziehungen.[4]

All dies verdeutlicht auch, warum eine rein kognitive Herangehensweise nicht geeignet ist, all die Probleme dieser Welt zu lösen, die fast ausnahmslos aus unserem Verhältnis - oder eher Nicht-Verhältnis - zu uns selbst und anderen resultieren, aus tiefen Spaltungen in der

Gesellschaft, aus Trennung, statt Verbindung, aus trennenden Mentalitäten, die manche Menschen oder Gruppen über andere stellen, und der individuellen Trennung von diesem ureigenen Ausdruck und der eigenen Quelle von Menschlichkeit - dem Mitgefühl.

Keine technologische Erfindung dieser Welt, kein von außen vorgegebenes gesellschaftliches System kann diesen inneren und äußeren Mangel an Verbindung ausgleichen oder wieder in die Verbindung führen. Der Weg Richtung Einheitsbewusstsein und der Lösung vieler Probleme dieser Welt führt allein über die eigene mitfühlende Verbindung mit dem Selbst, dem direkten Umfeld und schließlich allen Lebewesen.

Vom Unterschied zwischen Mitgefühl, Mitleid und Empathie und warum das wichtig ist

Akzeptanz und Verzeihen als konkrete Schritte auf dem Weg des Mitgefühls

Akzeptanz ist nah verwandt mit dem Mitgefühl und dem Verzeihen, da Akzeptanz ein erster Schritt hin zu beidem sein kann. Neben der Akzeptanz ist das Verzeihen wiederum in manchen Fällen ein notwendiger Schritt, den wir unternehmen müssen, um von einem Gefühl der Irritation oder gar Wut auf einen Menschen oder eine Situation ins Mitgefühl zu kommen.

Auch hier kommt es manchmal zu Missverständnissen. Wenn wir die Haltung eines anderen Menschen akzeptieren, bedeutet das nicht, dass wir dieser Haltung zustimmen, ja nicht einmal, dass wir sie verstehen müssen - obwohl das sicher hilfreich ist: wenn wir nicht in der Lage sind, Mitgefühl für einen Menschen zu empfinden, kann es uns helfen, zumindest den Versuch zu unternehmen, dessen Sichtweise nachzuvollziehen. Akzeptanz einer anderen Haltung gegenüber bedeutet ebenfalls nicht, dass wir die eigene Haltung nicht kommunizieren sollten, oder gar aufgeben müssen.

Eine gegensätzliche Meinung oder ein bestimmtes Verhalten zu akzeptieren, bedeutet zunächst einmal, das Gegenüber in diesem Moment des Hier und Jetzt zu akzeptieren. Dies kann beispielsweise aus der Erkenntnis entstehen, dass das Gegenüber aufgrund seiner Erfahrungen bestimmte Gründe für seine Haltung hat - ein ehrliches Interesse und Verstehen-wollen und daraus möglicherweise resultierendes tatsächliches besseres Verständnis für die Beweggründe eines Menschen ist also in jedem Fall hilfreich.

Es ist außerdem durchaus möglich, die eigene Nicht-Zustimmung gegenüber der Haltung eines anderen Menschen zu kommunizieren und dabei gleichzeitig eine grundsätzlich akzeptierende Haltung demjenigen gegenüber einzunehmen. Denn letztlich akzeptieren wir nicht in erster Linie die Haltung, sondern das Gegenüber selbst und dessen Erfahrungen und daraus resultierende Sichtweise. Auf einer tieferen Ebene könnte man sogar sagen, wir akzeptieren das Wirken von Spirit - dieser mysteriösen uns alle innewohnenden und uns damit verbindenden Kraft - durch diesen Menschen sowie die Tatsache, dass dieser Mensch sich dazu entschieden hat, sich in der von ihm gewählten Weise auszudrücken (vgl. Kapitel *Verurteilung oder Beurteilung*).

Ein konstruktiver Austausch zwischen zwei Menschen - wenn ein solcher denn gewünscht ist - wird erst mit einer akzeptierenden Haltung möglich, denn eine nicht-akzeptierende Haltung wird nur auf Widerstand stoßen, und verspielt die Möglichkeit, ein vertrauensvolles Band zu knüpfen. Akzeptanz ist folglich auch die Grundlage jeder Veränderung, die sich aus einem Austausch mit dem Gegenüber ergeben kann, auch wenn diese nicht im Zentrum steht. Die Akzeptanz ist für viele Menschen oft der schwierigste Schritt. Dabei geht es nicht nur um die Akzeptanz des Gegenübers, viel öfter geht es auch um die Akzeptanz gegenüber dem Selbst, den eigenen Handlungen und vielleicht auch wahrgenommenen Fehlern.

Akzeptanz bedeutet letztendlich auch, die Autonomie und Würde eines anderen Menschen - oder des Selbst - anzuerkennen und damit die Freiheit in uns allen, uns so auszudrücken, wie wir es wünschen und die entsprechenden Erfahrungen zu machen, die wir wollen, die wir gewählt haben, um zu lernen - ob uns die eigene Autonomie und Freiheit der Wahl bewusst ist oder nicht.

Akzeptanz setzt in gewisser Weise auch ein Vertrauen voraus, in Spirit, das Göttliche, unseren nicht-physischen Anteil, das Vertrauen, dass wir das große Ganze aus der linearen dreidimensionalen Perspektive unseres täglichen Lebens, der Perspektive des Ego Mind, nicht überblicken, und damit nicht wissen können, warum ein Mensch bestimmte Ausdrucksformen, ein bestimmtes Verhalten, oder bestimmte Lebenswege wählt.

In vielen spirituellen und mystischen Schulen wird gelehrt, dass der Lauf der Dinge seinen Sinn hat und im großen Ganzen auch sinnvoll und notwendig ist. Dass aus der übergeordneten Sicht von Spirit die Dinge also ihre Ordnung haben und immer wieder in eine Balance und Harmonie zurückfinden. Dies gilt auch für die extremeren Verhaltensweisen einschließlich der Ausübung von Gewalt, Unterdrückung, Dominanz, Machtstreben, Manipulation, Ausbeutung, und all der Dinge, die selten einfach akzeptiert werden können und den Schritt des Verzeihens erforderlich machen.

Da wir uns hier in einer Lernumgebung befinden, wählen Menschen aus der nicht-physischen Perspektive ihres Spirit-Aspekts heraus manchmal ganz freiwillig extrem traumatische oder schwierige Lebensumstände, oder sogar den Lebensweg eines Täters, eines Mörders, eines Vergewaltigers. Dass es sich hierbei um im Nicht-Physischen getroffene bewusste Entscheidungen und Absprachen handelt, ist eine Idee, die aus unserer Sicht hier im Physischen oft schwer nachzuvollziehen ist, und oft für Kontroversen sorgt, zumal uns die Freiheit einer solchen Wahl selten bewusst ist, und weil uns aus unserer limitierten Perspektive heraus die Entscheidung, die Rolle eines Mörders oder Mordopfers zu übernehmen, grotesk und unsinnig vorkommt.

Da wir also nicht unbedingt wissen können, mit welchen Absprachen und Intentionen ein Mensch sich inkarniert hat, was er erfahren und lernen wollte - abgesehen von einer Handvoll spirituell sehr weit entwickelter Menschen auf diesem Planeten, die die Integrität und Weisheit besitzen, ein solches Wissen nicht zu missbrauchen und somit ihre Fähigkeit, hinter den Schleier des Vergessens zu blicken, nur im Rahmen ethischer Prinzipien nutzen - mag es schwierig erscheinen, bestimmte Verhaltensweisen oder Handlungen zu akzeptieren oder gar zu verzeihen, insbesondere, wenn diese Handlungen anderen Menschen Leid zufügen.

Doch diese Schwierigkeit rührt vor allen Dingen von einem Nicht-Verstehen der tieferliegenden Beweggründe der Seele her, einschließlich der tieferliegenden Glaubensmuster und Ängste des Ego Mind, für die die Verhaltensweisen eines anderen einen Spiegel der Erkenntnis darstellen - und mag es nur die Erkenntnis sein, dass wir uns bestimmter negativer oder schädlicher Verhaltensweisen eines anderen nicht mehr aussetzen wollen - was ja zunächst die Erfahrung solch negativen Verhaltens und seiner Auswirkungen voraussetzt (vgl. Kapitel *Verurteilung oder Beurteilung*). Dies ist natürlich eine höhere Perspektive, die Verständnis und Verzeihen zwar fördern kann, aber ebenfalls manchmal zu Missverständnissen führt.

Denn obwohl wir als Wesen mit multidimensionalem Bewusstsein in einem Erwachensprozess lernen können, die höhere Perspektive mit einzubeziehen und so die Entscheidungen oder Verhaltensweisen einer anderen Person zwar nicht unbedingt verstehen, aber trotzdem verzeihen und akzeptieren können, müssen wir trotzdem auf einer ganz pragmatischen Ebene einen Umgang mit diesem Gegenüber finden. Daher ist es wichtig, dass Verzeihen und Akzeptanz auf einer höheren Ebene nicht ausschließen, dass wir im Physischen ganz konkrete Grenzen setzen (vgl. Kapitel *Grenzziehung oder Abschottung*).

Hier kommen wir zu einem oft anzutreffenden Missverständnis im Zusammenhang mit Akzeptanz: das Gefühl, dass wir das zu Akzeptierende - eine unliebsame Meinung, das toxische Verhalten einer anderen Person uns gegenüber oder auch eine eigene schlechte Angewohnheit zum Beispiel - in unser Leben erst hineinlassen, wenn wir es akzeptieren. Das ist ein großer Irrtum. Dadurch, dass wir Widerstände gegen die Meinung, Sichtweise, oder das Verhalten eines anderen Menschen oder möglicherweise sogar unseres Selbst aufbauen, indem wir es verbissen aus unserem Leben verbannen wollen, geben wir dieser unliebsamen Meinung oder dem unliebsamen Verhalten, das wir in uns oder jemand anderem entdeckt haben, erst Energie. Der Widerstand macht diesen unliebsamen Aspekt größer als notwendig, der Widerstand sorgt dafür, dass sich etwas erst richtig in unserem Energiefeld und damit auch in unserem Leben verankern kann. Der sicherste Weg also, eine Meinung oder ein Verhalten, das wir nicht mögen, in unserem Leben zu halten, ist, dagegen anzukämpfen (vgl. Kapitel *Das Gesetz der Anziehung, die positive Psychologie, und was das in einer Welt der Dualität praktisch bedeutet*).

Wir sollten also absolut klar Grenzen setzen, wenn wir etwas nicht mögen, aber es eben auch nicht länger in unserem Leben halten als nötig, indem wir in einen Kampf eintreten. Diesen werden wir verlieren, denn es ist am Ende kein Kampf gegen die unliebsame Meinung oder andere Person, sondern ein Kampf gegen uns selbst, den wir nicht gewinnen können - nur transzendieren. So läuft die Reaktion auf das, was wir nicht mögen, ja in unserem Inneren ab, und sagt daher etwas über uns persönlich aus.

Dies gilt auch für extreme oder extremistische Sichtweisen, die oft so destruktiv sind, dass sie in der Vorstellung vieler Menschen bekämpft werden müssen. Das Problem hierbei ist, dass es absolut unmöglich ist, eine einmal gedachte Idee, eine einmal erdachte Perspektive vollständig zu eliminieren. In anderen Worten: alles bereits Erdachte existiert bereits in irgendeiner Form und kann nicht einfach aufhören, zu existieren. Die sinnvollste „Bekämpfung" destruktiver Ideen und Ideologien besteht also darin, der Ausbreitung dieser Ideen den Nährboden zu entziehen, indem wir ein Gegengewicht erschaffen - den eigenen Fokus also auf das auszurichten, was wir stattdessen erschaffen möchten, eine bewusste konstruktive Wahl zu treffen. Nur im direkten Kontakt kann es nötig sein, klare Grenzen zu setzen - was wiederum nicht gleichbedeutend ist mit Kampf.

Daraus folgt auch, dass es nur sinnvoll im Sinne von konstruktiv ist - als sinnvoll im Sinne einer Lernerfahrung mag so ziemlich alles gelten -, in einen offenen Austausch mit Menschen zu treten, wenn wir ein ehrliches Interesse an ihren Sichtweisen haben und diese vielleicht sogar verstehen wollen, wenn wir eine grundsätzlich akzeptierende Haltung mitbringen.

Wenn wir ausprobieren, wie sich eine solche - ehrlich gemeinte - akzeptierende Haltung in unserem Umfeld auswirkt, können wir feststellen, wie schnell sich Konflikte auf diese Weise lösen lassen - denn Menschen spüren, ob wir ihnen mit Akzeptanz gegenübertreten oder nicht. Die meisten Menschen reagieren auf Nicht-Akzeptanz mit einer Ego-Reaktion und gehen in eine defensive oder offensive Haltung, also in den Widerstand oder Kampf. Konstruktiv wird der Austausch in der Regel jedoch nicht werden.

Wenn wir etwas partout nicht akzeptieren können, können wir das als Einladung begreifen, etwas über uns selbst herauszufinden, indem wir uns die Frage stellen, warum das so ist, und was es über uns selbst aussagt - nicht über den anderen Menschen. Das ist der einzig sinnvolle Weg, einen inneren Konflikt - den wir in einem solchen Moment ja empfinden - aufzulösen, anstatt den Konflikt wieder und wieder ins Außen zu projizieren. Etwas ganz Ähnliches hat auch der Philosoph Krishnamurti in seinen Lehren immer und immer wieder betont:

„Das Problem der meisten von uns ist, dass wir uns selbst nicht direkt erkennen, sondern nach einem System, einer Methode, einem Handlungsschema suchen, mit Hilfe dessen wir die vielen Probleme der Menschheit lösen wollen."[1] (S. 55)

„Das Einzige, was zu einer grundlegenden Veränderung, einer schöpferischen, inneren Befreiung führen kann, ist zweifellos die Achtsamkeit im Alltag, das Gewahrsein der eigenen - bewussten wie unbewussten - Motive von Augenblick zu Augenblick [...] Solange der Denkende getrennt von seinem Denken existiert, das er unter seine Kontrolle zu bringen versucht, kann keine grundlegende Umwandlung stattfinden."[1] (S. 56)

Dies ist vielleicht eine der grundsätzlichsten Erkenntnisse auf einem spirituellen Weg - die Tatsache, dass wir die Ursache für unser eigenes Denken und Empfinden immer zunächst in uns selbst suchen sollten, und daher für das ins Außen Projizierte in die Eigenverantwortung gehen, beziehungsweise diese Verantwortung niemandem einfach überlassen sollten (vgl. Kapitel *Ermächtigung oder Machtausübung*). Es ist gleichzeitig auch eine der schwierigsten, befreiendsten und ermächtigendsten Lektionen in der gelebten Praxis.

Es entstehen also einige Missverständnisse im Zusammenhang mit dem Verzeihen und der Akzeptanz, die aus einer Vermischung der Ebenen herrühren - der spirituellen Ebene, auf der die dunkelsten Situationen

Sinn machen, Lernerfahrungen der Seele sind und das Wort „Schuld" wenig Sinn ergibt, und die dreidimensionale Ebene unserer physischen temporären Existenz, in der wir alle versuchen, die Liebe als Ausdruck unserer Seele irgendwie auszudrücken, so unvollkommen, verzweifelt und unbeholfen diese Ausdrucksversuche auch oft sein mögen.

Hier auf der physischen Ebene also müssen wir lernen, was es bedeutet, die Liebe unseres Spirit-Aspekts in all diesen schwierigen, komplexen und manchmal extrem schmerzhaften Situationen zu leben. Das schließt sowohl die Liebe anderer als auch sich selbst gegenüber mit ein. Vergebung bedeutet also nicht nur nicht, dass wir im Physischen keine Grenzen setzen dürften, sie ist ebenso wenig ein Zeichen von Unterwerfung oder Schwäche (vgl. Kapitel *Schwäche oder Verletzlichkeit*).

Da Verzeihen ein Schritt ist, der unser Herz wieder zu öffnen vermag, uns weich werden lässt, fürchten wir oft, dass wir dadurch wieder die Verletzungen zulassen, die wir gerade verzeihen wollten, die Verletzungen, die uns ja zunächst wütend gemacht haben und vor denen wir uns ja eigentlich schützen wollten. Daher ist Verzeihen nicht gleichbedeutend damit, eine vorher gesetzte Grenze wieder aufzuweichen, die um der Selbstliebe willen nötig ist. Damit ist Verzeihen auch kein Zeichen von Schwäche, Machtlosigkeit oder Unterwerfung, oder etwas, das automatisch wieder zulassen würde, dass wir wieder verletzt oder verletzlich werden, dass wir uns nicht mehr geschützt fühlen können.

Im Gegenteil: Der Schritt der Vergebung wird häufig sogar erst dadurch möglich, dass wir eine Grenze setzen, beispielsweise, indem wir auf Abstand gehen. So ist das Gefühl der Wut, das wir vielleicht bei der Situation empfunden haben, die wir zu verzeihen versuchen, ja gerade ein Signal dafür, dass eine Grenze verletzt wurde, und geht dann oft mit der Lernerfahrung einher, wie diese eigene Grenze nun liebevoll durchgesetzt werden kann.

Das Bedürfnis nach Sicherheit ist also ein Grundbedürfnis, das befriedigt sein muss. Daher ist es ein Ausdruck der Selbstliebe ebenso wie des Respekts und der Liebe anderen gegenüber, wenn wir uns selbst und unsere Grenzen kennenlernen, und lernen, so in unserer Kraft zu stehen, dass wir diese auch respektvoll durchsetzen können. Dabei handelt es sich auch um ein typisches Beispiel dafür, wie das männliche Prinzip (die Schutz und Struktur gebende sowie Grenzen und Regeln klar durchsetzende Energie) und das weibliche Prinzip (die herzöffnende Vergebung, die echte Verbindung zwischen den Menschen schafft) im Selbst zusammenwirken, ja für ein optimales Ergebnis zusammenarbeiten müssen (vgl. Kapitel *Yin und Yang - Von den männlichen und weiblichen Prinzipien im Einklang*).

Transhumanismus oder das Wirken von Spirit durch Grace

Der wirklich nachhaltige und langfristig einzig funktionierende Fortschritt steckt in der Entwicklung unseres Bewusstseins - der Schlüssel zu dieser Entwicklung liegt im Inneren jedes Einzelnen von uns, und diese individuelle innere Entwicklung hat zusammengenommen mehr Potenzial zur Lösung unserer globalen und gesellschaftlichen Probleme als jeder technologische Fortschritt.

Das bedeutet nicht, dass wir in eine Art vorindustrielles Zeitalter zurückkehren müssten, oder dass technologische Errungenschaften grundsätzlich abzulehnen seien - viel mehr sollte technologischer Fortschritt mit der Entwicklung unseres Bewusstseins Hand in Hand gehen, so dass wir in der Lage sind, diesen auch auf ethisch sinnvolle und nachhaltige Weise zu nutzen.

Ein spirituell unreifer Umgang mit Technologien meint dabei nicht nur deren bewussten Missbrauch, für Zwecke, die nicht dem Gemeinwohl, sondern nur Einzelnen dienen und damit im Mindesten soziales Ungleichgewicht schaffen. Zum anderen ist damit auch ein mehr aus Unwissenheit als eigennützigen Motiven resultierender Missbrauch gemeint - so wie auch ein unschuldiges Kind sich oder andere verletzen kann, wenn es ein technisches Gerät in die Finger bekommt, das es noch nicht sicher bedienen kann. Aus Letzterem resultieren mögliche Gefahren, die nur natürlich sind, denn unser Wissen ist eben begrenzt.

Auch dies ist kein Plädoyer dafür, nicht auch neues Terrain zu beschreiten oder die technologische Entwicklung aufzuhalten, aus Angst, wir könnten ihrer nicht mehr Herr werden. Es ist eher ein Plädoyer für Bescheidenheit, die die Begrenztheit des eigenen Wissens anerkennt und in alle Überlegungen mit aufnimmt. Gerade diese Bewusstheit über die Begrenztheit unseres Wissens weicht oft einem trügerischen Gefühl von Kontrolle auf einem Gebiet, in dem wir uns bereits eine gewisse Expertise angeeignet zu haben glauben und daraus fälschlicherweise folgern, bereits genug zu wissen. Ein spiritueller Weg stellt genau dieses Gefühl von Kontrolle (durch unser Ego Mind) sehr stark in Frage.

Technologien im Außen sind nur eine Seite einer Medaille in einer Realität, in der innen und außen zu einer Einheit verschmelzen, sobald wir unser Bewusstsein in die Gleichung mit aufnehmen. Der Zugang zum Mysterium unseres Bewusstseins wird traditionellerweise eher dem weiblichen Aspekt in uns allen zugeschrieben, der Blick nach außen, die Tatkraft im Physischen eher dem Männlichen (vgl. Kapitel *Yin und Yang - Von den männlichen und weiblichen Prinzipien im Einklang*).

So können wir annehmen, dass die Verdrängung unserer inneren weiblichen Anteile einen einseitigen Fokus auf die Außenwelt hervorgebracht hat, der die Mysterien der Innenwelt nicht mehr wahrnimmt oder für nutzlos erklärt. Das Erstarken der weiblichen Anteile in uns allen und ihre Reintegration mit unseren männlichen Anteilen ist ein wichtiger Aspekt unserer individuellen und kollektiven Rückreise zu unserer spirituellen Natur.

Dieses Erstarken des Weiblichen ist es auch, das den einseitigen Fokus auf das Materielle, den Fokus auf Technologien im Außen als Lösung für alle Probleme dieser Welt wieder zurück in eine Balance bringen kann mit dem eher weiblich orientierten Fokus auf die Innenwelt, das Psychologische, Emotionale, Intuitive, und damit auf unseren Zugang zu unserem Spirit-Aspekt.

Ignorieren wir eine der beiden Seiten, kann daraus niemals eine harmonische Umwelt erwachsen, denn beide Prinzipien - das männliche und das weibliche - greifen ineinander und wirken erst im Zusammenspiel perfekt, und durch jeden Einzelnen von uns hindurch. Eine Seite individuell oder gesamtgesellschaftlich zu ächten, zu missachten, zu ignorieren oder lächerlich zu machen, bedeutet auch, einen Teil von uns selbst abzuschneiden, und uns somit eines Gutteils unserer kreativen Kraft zu berauben.

Mehr noch, den weiblichen Anteil abzuschneiden, bedeutet, uns des Teils zu berauben, der den Schlüssel zu einer natürlichen, organischen und damit nachhaltigen Weiterentwicklung unserer Spezies in der Hand hält. Eine Bewegung wie die des Transhumanismus kann nur aus einer Gesellschaft heraus entstehen, die diesen Schlüssel lange verloren hat, ja, von seiner Existenz noch nicht einmal mehr weiß.

Transhumanismus meint hier alle Ideen, die die derzeit von uns wahrgenommenen physiologischen, kognitiven oder auch psychologisch-emotionalen Grenzen durch den Einsatz von Technologien wie Gentechnologie, künstliche Intelligenz oder Mensch-Maschine-Schnittstellen zu überwinden versucht, um so idealerweise menschliches Leid zu verringern oder sogar zu eliminieren oder - noch radikaler ausgedrückt - überhaupt unser Überleben zu sichern[1]. An sich klingt diese Idee verlockend, doch ist eine Philosophie, die die wahre Natur des Menschen, seinen Spirit-Aspekt, völlig verkennt, wohl kaum geeignet, die wohl drängendsten Probleme der Menschheit zu lösen.

Solange wir unser eigenes Bewusstsein nicht in die Gleichung zur Beschreibung unserer materiellen Realität mit einbeziehen - und damit meine ich nicht das vorherrschende reduktionistische Verständnis von Bewusstsein als Ergebnis neuronaler Aktivität - haben wir kein vollständiges Bild unserer Realität. Wir haben schlicht weder genug Wissen über die Rolle unseres Bewusstseins in der materiellen Welt, um viele theoretisch umsetzbare Technologien ethisch verantwortungsvoll einzusetzen, wir haben auch nicht den nötigen Stand des Bewusstseins dafür - gerade, weil das Bewusstsein ein so wichtiger Bestandteil der Gleichung ist, die unsere Realität beschreibt.

Erst wenn Wissenschaft und Spiritualität wieder zusammenfließen und in unseren Köpfen nicht mehr im Widerspruch zueinanderstehen, bekommen wir ein vollständigeres Bild (vgl. Kapitel *Warum Spiritualität sehr viel mit Wissenschaft zu tun hat, und uns die Logik hier trotzdem nicht weiterhilft*). In so einem vollständigen Bild sehen wir Spiritualität nicht nur wieder als mit der Wissenschaft vereinbar, sondern als eine

Beschreibung unserer wahren Natur und damit als wissenschaftliche Disziplin selbst.

Nicht nur kann mangelnde spirituelle Reife den Gebrauch von Technologien gefährlich machen, sie kann wiederum beispielsweise durch den unbedachten Einsatz von Gentechnik oder der Schaffung von Mensch-Maschine-Schnittstellen dazu führen, dass wir die Rückkehr zu unserem spirituellen Selbst erschweren oder (in diesem Leben) fast unmöglich machen - wir als Spezies eine solche spirituelle Reife also nie erlangen. So ist das funktionierende, gesunde Zusammenspiel zwischen unserem physischen Körper und Spirit, unserem nicht-materiellen Anteil, essenziell für unseren spirituellen Weg (vgl. Kapitel *Die Rolle des physischen Körpers im Erwachensprozess*).

Greifen wir in dieses perfekte organische Zusammenspiel ein in völliger Missachtung unserer spirituellen Natur, riskieren wir unsere Verbindung mit Spirit - mit Folgen, die wir gar nicht absehen können. Lassen wir der natürlichen Evolution ihren Lauf und unterstützen wir den natürlichen Prozess durch unsere bewusste Partizipation, begreifen wir, dass wir tatsächlich durch eine solche Evolution gehen, die einem intelligenten Plan folgt, und in organischer Weise dem großen Ganzen, dem Einen nützt, dessen Teil wir sind.

Damit würde auch das Hauptargument für ein Vorantreiben des Transhumanismus, nachdem nur dieser Weg in der Lage sei, unser Überleben zu sichern, ad absurdum geführt - denn ein Ansatz, der die gesunde Interaktion zwischen Spirit und Materie für unsere organische Evolution und damit unsere Transformation hin zu einer lebenswerten Gesellschaft durch den Einsatz von Technologie gefährden will, verkennt die gewaltige Gefahr für Degeneration und damit De-Evolution, die in einem solchen Ansatz liegt. Spirit, unser Bewusstsein, der „Gottesfunke" (engl.: „God Spark") ist der Schlüssel zum Leben, der durch keine Technologie der Welt ersetzt werden kann. Noch deutlicher ausgedrückt: Die Denkweise des Transhumanismus sichert unser Überleben nicht, sie gefährdet es.

Der Transhumanismus ist letztlich nur eine künstliche Variante eines organischen, natürlich ablaufenden Evolutionsprozesses, der von unserem Kollektivbewusstsein gesteuert ist und letztlich immer wieder im Einheitsprinzip zusammenlaufen muss. Der Transhumanismus ist wie eine pessimistische und gleichzeitig leicht narzisstische Kopie des organischen Prozesses, die aus Unzulänglichkeitsgefühlen erwächst. Er ist der Versuch, das Wirken von Spirit durch Grace ("Gnade") durch die unbalancierte Hybris Einzelner zu ersetzen.

Bei diesem Versuch soll ein organischer Evolutionsprozess letztlich künstlich vorangetrieben oder beschleunigt werden. In diesem Sinne sind viele Ansätze innerhalb dieser Bewegung wie eine kindliche Reaktion auf die Erfahrung eigener Grenzen, die man nicht anerkennen will, der Versuch, den Lauf der Dinge zu beschleunigen und schneller erwachsen werden zu wollen - ein Versuch, der wie bei denen des Kindes zum Scheitern verurteilt ist, da das Kind ebenso wie mancher Transhumanist noch nicht gelernt hat, was es zum Erwachsenwerden braucht, und was es wirklich bedeutet - welche Verantwortung damit einhergeht, den nächsten Schritt auf der Evolutionsleiter zu gehen.

Wie das Kind interessiert sich mancher Transhumanist nur für die Erweiterung seines Spielraums, seiner Fähigkeiten, der Verbesserung seines Lebens, dem Mehr an Freiheiten, erkennt jedoch nicht, dass jede Erweiterung des Spielraums auch mit Verantwortungsübernahme und Integrität einhergehen muss, wenn sie wirklich dem höchsten Gut aller dienen, wirklich nachhaltige Verbesserung und Evolution mit sich bringen soll. Und das Erlernen dieser Integrität, diese Verantwortungsübernahme braucht Zeit. Das Kind kann nicht allein entscheiden, wann es soweit ist, da es den Überblick noch nicht hat.

So mag da auch eine Angst dahinterstecken, dass das Erwachsenwerden nie kommt, dass wir nie so weit sein werden - oder auch eine Angst oder Unlust, durch die natürlichen Reifungs-, Lern- und Bewusstwerdungsprozesse zu gehen, die in unserer dualistischen Umwelt allzu oft auch von Schmerz oder Leid begleitet sind, und die ein gesundes, natürliches Erwachsenwerden oder Erwachen notwendig macht.

Ein spiritueller Weg ist Arbeit, er beinhaltet auch eine authentische Auseinandersetzung und Integration der eigenen Emotionen, der Gedanken, vielleicht traumatischer Erlebnisse, und damit auch des eigenen Schmerzes - sowohl auf individueller als auch kollektiver Ebene. Letztlich haben wir als Einzelne einen solchen Weg nur begrenzt in der Hand - jedoch ist mit dem Wörtchen „wir" das einzelne Ego-Bewusstsein gemeint, denn „Wir" im Sinne des Einheitsprinzips haben demgegenüber alles in der Hand - auf unserem spirituellen Weg geht es also letztlich darum, unseren Anteil daran zu erkennen und beizutragen, die Veränderungen in unserer Welt positiv zu gestalten - möglichst gemeinsam.

Dass das funktionieren kann, da alles perfekt ineinandergreift, haben wir dem Wirken von Spirit durch das zu verdanken, was in vielen religiösen und spirituellen Richtungen die göttliche Gnade oder Grace genannt wird - dieses große Mysterium, das in Worten nicht beschreibbar ist, und uns somit nur die Erfahrung bleibt. Mögen wir alles daransetzen, diese Erfahrung wahr werden zu lassen, jeder auf seine ganz individuelle Weise, und doch als Teil eines viel größeren, unendlichen Ganzen.

Grace ist vereinfacht das, was wir als das Gute im Menschen bezeichnen. Alle spirituelle Praxis, seien das Kriyas aus der östlichen Yogaphilosophie, Meditation, Heilarbeit oder die Kultivierung des Wu Wei, des daoistischen Ansatzes des Nichthandelns, dient letztlich dazu, uns in einen Zustand zu versetzen, der das Wirken von Grace durch uns wahrscheinlicher macht. In einer Anbindung an die Einheit mit allem was ist können wir dieses Gute zum Ausdruck bringen, Grace seine Magie wirken lassen.

Wenn wir uns das Einheitsbewusstsein wie einen großen Ozean vorstellen, aus dem sich einzelne Teile des Bewusstseins abspalten, um sich temporär in unsere menschliche Hülle zu fokussieren, dann ist Grace die Natur oder Wirkkraft dieses Einheitsbewusstseins, die, wenn wir dies wieder zulassen, durch uns hindurch wirken darf. Das in unseren Körper als Ego Mind gebündelte Bewusstsein ist dabei wie fokussierte Gestaltungsmacht, die wir in einem Erwachensprozess wieder lernen dürfen, auf das auszurichten, was wir erschaffen wollen - im Einklang mit Spirit.

Spirituelle Praxis zielt also nicht darauf ab, uns eine Flucht in andere Welten zu bieten, sondern den Fokus gerade auf diese Welt auszurichten, den Körper zu einer Art Gefäß für Spirit zu machen, um mit Hilfe von Spirit zu gestalten. Manchmal wird dieser Vorgang in uns als Aktivierung des Gottesfunken bezeichnet. Spirituelle Praxis ist also auch kein Ego Trip, der der Selbstüberhöhung dient, sondern als ein Avatar unseres Spirit-Aspekts dienen wir letztlich dem großen Ganzen, und können am Potenzial mitwirken, eine harmonische Gesellschaft zu erschaffen.

Die Voraussetzung für eine solche Gesellschaft liegt also in jedem Einzelnen von uns als Potenzial angelegt. Wie könnte dieses Potenzial aussehen, wenn wir davon ausgehen, dass die wenigsten Menschen auf diesem Planeten momentan den Bewusstseinsstand haben, um Grace konsistent auszudrücken, jedoch immer mehr Menschen in der Zukunft in der Lage sein werden, immer häufiger Grace durch sich hindurch wirken zu lassen?

Der Ozean des Einheitsbewusstseins, mit dem wir durch unseren God Spark verbunden sind, ist die Quelle aller Inspiration, aller Kreativität, aller neuen Ideen, allen Fortschritts dieser Welt. Dieser God Spark ist der Schlüssel, mit dem alle kreativen Genies der Welt zumindest temporär wieder in Kontakt getreten sind, um sich auf ihre Weise auszudrücken. Stellen wir uns eine Welt vor, in der jeder Einzelne diesen Zugang wieder findet und lernt, Spirit auf die eigene Weise auszudrücken - mit all den Erfahrungen der Dualität, die wir hier gemacht haben. Das wäre - wenn wir das wählen - das Ende von Gewalt, Elend, Armut, Krieg und Machtstreben, und der Beginn einer unvergleichlichen kulturellen, kreativen Blüte voller Innovationen in allen Bereichen des Lebens - kurz, der Beginn einer Neuen Zeit.

In der Anbindung an das Einheitsbewusstsein verschwindet alles Bedürfnis nach Machtausübung, danach, über anderen zu stehen, oder das wahrgenommene eigene Recht zu verteidigen. Hier existiert keine Angst, und wo es keine Angst gibt, gibt es auch keine Angriffs- oder Verteidigungsstrategien, kein Bedürfnis nach Schutz oder der Kontrolle von Umständen oder Personen. Gewalt und Ausgrenzung würde es nicht mehr geben.

Vielleicht können wir uns die Auswirkungen von Grace am ehesten verdeutlichen, wenn wir uns überlegen, wie sich unser Leben verändern würde, wenn es keine Angst mehr gäbe - nicht in uns, nicht in anderen. Wenn anstelle von Angst und Machtstreben tatsächlich das Gute im Menschen, das Liebevolle, Verbindende überwiegt und unseren Umgang miteinander in allen Lebensbereichen prägt.

Die Probleme unserer Zeit würden sich in einer solchen Zukunftsvision leicht lösen lassen, denn sie entstehen allesamt aus einem Ungleichgewicht in unserer Beziehung zu uns selbst, unserem direkten Umfeld, dem weiteren Umfeld und letztlich allem Lebendigem und Natürlichem um uns herum, unserem Umgang mit diesem Planeten und seiner Ressourcen eingeschlossen. Ohne Angst, Macht- und Verteilungskämpfe, Dominanz- und Besitzstreben käme alles dank Grace in ein natürliches Gleichgewicht.

Dies kann und wird natürlich nicht per Knopfdruck geschehen und ein Wandel des Bewusstseins wie auch die darauffolgenden Veränderungen in den bestehenden von uns geschaffenen Systemen, die sich langfristig immer den Veränderungen in unserem Bewusstsein anpassen müssen - nicht umgekehrt - brauchen Zeit. Doch am Anfang steht immer der Wandel des Bewusstseins. Und in diesem befinden wir uns, und haben die Möglichkeit, unseren Teil dazu beizutragen.

Quellenverzeichnis

Wie sieht ein Erwachen praktisch aus?

[1] Byrne, R. (2008). *The secret.* New York: Simon & Schuster.

[2] Csikszentmihalyi, M., Abuhamdeh, S., & Nakamura, J. (2005). Flow. In A. J. Elliot & C. S. Dweck (Eds.), *Handbook of competence and motivation* (p. 598–608). New York: Guilford Publications.

[3] Csikszentmihalyi, M., & Csikzentmihaly, M. (1990). *Flow: The psychology of optimal experience.* New York: Harper & Row.

Ist Spiritualität naiv?

[1] Bregman, R. (2017). *Utopien für Realisten: Die Zeit ist reif für die 15-Stunden-Woche, offene Grenzen und das bedingungslose Grundeinkommen.* Reinbek bei Hamburg: Rowohlt Taschenbuch Verlag.

[2] Harari, Y. N. (2013). *Eine kurze Geschichte der Menschheit.* München: DVA.

[3] Tolstoy, L. (2010). *The law of love and the law of violence.* North Chelmsford: Courier Corporation.

Warum Spiritualität sehr viel mit Wissenschaft zu tun hat, und uns die Logik hier trotzdem nicht weiterhilft

[1] Dethmer, J., Chapman, D, Klemp, K.W. (2015). *The 15 Commitments of Conscious Leadership: A New Paradigm for Sustainable Success.*

[2] Popper, K. R. (1984). *Auf der Suche nach einer besseren Welt: Vorträge und Aufsätze aus dreißig Jahren.* München: Piper.

[3] Kendall, A. (2019). Quantum Mechanics & Its Broader Implications: The von Neumann–Wigner Interpretation. *Computing, Mathematics and Physics Student Scholarship.* 1. https://mosaic.messiah.edu/mps_st/1

[4] Robinson, G. E. (2004). Beyond nature and nurture. *Science, 304*(5669), 397-399.

[5] Holland, D. (2013). *Integrating knowledge through interdisciplinary research: Problems of theory and practice.* Milton Park: Routledge.

[6] Watts, A. (2011). *The book: On the taboo against knowing who you are.* NY: Vintage.

[7] Moody, D. E. (2020). *Physik und Freiheit.* Amerang: Crotona Verlag.

[8] Chopra, D., & Mlodinow, L. (2012). *Schöpfung oder Zufall? Wie Spiritualität und Physik die Welt erklären; ein Streitgespräch.* München: Arkana.

[9] Capra, F. (2012). *Das Tao der Physik: die Konvergenz von westlicher Wissenschaft und östlicher Philosophie.* München: O.W. Barth Verlag

[10] Knight, J. (2004). Buddhism on the Brain. *Nature, 432,* 670.

[11] Van Lommel, P. (2009). *Endloses Bewusstsein. Neue medizinische Fakten zur Nahtoderfahrung.* Ostfildern: Patmos.

[12] Fischhoff, B., & Davis, A. L. (2014). Communicating scientific uncertainty. *Proceedings of the National Academy of Sciences, 111*(Supplement 4), 13664-13671.

Vom Umgang mit Emotionen

[1] Hawkins, D. R. (2007). *Erleuchtung ist möglich: Wie man die Ebenen des Bewusstseins durchschreitet.* Bad Endorf: Sheema-Medien-Verlag.

Yin und Yang - Von den männlichen und weiblichen Prinzipien im Einklang

[1] Bem, S. L. (1974). The measurement of psychological androgyny. *Journal of Consulting and Clinical Psychology, 42*(2), 122–162.

[2] Dean, M. L., & Tate, C. C. (2017). Extending the legacy of Sandra Bem: Psychological androgyny as a touchstone conceptual advance for the study of gender in psychological science. *Sex Roles, 76*(11-12), 643-654.

[3] Banaji, M. R., & Hardin, C. D. (1996). Automatic stereotyping. *Psychological Science, 7*(3), 136-141.

[4] Blair, I. V., & Banaji, M. R. (1996). Automatic and controlled processes in stereotype priming. *Journal of Personality and Social Psychology, 70*(6), 1142.

[5] Sumitomo, O. (1945). *Tao-Te-King von Lao-Tse.* Zürich: Werner Classen Verlag.

[6] Jung, C. G. (2020). *Aspects of the Feminine (From Volumes 6, 7, 9i, 9ii, 10, 17, Collected Works)* (Vol. 1). Princeton University Press.

[7] Prakash, J., Kotwal, A. S. M., Ryali, V. S. S. R., Srivastava, K., Bhat, P. S., & Shashikumar, R. (2010). Does androgyny have psychoprotective attributes? A cross-sectional community-based study. *Industrial Psychiatry Journal, 19*(2), 119.

[8] Williams, D. E., & D'Alessandro, J. D. (1994). A comparison of three measures of androgyny and their relationship to psychological adjustment. *Journal of Social Behavior and Personality, 9*(3), 469.

[9] Wong, Y. J., Ho, M.-H. R., Wang, S.-Y., & Miller, I. S. K. (2017). Meta-analyses of the relationship between conformity to masculine norms and mental health-related outcomes. *Journal of Counseling Psychology, 64*,80–93.

[10] Ellemers, N. (2018). Gender stereotypes. *Annual Review of Psychology, 69*, 275-298.

[11] Wong, E. (1992). *Cultivating stillness: A Taoist manual for transforming body and mind.* Boulder: Shambhala Publications.

Warum wir noch viel zu lernen haben - das Einheitsbewusstsein

[1] Halfwassen, J. (1997). Monismus und Dualismus in Platons Prinzipienlehre. *Bochumer Philosophisches Jahrbuch für Antike und Mittelalter, 2*(1), 1-21.

[2] Staniloae, D. (1981). Der dreieinige Gott und die Einheit der Menschheit. *Evangelische Theologie, 41*(4), 439-450.

[3] Kremer, K. (1971). Die neuplatonische Seinsphilosophie und ihre Wirkung auf Thomas von Aquin. *Studien zur Problemgeschichte der antiken und mittelalterlichen Philosophie, 1.* Brill Archive.

[4] Janos, D. (2016). Al-Fārābī's (d. 950) On the One and Oneness. In S. Schmidtke (Ed.), *The Oxford Handbook of Islamic Theology.* Oxford University Press.

[5] Marmura, M. E., & Rist, J. M. (1963). Al-Kindī's Discussion of Divine Existence and Oneness. *Mediaeval Studies, 25*, 338-354.

[6] Robinet, I. (2008). Wuji and Taiji 無極 • 太極 Ultimateless and Great Ultimate. In F. Pregadio (ed.), *The Encyclopedia of Taoism.* (pp. 1057–1059). Milton Park: Routledge.

[7] Garfield, A. M. (2013). *The Oneness Beliefs Scale: Buddhism-based Spirituality and Concern for Others and the Environment.* Doctoral dissertation, The University of Wisconsin-Madison.

[8] Edinger-Schons, L. M. (2019). Oneness beliefs and their effect on life satisfaction. *Psychology of Religion and Spirituality, 12*(4), 428–439.

[9] Garfield, A. M., Drwecki, B. B., Moore, C. F., Kortenkamp, K. V., & Gracz, M. D. (2014). The Oneness Beliefs Scale: Connecting spirituality with pro-environmental behavior. *Journal for the Scientific Study of Religion, 53*(2), 356-372.

Ego oder kreative Individualität

[1] Moorjani, A. (2012). *Dying to be me.* Carlsbad: Hay House.

[2] Schulz, L., Rollwage, M., Dolan, R. J., & Fleming, S. M. (2020). Dogmatism manifests in lowered information search under uncertainty. *Proceedings of the National Academy of Sciences, 117*(49), 31527-31534.

Ermächtigung oder Machtausübung

[1] Shiloh, S., Gerad, L., & Goldman, B. (2006). Patients' information needs and decision-making processes: What can be learned from genetic counselees? *Health Psychology, 25*(2), 211–219.

Schwäche oder Verletzlichkeit

[1] Ahlheim, R. (Hrsg.) (2012). *Johanna Haarer / Gertrud Haarer: Die deutsche Mutter und ihr letztes Kind: die Autobiografien der erfolgreichsten NS-Erziehungsexpertin und ihrer jüngsten Tochter.* Hannover: Offizin-Verlag.

Parallele Realitäten in einem kreativen Universum

[1] White, C. G. (2018). *Other worlds: Spirituality and the search for invisible dimensions.* Harvard University Press.

[2] Atkinson, W. W. (2011). *Kybalion – Die 7 hermetischen Gesetze: Das Original.* Hamburg: Aurinia Verlag.

[3] DeWitt, B. S., & Graham, N. (Eds.) (2015). *The many worlds interpretation of quantum mechanics* (Vol. 63). Princeton University Press.

[4] Schade, C. D. (2015). Collecting evidence for the permanent coexistence of parallel realities: An interdisciplinary approach. *Journal of Cognition and Neuroethics, 3*(1), 327-362.

Das Gesetz der Anziehung, die positive Psychologie und was das in einer Welt der Dualität praktisch bedeutet

[1] Byrne, R. (2008). *The secret.* New York: Simon & Schuster.

[2] Gable, S. L., & Haidt, J. (2005). What (and why) is positive psychology? *Review of General Psychology, 9*(2), 103-110.

[3] Merton, R. K. (1948). The self-fulfilling prophecy. *The Antioch Review, 8*(2), 193-210.

[4] Elkins, D, Rueckert, C., Allen McCarty, J. (2018). *The Ra Contact: Teaching the Law of One: Volume 1.* Louisville: L/L Research.

[5] Forman, E. M., & Herbert, J. D. (2009). New directions in cognitive behavior therapy: Acceptance-based therapies. In W. T. O'Donohue & J. E. Fisher (Eds.), *General principles and empirically supported techniques of cognitive behavior therapy* (p. 77–101). Hoboken, NJ: John Wiley & Sons.

Wer hat denn nun Recht? Die „Wahrheit" aus spiritueller Sicht

[1] Oswald, M. E., & Grosjean, S. (2004). Confirmation bias. In R. F Pohl (Ed.), *Cognitive illusions: A handbook on fallacies and biases in thinking, judgement and memory* (pp. 79-96). Hove: Psychology Press.

[2] Furnham, A., & Marks, J. (2013). Tolerance of ambiguity: A review of the recent literature. *Psychology, 4*(09), 717-728.

[3] Zenasni, F., Besancon, M., & Lubart, T. (2008). Creativity and tolerance of ambiguity: An empirical study. *The Journal of Creative Behavior, 42*(1), 61-73.

Die Rolle des physischen Körpers im Erwachensprozess

[1] Luders, E., Clark, K., Narr, K. L., & Toga, A. W. (2011). Enhanced brain connectivity in long-term meditation practitioners. *Neuroimage, 57*(4), 1308-1316.

[2] Baron Short, E., Kose, S., Mu, Q., Borckardt, J., Newberg, A., George, M. S., & Kozel, F. A. (2010). Regional brain activation during meditation shows time and practice effects: an exploratory FMRI study. *Evidence-Based Complementary and Alternative Medicine, 7.*

[3] Chaix, R., Fagny, M., Cosin-Tomás, M., Alvarez-López, M., Lemee, L., Regnault, B., ... & Kaliman, P. (2020). Differential DNA methylation in experienced meditators after an intensive day of mindfulness-based practice: implications for immune-related pathways. *Brain, Behavior, and Immunity, 84*, 36-44.

[4] Maite, M., Marta, P. G., Jesús, M. M., Amaya, U. C., Idoia, B. L., Miren, R., ... & García-Campayo, J. (2020). Telomere length correlates with subtelomeric DNA methylation in long-term mindfulness practitioners. *Scientific Reports, 10*(1), 4564.

[5] Venditti, S., Verdone, L., Reale, A., Vetriani, V., Caserta, M., & Zampieri, M. (2020). Molecules of silence: Effects of meditation on gene expression and epigenetics. *Frontiers in Psychology, 11.*

[6] Wong, E. (1992). *Cultivating stillness: A Taoist manual for transforming body and mind*. Boulder: Shambhala Publications.

Spirituelle Fähigkeiten, Intuition und warum sich das sogenannte dritte Auge nicht einfach schlagartig öffnet

[1] Bem, D. J. (1996). Ganzfeld phenomena. In G. Stein (Ed.), *Encyclopedia of the paranormal* (pp. 291-296). Buffalo, NY: Prometheus Books.

[2] Bem, D. J. (2011). Feeling the future: experimental evidence for anomalous retroactive influences on cognition and affect. *Journal of Personality and Social Psychology, 100*(3), 407.

[3] Bem, D., Tressoldi, P., Rabeyron, T., & Duggan, M. (2015). Feeling the future: A meta-analysis of 90 experiments on the anomalous anticipation of random future events. *F1000Research, 4*, 1188

[4] Cardeña, E. (2018). The experimental evidence for parapsychological phenomena: A review. *American Psychologist, 73*(5), 663–677.

[5] Rabeyron, T. (2020). Why most research findings about psi are false: the replicability crisis, the psi paradox and the myth of Sisyphus. *Frontiers in Psychology, 11*, 2468.

[6] Lench, H. C., Safer, M. A., & Levine, L. J. (2011). Focalism and the underestimation of future emotion: When it's worse than imagined. *Emotion, 11*(2), 278.

[7] Gigerenzer, G., & Garcia-Retamero, R. (2017). Cassandra's regret: The psychology of not wanting to know. *Psychological Review, 124*(2), 179-196.

Über die Fantasie, die „Imagination" und das innere Kind

[1] Sheikh, A. A. (Ed.) (2003). *Healing images: The role of imagination in health.* Amityville, NY: Baywood Publishing Company.

[2] Nanay, B. (2016). The role of imagination in decision-making. *Mind & Language, 31*(1), 127-143.

Vom Unterschied zwischen Mitgefühl, Mitleid und Empathie und warum das wichtig ist

[1] Perez-Bret, E., Altisent, R., & Rocafort, J. (2016). Definition of compassion in healthcare: a systematic literature review. *International Journal of Palliative Nursing, 22*(12), 599-606.

[2] Neff, K. D., & Germer, C. K. (2013). A pilot study and randomized controlled trial of the mindful self-compassion program. *Journal of Clinical Psychology, 69*(1), 28-44.

[3] Neff, K. (2003). Self-compassion: An alternative conceptualization of a healthy attitude toward oneself. *Self and identity, 2*(2), 85-101.

[4] Bluth, K., & Neff, K. D. (2018). New frontiers in understanding the benefits of self-compassion. *Self and Identity, 17*(6), 605-608.

Akzeptanz und Verzeihen als konkrete Schritte auf dem Weg des Mitgefühls

[1] Moody, D. E. (2020). *Physik und Freiheit.* Amerang: Crotona Verlag.

Technologie und Transhumanismus oder das Wirken von Spirit durch Grace

[1] Sorgner, S. L. (2019). *Übermensch: Plädoyer für einen Nietzscheanischen Transhumanismus.* Basel: Schwabe Verlag.

Über die Autorin

Dorothee Amelung verbrachte einen Teil ihrer Kindheit in Asien (vor allem in Japan), so dass ihr fernöstlich inspirierte Gedanken oder Ansätze aus Zen-Buddhismus oder Taoismus von Anfang an nicht fremd waren. Trotzdem hatte sie zunächst keinen besonderen Zugang zu Religion oder Spiritualität, studierte Psychologie in Marburg, und promovierte später auch in Heidelberg. In diesem Zeitraum begann ihr ganz persönlicher Such- und Erwachensprozess, der sich auch in verschiedenen Lebensstationen niederschlug – neben ihrer wissenschaftlichen Arbeit in verschiedenen Forschungsbereichen wie der Schmerztherapie oder dem Klimawandel war sie zeitweise auch als Trainerin für Führungskräfte tätig und studierte einige Semester Medizin. Später ging sie für ein Forschungsprojekt nach England, wo sie auch die Hypnose am UK College of Hypnosis and Hypnotherapy in London erlernte - immer auf der Suche nach dem eigenen inneren Potenzial, der inneren Leidenschaft und Aufgabe. Heute arbeitet sie zum Teil wissenschaftlich und zum Teil als Heilpraktikerin für Psychotherapie mit Elementen des Systemaufstellens und der Hypnose, um Menschen auf dem Weg in ihr eigenes Potenzial zu begleiten.

FSC
www.fsc.org
MIX
Papier | Fördert
gute Waldnutzung
FSC® C083411

Zeitfracht Medien GmbH
Ferdinand-Jühlke-Straße 7
99095 Erfurt, Deutschland
produktsicherheit@kolibri360.de